STUDIA
HUMANITATIS
문명공동연구

STUDIA HUMANITATIS
문명공동연구 12

# 기독교인이 본 십자군, 무슬림이 본 십자군

## 십자군 관련 동시대 유럽어 사료, 아랍어 사료 번역

김능우 · 박용진 편역

서울대학교출판문화원

STUDIA HUMANITATIS
문명공동연구
12

# 기독교인이 본 십자군, 무슬림이 본 십자군

## 십자군 관련 동시대 유럽어 사료, 아랍어 사료 번역

초판 1쇄 발행 2020년 7월 30일

편역자 김능우·박용진
펴낸이 오세정
편집 정미경
디자인 최선아
인쇄 수이북스

펴낸곳 서울대학교출판문화원
주소 08826 서울 관악구 관악로 1
도서주문 02-889-4424, 02-880-7995
홈페이지 www.snupress.com
페이스북 @snupress1947
인스타그램 @snupress
출판등록 제15-3호

ISBN 978-89-521-1844-8 94920
978-89-521-1575-1 (세트)



이 저서는 2007년 정부(교육과학기술부)의 재원으로
한국연구재단의 지원을 받아 수행된 연구임(NRF-2007-361-AL0016).

## 머리말

21세기를 전후하여 최근까지 기독교 세계와 이슬람 세계의 충돌이 세간의 관심을 끌었지만, 이에 대한 설명은 주로 유럽인의 시각에서, 그것도 당대인의 기록보다는 연구서에 기반한 것이었다. 따라서 기독교 세계와 이슬람 세계에 속하는 당대인의 기록을 직접 읽음으로써, 십자군을 균형 잡힌 시각에서 볼 필요가 있다.

십자군 전쟁은 200여 년 동안 벌어진 사건이므로 이에 관한 양측의 기록, 즉 라틴어로 된 기독교 측 자료와 아랍어로 된 이슬람 측 자료 모두 풍부하게 남아 있다. 십자군의 정당성을 역설하는 교황의 연설이나 그 당시의 짧은 글들, 그리고 수차례에 걸친 원정에 관한 유럽 측 기록들과 더불어 십자군에 맞선 셀주크조, 장기조, 아이윱조 등 이슬람 진영의 자료가 그것이다. 본 공동 번역서는 일종의 '사료선집(selected sources)'으로서 서울대학교 인문학연구원 HK문명연구사업단에 아랍 자료 전문가와 유럽 자료 전문가가 함께 있기 때문에 가능한 작업이었다. 국내에서 처음 시도되는 이러한 형태의 사료선집은 향후 십자군 연구의 기초자료가 될 뿐만 아니라 강의에서도 이용될 수 있다는 점에서 매우 중요하다.

유럽인이 바라보고 기록한 십자군의 역사와는 달리, 이슬람의 관점에서 바라본 십자군은 사뭇 다르다. 우선 십자군에 관한 기록이 유럽에 비해 크게 부족한데, 이는 이슬람 세계 전체로 본다면 십자군의 활동이 좁은 지역, 심하게 표현하자면 변방에서 일어난 사건이었기 때문이다. 한마디로 유럽인들에게 십자군이란 전 유럽이 떠들썩했던 사건이었지만, 이슬람 세계에서는 유럽에서만큼 큰 사건이 아니었던 것이다.

또한 십자군의 여러 사건을 기록하는 데 있어서도 이슬람 자료들은 이슬람 세계 전체의 상황과 관련지어 서술했기 때문에 유럽의 자료와는 다른 시각에서 작성되었음을 볼 수 있다. 누구나 자신이 중요하다고 생각하는 사건을 기록하므로, 유럽과 이슬람 자료 사이에 불일치가 있는 것은 당연하다고 할 수 있다. 그리고 모든 사건마다 유럽인의 기록과 무슬림의 기록이 남아 있는 것도 아니다. 가령 십자군이 제창되던 당시 이슬람은 십자군에 대해 알지 못했으므로, 십자군의 배경에 관한 자료는 없다. 3차 십자군까지의 자료에서도 기독교 측의 기록들은 대개 성지회복에 성공했던 1차 십자군을 비롯한 십자군의 승리에 초점을 맞추고 있는 데 비해, 이슬람 기록들은 십자군을 상대로 전쟁을 이끈 장기, 누르 알딘, 살라딘 등 이슬람 지도자들의 영웅적 행위에 초점을 맞추고 있는 경우가 많다. 전반적으로, 1차에서 3차에 이르는 십자군은 규모도 컸고 그 원정지역도 예루살렘을 중심으로 한 시리아[1] 지역이었던 데 반해,

1 본서에서 시리아는 오늘날 국명 시리아가 아니라 동부 지중해 연안인 레반트(Levant) 지역을 가리킨다.

4차 십자군은 아예 기독교 국가인 비잔티움 제국을 침범한 십자군이었고, 5차 이후의 십자군은 규모도 작았을 뿐만 아니라 원정 지역도 이집트였다. 이러한 점을 고려하여 본 번역서는 1차에서 3차에 이르는 십자군을 중점적으로 다루었다.

그런데 이 세 차례 십자군만 하더라도, 그 사료의 분량이 방대하고 문헌도 많아서 그중 일부 원문을 선별해 번역할 수밖에 없었다. 그 선별 작업을 위해 본서의 두 연구자는 십자군에 관련된 중세 유럽 사료와 아랍어 사료가 수록된 문헌을 조사하여 그 목록을 만들었다(본서 327-338쪽 참조). 그러나 그 목록의 문헌들에서 중요한 원문을 직접 선택하는 것은 지난한 일이었기에 십자군 전쟁에 관련된 주요 사료를 정리한 책을 참고했다. 유럽 자료 쪽에서는 브런디지(James A. Brundage)가 편집하여 영어로 번역한 『사료를 통해 본 십자군(*The Crusades: A Documentary Survey*)』(Literary Licensing, 2011)과 이를 바탕으로 한 홀설(Paul Halsall) 교수의 〈인터넷 중세사 사료(Internet Medieval Sourcebook)〉[2]라는 사이트를, 아랍어 자료 쪽에서는 후사인 아흐마드 아민(حسين أحمد أمين)의 『동시대 아랍 역사가들의 기록에 나타난 십자군 전쟁(الحروب الصليبية في كتابات المؤرخين العرب المعاصرين لها)』(이집트 알나흐다 출판사)과 프란시스코 가브리엘리(Francesco Gabrieli)의

2 포댐 대학(Fordham University)의 홀설(P. Halsall) 교수가 주관한 이 사이트는 브런디지의 편역서에 실린 문헌들을 주로 게재하고 있지만, 다른 중요한 사료도 포함하고 있다. 게다가 중요한 사건의 경우 다양한 문헌을 제시하고 있어서, 본 편역서를 구성할 때도 큰 도움이 된 사이트이다. 이 사이트는 영어로 번역된 사료를 게재하고 있는데, 원문의 출처를 소상히 밝히고 있어서, 원문을 찾는 데에 결정적인 도움을 받았다. 주소는 다음과 같다. http://www.fordham.edu/Halsall/sbook.asp

『십자군 전쟁에 관한 아랍 역사가들의 기록(*Arab Historians of the Crusades*)』(University of California Press, 1984)을 참고했다. 두 연구자는 사료집으로서 이 책들에 수록된 자료 내용을 검토한 뒤 그중에서도 역사적으로 비중 있고 중요한 사건이나 기록물로 간주되는 사료를 선택했다. 그러나 이 책들은 원어에서 영어로 번역되거나 부분 인용된 것이기에 무엇보다 중요한 것은 원문을 확보하여 그 원문을 직접 번역하는 것이었다. 이를 위해 두 연구자는 각자 소장해온 원문 자료집을 이용하거나 인터넷에 열람 가능한 원문 자료를 찾았다. 특히 중세 아랍 자료를 구하기 위해 이라크 바그다드 대학교의 역사학과 하이디르(Haydir) 교수에게 요청하여 그가 한국에 올 때나 이메일을 통해 중요한 문헌들을 확보할 수 있었다.

사료를 선택하는 가장 중요한 기준은 사건의 비중과 중요성, 당대 십자군과 무슬림의 교류 등이었다. 이에 따라 1~3차 십자군 전쟁 기간에 전개된 중요 사건을 우선적으로 선택했다. I장의 '1차 십자군'에서 무엇보다 중요한 것은 십자군 원정의 배경과 십자군의 소아시아, 시리아 지역 점령이다. 따라서 이와 관련된 자료를 유럽 자료와 아랍 자료에서 선택했으며, 동일한 사건에 대해 양측의 기록이 존재하는 경우(가령 십자군의 예루살렘 함락) 가능한 한 양측의 자료를 함께 택해서 번역 제시했다. II장 '장기조(朝)의 대(對)십자군 전쟁과 2차 십자군'에서 다루는 내용은 1차 십자군 이후 이슬람 진영에서 이마드 알딘 장기가 등장하면서 십자군에 반격을 가하게 되는 내용이 중심인데, 이에 관련된 아랍어 자료가 풍부하기 때문에 이를 주로 소개했으며, 이어 2차 십자군에 관련된 유럽 자료를 제시했다. III장 '살라딘과 3차 십자군'에서는 이슬람 진영의 살라딘이 활약하면서 촉발된 3차 십자군에 관련된 내용이 주를 이루는데, 살라딘에 관한 아랍어 자료를 제시하고, 프랑스, 독일, 잉글랜드의 왕들에 관한 유럽, 아랍어 자료를 함께 제시하여 대조해볼 수 있도록 했다. IV장 '십자군 전쟁 관련 일화'는 십자군 전쟁 기간에 특정 사건과는 별도로, 유럽 십자군과 무슬림 간의 교류를 보여주는 대표적인 아랍 자료인 우사마 이븐 문끼드의 기록 자료와 더불어 유럽인들이 기록한 십자군 관련 일화를 실었는데, 이 문서들은 십자군과 무슬림이 서로 대립하고 반목하기만 한 것이 아니었음을 보여줄 것이다.

번역 과정에서는 원문 번역의 충실도와 해제, 명칭 표기가 주요 고려 대상이었다. 본 번역의 가장 큰 의의는 유럽 자료와 아랍 자료 원문을 우리말로 옮긴다는 데 있으므로, 연구자는 이 점을 감안해 원문에 충실하여 가능한 한 직역을 우선시했다. 본서는 학술서로서 중요성을 가지므로 번역 문장이 때로 어색해 보이더라도 중세 문체에 따른 것이기에 그대로 두기로 했다. 그리고 번역된 각 텍스트에는 해제를 두어 사건 상황을 제시하거나 내용을 요약해 제시함으로써 독자에게 도움을 주었다. 또한 동일 사건에 대한 유럽, 아랍어 사료가 함께 나오는 경우, 간략하게 공동 해제를 두어 그 사건에 대한 개요와 각 자료의 내용상의 특성, 차이점 등을 보여줌으로써 독자가 번역 텍스트를 읽기 전에 예비지식을 얻을 수 있게 했다.

사료를 번역하면서 어려운 점 중 하나가 인명과 지명의 표기 문제였다. 당대의 기록에서 유럽의 기록들은 대개 라틴어와 프랑스어로 표기되어 있고, 이슬람 기록은 아랍어로 표기되어 있다. 그래서 동일한 지명이나 인명임에도 여러 개의 표현이 사용되었다. 유럽 자료의 경우 유럽인 인명은 출신지의 표기를 사용했다. 예를 들어 르노 드 샤티용은 프랑스 출신이므로 레지날드 오브 샤티용이 아니라 르노 드 샤티용이라고 표기했다. 유럽 사료에 나오는 유럽어 표기에 의한 무슬림들의 인명은 유럽 사가들이 빈번하게 사용한 경우는 그대로 표기했다. 예를 들어 아랍어로는 '누르 알딘'이지만, 유럽어 표기로는 '누르 엣딘'이므로 유럽어 사료 번역에서는 '누르 엣딘(Nur ed-Din)'을 사용했다. 그러나 아랍 사료를 번역하는 경우에는 아랍어 그대로 '누르 알딘'으로 표기했다. 다만 우리에게 많이 알려진 '살라딘'의 경우 그 인지도를 고려해 아랍어 '쌀라흐 알딘' 대신 '살라딘'을 사용했다. 지명의 경우에는 간단하지 않았다. 중동이 현재 이슬람 세계에 속하므로 현재의 명칭대로 하자면 모든 지명을 아랍어로 표기해야 할 것이다. 그러나 우리나라에 알려져 있는 것은 대체로 유럽어, 특히 영어로 표기된 것이므로 가능한 한 영어로 표기했다. 예를 들어 시리아의 알레포는 아랍어로는 '할랍'이지만 영어 표기대로 '알레포(Aleppo)'를 사용했다. 그러나 널리 알려지지 않은 아랍어 지명은 아랍어 그대로 표기했다.

2020년 7월

김능우, 박용진

## 차례

해제

# 사료 번역의 의의와 십자군 전쟁 개요

## 1. 사료 번역의 의의

십자군은 국내에도 많이 소개되어 있다. 그것은 주로 유럽 연구자들의 번역서를 통해서 알려졌다. 십자군은 역사적 사건이므로, 누구나 그 사건에 대해 어느 정도 알고 있다고 여긴다. 그러나 정치적 수사는 물론이거니와, 현재 국내에 소개되어 있는 대부분의 책들도 각주와 인용을 표시하지 않고 있다. 물론 번역된 책들은 당대의 기록을 근거로 하고 있기는 하다. 그러나 자세히 살펴보면 당대의 기록 중 흥미로운 것들을 강조하여 모아놓은 것임을 이내 알 수 있다. 따라서 원래의 사료가 어떠했는가를 살펴보는 것은 매우 중요한 일이다.

### 1) 유럽 사료 번역의 의의

유럽에서는 일찍이 십자군에 관한 많은 연구가 있었다. 이미 당대부터 기록들을 재생산하기 시작했고, 1611년 봉가르(Jacques Bongars)가 『십자군을 통해 실현된 신의 업적(*Gesta Dei per Francos*)』[1]이라는 제목으로 십자군에 관한 거의 모든 기록을 모아서 편찬했다. 이를 바탕으로 1639년에는 토마스 풀러(Thomas Fuller)가 『성전의 역사(*The*

1 J. Bongars, *Gesta Dei per Francos, sive orientalium expeditionum et regni Francorum hierosolymitani historia*, Hanoviae: heredes J. Aubrii, 1614, 2vols.

*Historie of the Holy Warre)*』라는 제목의 영문판을 출간했다. 그러나 18세기에는 모든 종교적 광신 행위와 폭력을 배척하는 분위기에서 십자군은 폄하되었다. 그러다가 유럽인이 중동에 다시 관심을 갖기 시작한 계기는 나폴레옹의 이집트 원정이었다. 그리하여 1811~1840년 사이에 조제프 프랑수아 미쇼(Joseph-François Michaud)는 7권으로 된 『십자군의 역사(*Histoire des croisades*)』[2]를 발간했다.

이와 비슷한 시기에 프랑스 비명 문학 학술원(Academie des Inscription et belles-lettres)에서 사료집 『십자군 역사가 집대성(*Recueil des historiens des croisades*, 이하 RHC로 줄임)』[3]을 발간했다. 이 사료집은 총 15권으로, 1~5권은 서유럽 역사가들의 기록을 담아 놓았고, 6~11권은 아랍 역사가의 기록을 담고 있다. 그리고 12~13권은 그리스 역사가들의 기록을, 14~15권은 아르메니아의 기록을 담고 있다. 서유럽 역사가들의 경우 주로 프랑스 출신 역사가들의 기록이 많은데, 그중에서도 1차부터 3차 십자군까지 기록해 놓은 기욤 드 티레(Guillaume de Tyr)의 기록이 1~2권을 차지한다. 기욤 드 티레의 기록은 라틴어뿐만 아니라 중세 프랑스어로 되어 있는 판본을 대조할 수 있도록 배치해 놓은 것이 특징이다. 다른 3권의 책에는 유명한 십자군 기록들이 망라되어 있다. 다만 이 기록들은 대개 연대기

2 Joseph-François Michaud, *Histoire des croisades*, Paris: G. Michaud, 1817-1822, 7vols. 이 책은 프랑스 국립도서관(BNF)의 디지털도서관(Galica)에서 전자책 형태로 내려받을 수 있다.

3 *Recueil des historiens des croisades: Historiens occidentaux*, publié sous la direction de l'Académie des inscriptions et des belles-lettres, Paris: Imprimerie royale: Imprimerie impériale: Imprimerie nationale, 1844-1906, 15vols.

를 중심으로 편집되어 있으므로, 당시 서한이나 징세 기록 등 사회 경제적인 측면을 살펴볼 수 있는 자료는 없다. 서유럽 역사가들의 기록에 뒤이어 나오는 아랍 사료, 그리스 사료, 아르메니아 사료의 경우 원어와 프랑스어 번역이 함께 실려 있다. 이 사료집에 프랑스 역사가들의 연대기가 많이 실려 있다는 점은 단점으로 지적되어야 할 것이다. 영국이나 독일과 관련된 사건이나 인물의 경우 이와 같은 사료 집성의 형태가 아니라, 국왕이나 제후들의 업적록에서 부분적으로 다루어지고 있다.[4]

십자군은 8차에 걸쳐 200년간 진행되었지만, 기록은 1~3차 십자군에 대한 것이 많은 편이다. 이는 1~3차 십자군이 규모로 보나 영향력으로 보나 중요했기 때문이다. 그리하여 1~3차의 기록들은 대개 십자군 전체의 기록인 데 비해, 4차부터의 기록은 대개 단편적인 기록에 불과하다. 이러한 전체 십자군의 기록을 편찬하는 일은 대체적으로 19세기에 이루어졌다.

20세기에 들어서는 유럽뿐만이 아니라 미국에서도 십자군 역사에 대한 전집류가 발간되었으며, 사료 또한 라틴어 그대로 편찬

4 영국의 경우 3차 십자군에 참가한 리차드 사자심왕의 행적을 기록한 것이 있다. 그런데 이것은 십자군의 역사를 기록했다기보다는 리차드의 업적을 기록한 것이다. 그리하여 제목 역시 『리차드 왕의 업적과 순례 여정』으로 되어 있어서, 리차드의 행적을 중점적으로 기술하고 있다. *Itinerarium Peregrinorum et Gesta Regis Ricardi*, ed. William Stubbs, Rolls Series, London: Longmans, 1864. 독일의 경우 프리드리히 황제가 3차 십자군에 참가한 기록이 있는데, 이것 역시 프리드리히 바르바로사 황제의 업적록으로서 『독일 역사 집성(MGH)』의 일부로 편찬되어 있다. *Historia de Expeditione Frederici Imperatoris, MGH, SSRG* (*Scriptores Rerum Germanicarum*), Nova Series, Berlin, 1928.

되던 것을 넘어서 자국어로 번역되기 시작했다. 그리하여 오늘날 연구자들은 십자군과 관련된 사료는 물론이요, 각종 연구서들도 쉽게 접할 수 있다. 더욱이 최근에는 유럽 중심주의에 대한 비판이 이루어지면서, 유럽 사료 일변도의 십자군 서술을 지양하고 이슬람의 사료를 이용하는 경향이 증가하고 있으며, 시각에서도 기독교와 이슬람의 시각을 모두 반영하여 균형잡힌 시각을 견지하려는 노력이 이루어지고 있다.

이러한 과정을 전체적으로 요약해 본다면, 십자군 연구는 십자군에 대한 관심과 개설적인 소개, 십자군 사료의 편찬, 십자군에 대한 연구 활성화, 그리고 관점의 확대라는 일련의 과정을 거쳤음을 알 수 있다. 이 과정에서 사료의 편찬이 필수적임은 두말할 나위가 없다. 우리의 경우 십자군에 관한 전반적인 내용만이 소개되어 왔고, 최근에서야 그것도 번역을 통하여 좀 더 자세한 내용이 소개되고 있는 실정이다. 그나마 국내에는 서양 중심의 책들만 소개되어 있을 뿐, 본격적인 연구서나 사료가 소개되어 있지 않은 실정이다. 얼마 전 선풍적인 인기를 얻은 시오노 나나미의 책은 3권에 걸쳐 십자군을 자세히 소개하고 있으며, 후대의 삽화와 당시의 상황을 나타낸 지도를 삽입함으로써 생동감 있게 설명하고 있으나, 참고문헌의 출처를 밝히고 있지 않으므로 연구서라고 볼 수는 없다. 또한 시각에 있어서도 이슬람 측의 자료를 인용하고 있기는 하지만, 유럽 중심의 기존 시각으로부터 충분히 벗어나 있지는 못한 것으로 보인다.

십자군에 대해 정확히 이해하려면, 우선 당대인의 눈으로, 그것도 기독교 측과 이슬람 측 모두의 눈으로 십자군을 바라보는 것이 반드시 필요하다. 그래야 비로소 오해와 왜곡이 사라지고 정확하게 이해할 수 있기 때문이다. 가령 '십자군'이라는 단어는 당대에 사용된 단어가 아니며, 당시에는 유럽에서 온 기독교인을 '프랑크인'이라고 불렀다. 이러한 점은 당시 양측 사람들에게 종교가 그다지 중요한 문제가 아니었을 수도 있음을 보여주는 증거다. 실제 당시의 사료는 기독교도건 이슬람교도건 한동안 서로를 인정하며 평화롭게 살았음을 보여준다.[5] 따라서 당대 사료를 일부나마 편집하여 번역하는 것은 십자군 이해를 위해 시의적절한 일일 것이다.

## 2) 아랍어 사료 번역의 의의

이슬람 문명은 7세기 초 이슬람이 아라비아 반도에서 출현한 이후 세계 인류 역사의 한 축이 되어 움직여 왔다. 이슬람은 인류문명의 진보에 기여가 컸던 반면, 초기에 그 권역의 지리적 확대로 인해 주변 세력과의 충돌이 불가피했다. 특히 당시 아랍 무슬림들이 서진하려 했을 때 이미 그곳에는 기독교 문명이 오래전부터 뿌리를 내리고 있어 유일신 신앙에 기초한 양대 종교는 부득이하게 대립·충돌하지 않을 수 없었다. 이슬람과 기독교 간의 대규모 충돌은 대개 두 곳에서 일어났는데, 그중 하나는 콘스탄티노플을 수도로 하는 비잔티움 제국 영토였고, 다른 하나는 안달루시아(스페인) 지역이었다.

---

5 본서 IV장 3절 "동방에서 유럽인들의 생활"(pp. 314-315) 참조.

이슬람 세력의 거침없는 정복활동으로 영토를 빼앗기며 위협을 느낀 유럽인들은 점차 대(對)이슬람 방어 및 공격 태세를 갖추어 갔으며 이는 구체적으로 '기독교의 적'을 물리친다는 종교적 명분을 내건 십자군 운동으로 나타났다. 이슬람과 기독교, 두 종교의 공동 성지인 예루살렘을 향한 유럽인들의 십자군 원정은 11세기 말 시작되어 약 200년간 지속되었다. 십자군은 당시 이슬람 진영의 셀주크조, 장기조, 아이윱조, 맘룩조의 군대와 일진일퇴를 거듭하며 인류역사에서 '기독교와 이슬람은 불구대천의 원수'라는 다소 부정적인 인식을 양 진영 사람들에게 심어주는 결과를 낳았다.[6]

참고로 2001년 9.11 사태 이후 이슬람과 서구 기독교 진영의 대립 구도에 관심이 모아지면서 최근 몇 년간 국내에서는 십자군 전쟁 관련 해외 저서들이 번역되어 소개된 바 있다. 그 저서들은 나름대로 십자군 전쟁의 진상을 파악하려는 목적을 띠었지만 대부분이 서양 문헌이어서 십자군 진영은 상세히 다룬 반면, 이슬람 진영에 대해서는 소홀했다는 점을 부정하기 어렵다. 다만 그중에서 다음 두 저서는 중세 아랍 사료를 참조했다는 점에서 주목할 만하다.

스탠리 레인 풀(Stanley Lane Poole, 1854~1931)[7]은 『살라딘』[8]에서

6 오늘날 일부 서구 국가는 이슬람원리주의 세력의 테러에 대한 강력 대응의 필요성을 언급할 때 '십자군 성전을 벌여야 할 때' 등과 같은 표현을 사용한다. 반면 오늘날 적지 않은 수의 무슬림들은 아랍 영토에서 서구 열강의 군사행동을 표현할 때 이슬람의 적대 세력이라는 의미를 강조하기 위해 '십자군' 어휘를 사용한다.

7 영국의 저명한 중세사가. 『살라딘』, 『스페인의 무어족 이야기(*The Story of the Moors in Spain*)』, 『예언자 무하마드의 어록과 담화(*The Speeches and Table-Talk of the Prophet Muhammad*)』, 『살라딘과 예루살렘의 함락(*Saladin and the Fall of Jerusalem*)』 등 이슬람 역사, 특히 십자군 전쟁에 관한 저서를 썼다.

그동안 유럽인들이 자의적으로 기술하고 왜곡한 십자군 전쟁 상황을 제대로 전달하려는 의도로 살라딘의 활약상을 중심으로 당시 전시 상황을 구체적으로 자세히 기술하려 했다. 이를 위해 스탠리는 중세 아랍 사료[9]와 유럽 측 사료를 함께 활용했다. 책 머리말에서 그는 자신이 활용한 사료들이 "대부분 동시대인들의 작품이고, 줄거리도 상당 부분 사건을 직접 목격한 사람들에 의해 서술되었다"라고 밝혔다. 스탠리는 자료에 근거해 1차 십자군 직전 시기부터 살라딘 사망 시기까지 시간순으로 십자군 전쟁 사건을 기술하면서 필요한 경우 원자료를 직접 인용했다.[10] 이 책은 이전의 유럽 작가들이 쓴 십자군 전쟁에 관한 다수의 글이 상상적 글쓰기나 오류투성이였다는 점에서 이런 태도를 지양하고 비교적 사실(史實)을 개진하려는 학술적 목적을 띤 것으로 보인다.

다른 저서는 아민 말루프(Amin Maalouf, 1949~)의 『아랍인의 눈으로 본 십자군 전쟁(*Les Croisades vues par les Arabes*)』[11]이다. 이 책은 저자의 다른 저작들[12]과 더불어 고증된 사료를 바탕으로 역사를 재구성하는 방식(역사 소설)으로 쓰여진 것이다. 저자는 아랍인(레바논)으로서 레바논에서 대학을 졸업한 후 프랑스에 오랫동안 거주해 온

---

8 이순호 옮김, 갈라파고스, 3쇄, 2005.

9 스탠리가 참고한 중세 아랍 사료는 바하 알딘, 이븐 알아시르, 이븐 칼리칸, 우사마 이븐 문끼드 등의 저서를 망라하고 있다.

10 다만 한글 번역서에는 원자료의 제목만 언급되거나 아예 없으며, 상세한 문헌 정보가 기재되어 있지 않다.

11 김미선 옮김, 아침이슬, 2002.

12 그의 저작 중에서 중동 역사와 관련된 것으로는 『마니』, 『사마르칸트』 등이 있다.

점에서 아랍과 유럽의 사료를 두루 섭렵할 수 있는 강점을 지녔다. 이 책에서 말루프는 십자군 전쟁 당시 이슬람 진영 내부에서 진행되는 상황을—스탠리가 참조한—주요 아랍 사료를 활용해 서술하고 있어, 십자군 역사와 관련해 전 세계 관심 있는 학자와 독자에게 새로운 내용을 제공한 것으로 보인다. 다만 많은 아랍 사료를 부분적으로 인용하면서도 각주에서 그 출처를 정확히 제시하지 않아 학자들 편에서 아쉬움을 갖게 한다.

국내 학계에서 십자군에 관한 연구물 대부분은 서구인의 시각이나 유럽 자료에 근거해 이루어져 왔음이 사실이다. 십자군 전쟁 당시 이슬람 진영에서도 당시의 사건들에 관해 많은 아랍어 자료를 남겼지만 그동안 국내 학계에서는 이 자료들에 대한 접근이 거의 없었다.[13] 당시 십자군 관련 아랍 자료를 소개하고 그것을 토대로 연구한다면 그동안 유럽 일변도의 자료와 시각에 대응하여 우리 한국인이 기독교와 이슬람 간의 충돌인 십자군 전쟁에 대해 균형 잡힌 시각을 갖는 데 도움을 줄 것이다. 이에 본 연구자는 당시 아랍 사료 중에서 십자군 전쟁과 관련해 중요한 사료를 번역, 연구하고자 한다.

---

13 국내에서 중세 아랍 자료를 활용한 이 분야의 연구로는 김능우의 「중세 아랍 시에 나타난 '십자군과 이슬람 세계와의 충돌'」(『아랍 시의 세계』, 명지출판사, 2004)이 있다.

## 2. 십자군 개요

### 1) 유럽의 관점에서 본 십자군 전쟁

#### (1) 십자군, 기독교 세계의 팽창

십자군은 11세기 말부터 시작되어 200년간 지속된 기독교의 성지 회복을 위한 군사 원정을 지칭한다. 그러나 넓은 의미에서는 기독교의 팽창운동 전체를 일컫는다. 그리하여 10세기부터 본격적으로 에스파냐에서 기독교 세력이 벌인 재정복운동(reconquista)이나 프로이센에서 독일인이 동유럽에서 벌인 식민활동 역시 십자군이라는 명칭으로 불린다. 8세기 초 이슬람은 오늘날 에스파냐에 있던 기독교 왕국인 서고트 왕국을 정복했다. 이리하여 이베리아 반도는 한동안 이슬람의 지배에 있었고, 이 지역을 기독교화하려는 샤를마뉴 대제의 시도조차도 이슬람에게 격퇴당했다.

그러나 10세기부터 이 지역의 기독교도들이 반격을 시작하여 조금씩 영역을 넓혀 나가서, 12세기 중반에는 이베리아 반도의 절반 정도를 기독교 세력이 정복했고, 마침내 1492년 이슬람 세력을 이베리아 반도에서 완전히 몰아냈다. 이러한 재정복운동 역시 기독교와 이슬람의 투쟁이라는 점에서 십자군으로 간주된다. 심지어 12~13세기에 남부 프랑스에 널리 퍼져 있던 기독교의 이단 카타르(Cathares)파를 교황과 프랑스 국왕이 탄압한 것 역시 '알비(Albi) 십자군'이라 불린다. 카타르파는 육신을 더러운 것으로 간주하고 정신만을 깨끗한 것으로 간주했다. 따라서 육신을 깨끗하게 정화(cathare라는 말이 여기서 나왔다)해야 한다고 주장했다. 이에 따라 모든 물질적인 것을 배격하고 청빈한 삶을 살아야 한다고 생각했지만 모든 기독교도들이 그와 같은 생활을 할 필요는 없었다. 오직 사제만이 그러한 생활을 하며, 평신도들은 자유롭게 생활할 수 있었다. 이들의 이러한 이분법적인 교리는 정통 교리에 어긋나는 것이어서 문제가 되었다.

그러나 교리보다 더 문제가 되었던 것은 이들이 기존의 정통 교회를 악의 교회로 규정했다는 점에서 교황의 탄압 대상이 되었다. 특히 카타르파 사제들은 매우 금욕적인 생활을 했으므로, 당시 부패한 가톨릭 사제와 대비되었다. 여기에 더하여 정치적 요인까지 작용함으로써 무력으로 카타르파를 탄압할 수 있었다. 당시 프랑스 국왕이었던 필리프 2세는 자신의 정치적 영향력을 남부 프랑스로 확대하기를 원했는데, 남부 프랑스의 귀족들까지도 카타르파를 믿는 경우가 많았으므로, 필리프 2세에게 십자군은 절호의 기회였다. 즉 같은 기독교도인 카타르파에 대한 십자군은 교황과 프랑스 국왕의 이해관계가 일치했기 때문에 일어난 것이었다. 더욱이 이 십자군의 진압 방식은 잔혹하기 그지없었다. 한마디로 '알비 십자군'은 십자군이라는 용어를 내걸고 있기는 하지만, 이슬람 세력과의 전쟁이기는커녕, 기독교 세계 내부에서 기존 권위에 도전하는 세력을 척결하는 무력 진압을 나타내는 것이었다.

이렇듯 십자군은 10세기부터 13세기에 걸친 유럽의 팽창운동을 통틀어 일컫는 것이라고 할 수 있다. 그것은 반드시 종교적인 성격만을 갖는 것이 아니라 유럽의 사회적 힘이 외부로, 혹은 그 이전까지는 힘이 미치지 않았던 곳으로 팽창하는 현상이라고 보아야 할 것이다. 그럼에도 이러한 내적인 동력이 외부로 팽창하는 것을 전형적으로 보여주는 것은 예루살렘 성지에 대한 십자군이었다. 이 십자군이야말로 가장 오랜 기간에 걸쳐 유럽 사회에 큰 영향을 미친 십자군이라고 할 수 있다.

### (2) 십자군의 원인

십자군의 원인은 일차적으로 이슬람 세력의 팽창에 두려움을 느낀 비잔티움 황제가 로마 교황에게 도움을 요청한 데에 있었다. 1071년 비잔티움 제국은 만치케르트(Manzikert) 전투에서 셀주크 투르크에 패하고 황제가 포로로 잡히는 수모를 당했으며, 이로 인해 아시아에 있던 영토 대부분을 잃었다. 그 이후에도 여전히 곤경에 처해 있던 비잔티움 황제 알렉시오스 콤네노스(Alexios Comnenos 1081~1118)는 1094년 교황 우르바누스 2세(Urbanus II 1035?~1099)에게 투르크족을 공격하는 데에 도움을 줄 것을 요청했다.

사실 이러한 요청은 매우 이례적인 것으로 보일 수 있다. 왜냐하면 오래전부터 로마 교황과 비잔티움 황제는 소원한 상태였기 때문이다. 과거 로마의 황제는 제사장(祭司長)이기도 했으므로, 황제는 행정조직의 우두머리임과 동시에 종교조직의 우두머리이기도 했다. 종교조직만을 놓고 본다면 황제 바로 아래 5명의 총대주교(總大主教 Patriarch)들이 있었으며, 후일 교황이라고 불리는 로마 총대주교 역시 그중 한 명이었다. 이것은 476년 서로마 제국이 멸망한 다음에도 지속되어서, 로마 총대주교는 다른 총대주교들과 마찬가지로 비잔티움 황제의 보호를 받고 있었다. 따라서 서로마 교회(로마 가톨릭 교회)와 동로마 교회(비잔티움 교회)는 원래는 단일한 교회조직에 속해 있었으며 모두 비잔티움 황제의 지휘 아래 있었다. 그러나 726년 성상(聖像) 파괴령을 기점으로 두 교회가 분열되기 시작했다. 비잔티움 황제 레온 3세(Leon III 685~741)는 모든 성상을 우상(偶像)으로 간주하여 금지시켰으나, 게르만족에게 지속적으로 포교해야 하는 로마 교황은 성상 유지를 주장했다. 이때부터 로마 가톨릭 교회와 비잔티움 교회는 서로 다른 길을 가기 시작했다. 그 후 두 교회는 항상 단일한 기독교 조직으로 통합되어야 한다는 신념으로 노력하기는 했으나, 성공적이지 못했다. 결국 1054년 로마 교황의 특사가 콘스탄티노플 총대주교를 파문함으로써 두 교회는 완전히 결별하게 되었다. 그리하여 서유럽의 로마 가톨릭과 동유럽의 정교회는 이때부터 같은 기독교이면서도 별개의 조직을 갖게 되었던 것이다.

이처럼 분열되어 있기는 했으나, 로마 교황도 비잔티움 황제도 기독교라는 이름 아래 화해해야 할 필요를 느끼고 있었다. 그리하여 비잔티움 황제는 로마 교황에게 원조를 요청했던 것이다. 아마도 황제가 예상했던 원조는 대규모 십자군 파병이 아니라 제국 군대를 보조할 소규모의 용병 기사들이었을 것이다. 그러나 교황의 생각은 달랐다. 교황은 비잔티움 제국에 대한 원조보다는 성지 회복에 중점을 두었다.

성지 순례는 참회를 나타내는 좋은 수단이었다. 중세에는 예전에 성인들이 있던 곳을 방문하면 그 영향력의 일부가 순례자의 것이 된다거나, 성유골(聖遺骨)을 찾아가면 질병 치유와 같은 기적이 일어나기도 한다는 믿음이 널리 퍼져 있었다. 또한 중죄를 저지른 자에게 교회가 순례를 명하는 경우도 있었다. 이처럼 순례가 널리 퍼져 있던 중세 시대에 3대 순례지는 에스파냐 북부의 산티아고 데 콤포스텔라(Santiago de Compostella), 로마 그리고 예루살렘이었다. 이러한 예루살렘을 회복하는 일이야말로 기독교인으로서 반드시 해야 할 의무였던 것이다.

그렇지만 교황이 원한다고 해서 기사들이 순순히 십자군에 나설 리는 만무했다. 기사들은 기사들대로 이유가 있었다. 서유럽은 게르만족의 침입, 서로마 제국의 멸망, 바이킹의 침입 등으로 혼란에 빠져 있다가 10세기경부터 안정되기 시작했다. 봉건제도를 통하여 기사들 사이에 위계질서가 생기기는 했으나, 이들의 폭력성은 없어지지 않았다. 교회로서는 이들의 호전성이 분출될 수 있는 출구를 마련해 줄 필요가 있었다. 또한 이슬람을 정복하여 토지를 획득할 기회라는 점도 기사들에게 매력으로 작용했다. 더욱이 성지 회복과 성지 순례라는 명분까지 더해졌으므로, 십자군이야말로 매우 매력적인 기회였던 것이다.

그러나 좀 더 넓은 시각에서 본다면 십자군은 서유럽 사회의 팽창이 원인이었다고 할 수 있다. 앞서 말했듯이 10세기부터 서유럽은 안정되었다. 안정의 결과 인구가 증가했고 토지도 개간되었다. 그러나 개간된 토지는 인구증가 속도를 따라가지 못하여 부족했고, 장자상속제였던 사회에서 둘째 아들부터는 영지를 상속받을 기회가 적었다. 즉 토지 대비 인구의 압력이 높아지고 있었던 것이다. 이러한 상황은 인구의 배출을 유도했다. 결국 십자군의 원인은 성지 탈환이나 호전성으로만 설명될 수 없으며, 유럽 사회의 안정과 이에 따른 전반적인 팽창이 낳은 결과였다.

### (3) 십자군의 경과

#### 농민 십자군

십자군은 11세기 말 시작되어 거의 200년 동안 지속되었는데, 대규모 군사원정만 하더라도 여덟 차례나 시도되었고, 그 외에 여타의 소규모 원정은 셀 수 없을 정도로 많았으며, 14세기에도 십자군 원정에 대한 열망은 계속되었다.

1096년 교황 우르바누스 2세는 기독교의 성지인 예루살렘이 이교도의 수중에 있으므로 이 성지를 탈환해야 한다고 연설했다. 연설 당시 교황은 제후와 영주들의 참가를 원했지만, 현실은 그렇지 않았다. 교황이 가지고 있었던 종교적 정열에 감명을 받은 설교자들은 누구나 십자군에 참여해야 한다고 설파하고 다녔고, 이리하여 가난한 기사와 농민 할 것 없이 모두 십자군에 참여하려고 했다. 이들은 무리를 이루어 마을을 통과했고, 이때 그들과 똑같이 종교적 정열을 가진 농민들이 여기에 합류했다. 무리는 점점 더 커졌다. 그러나 가난한 기사나 농민에게 무슨 돈이 있겠는가? 이들이 예루살렘에 도착하기 이전에 먼저 해결해야 할 문제는 보급이었다. 가는 도중에 무엇을 먹고 어디서 잘 것인가? 다행히 신앙심이 두터운 영주가 있는 마을을 지날 때에는 환대를 받지만, 그렇지 않은 지역을 통과할 때에는 어떻게 되었겠는가? 이들이 독일을 지날 때까지는 그런대로 현지 조달에 성공했다. 특히 이들은 유대인에 적대감을 표시했고, 예루살렘을 탈환하기에 앞서 내부의 적을 없애야 한다고 생각했다. 그리하여 이들은 유대인을 학살하고 그들의 재산을 몰수했다. 그러나 헝가리에 접어들면서 문제는 달라졌다. 이들은 헝가리에 들어서면서 마을을 약탈하기 시작했고, 이에 격분한 헝가리 기사들에게 궤멸당하고 말았다. 그리하여 교황이 원하지 않았던 농민 십자군은 소아시아(오늘날의 터키)에 도착하기도 전에 모두 흩어지고 말았다.

### 제1차 십자군

농민 십자군과는 달리 제후들의 십자군은 더 늦게 조직되어, 1096년 늦여름에서야 완전히 조직되어 출발했다. 여기에는 로렌 공작 고드프루아(Godfroi de Bouillon), 플랑드르 백작 보두앵(Baudoin de Flandres), 툴루즈 백작 레몽(Raymon de Toulouse) 등 저명한 제후들도 참가했다. 그러나 이들도 보급에 문제가 있기는 마찬가지였다. 이들은 때로는 농촌마을을 약탈하기도 했고, 영주들에게서 대접을 받기도 했다. 이들의 이러한 행위를 알고 있던 비잔티움 제국의 황제는 이들에게 식량을 공급하고 재빨리 길을 터주었다. 이리하여 이들은 소아시아의 니케아를 함락하고, 안티오크를 점령했다. 안티오크로 가던 도중 보두앵 백작이 본대와 떨어져 에데사(Edessa)를 공격하여 점령하고 에데사 백작령을 만들었다. 주력부대는 1099년 6월 예루살렘에 당도하여 7월 예루살렘을 정복했다.

십자군은 예루살렘을 중심으로 왕국을 건설하고 고드프루아를 왕으로 선출했다. 그리고 시리아에서 팔레스타인까지의 지역에 4개의 십자군 영지(領地)를 건설했다. 기사들은 템플 기사단이나 병원 기사단과 같은 기사단을 만들어서 예루살렘을 지키고 순례자들을 보호했다. 이 기사단들은 예루살렘이 함락되고 팔레스타인에서 추방된 이후 유럽으로 돌아와서도 사회에서 중요한 역할을 수행했다. 특히 이들이 예수가 최후의 만찬 때 사용했다고 하는 성배를 가져왔다거나, 예수의 장례를 지낼 때 몸을 감쌌다고 전해지는 성의(聖衣)를 가져왔다는 이야기는 유럽인들의 상상력을 자극했다.

### 제2차, 제3차 십자군

그 후 4개 십자군 국가 중 하나였던 에데사 백작령이 이슬람 수중에 들어가자(1044년) 제2차 십자군이 결성되었다. 이 십자군에는 프랑스 국왕 루이 7세와 독일의 콘라트 3세가 참여하여, 다마스쿠스를 공격했으나 실패로 돌아가자, 곧바로 철수했다.

12세기 후반 예루살렘 왕국을 비롯한 기독교 세력이 분열의 조짐을 보였던 반면, 이슬람 측에서는 살라딘이 등장하여 이집트와 시리아의 지배자가 되었다. 1187년 살라딘이 하틴(Hattin) 전투에서 승리하고 예루살렘과 그 일대를 정복하자 제3차 십자군이 결성되었다. 제3차 십자군에는 독일 황제 프리드리히 바르바로사, 프랑스 국왕 필리프 2세, 영국 국왕 리차드 사자심왕 등 유럽의 주요 군주들이 참여했다. 그러나 영국과 프랑스 왕은 군대의 지휘권을 놓고 다툼을 벌였고, 이를 기다리다 못한 황제 프리드리히는 단독으로 출발했다. 프리드리히는 소아시아의 콘야에서 이슬람 세력에 대해 승리를 거두기도 했으나, 강에 빠져서 익사하고 말았다. 그의 군대 일부는 시리아로 행군을 계속했으나, 대부분의 기사는 돌아왔다. 1190년 여름 드디어 합의를 본 영국과 프랑스의 국왕은 1191년 시리아에 도착했고, 아크레를 점령했다. 그러나 점령이 끝나자마자 프랑스 국왕은 전리품을 챙겨 귀국해 버렸다. 리차드는 아크레에서 해안을 따라서 내려오면서 살라딘과 전투를 벌였으나, 결국 예루살렘에 도착하지 못하고 휴전협상을 벌여, 순례자들의 예루살렘 출입을 보장받는 데에 그쳤다.

### 제4차 십자군과 그 이후

제4차 십자군은 가장 추악한 십자군으로 기록되어 있다. 일찍이 베네치아 상인들은 비잔티움 제국의 무역에 관련된 특권을 지니고 있었다. 비잔티움 제국이 이 특권을 경쟁 도시인 제노아와 피사에도 부여하자, 베네치아 상인들은 십자군에게 성지로 가는 선박을 제공하고 대신 콘스탄티노플을 공격하도록 요청했다. 1204년 십자군은 기독교의 도시인 콘스탄티노플을 함락하고 약탈한 뒤, 그 일대에 라틴 제국을 세웠다. 성지에는 가지도 않았으며 이슬람과의 전투도 물론 없었다.

그 이후에도 네 차례 더 십자군이 결성되었으나 모두 실패했다. 오늘날 대부분의 역사가들은 1291년 십자군이 점령하고 있던 팔레스타인의 도시 아크레가 이슬람의 수중에 들어간 시점을 십자군이 끝난 시점으로 삼고 있다.

## (4) 십자군이 유럽에 끼친 다양한 결과

### 교권의 쇠퇴와 세속권력의 부상

우선 십자군은 원래 목표했던 바를 성취하는 데에 실패했다. 애초 교황은 성지 회복이라는 명분을 내세워 서유럽을 단일한 기독교 세계로 만들기 위해 십자군을 제창했으나, 그 결과는 정반대로 나타났다. 오히려 교황의 권위는 실추된 반면, 국왕들의 권위는 신장되었다. 국왕들은 십자군에 참가해서 전사한 봉건귀족들의 영지를 몰수했고, 자신이 직접 참가한 십자군에서는 대규모의 기사 군대를 지휘할 수 있었다. 물론 십자군이 왕권 강화의 유일한 원인은 아니었으나 십자군이 왕권 강화에 도움을 준 것만은 부인할 수 없다. 이러한 권력관계의 변화는 교회권력과 세속권력의 대립에서 교회권력이 점차 쇠퇴하고 있으며, 단일한 기독교 세계라는 이념이 퇴조하는 대신 근대국가가 등장할 것임을 의미했다. 국왕의 권력이 강화되었을 뿐만 아니라 일종의 민족적 적대감이 격화되기도 했다. 제2차 십자군 때에는 독일인과 프랑스인 사이에 증오감이 격화되었으며, 제3차 십자군 때에는 프랑스 국왕 필리프 2세와 영국 국왕 리차드 1세 사이에 갈등이 있었다. 결국 단일한 기독교 세계의 꿈은 정반대로 분열된 민족국가로의 길로 들어서는 결과를 낳게 되었다.

그렇지만 직접적인 결과만이 십자군의 영향은 아니다. 기독교도들에게 십자군은 승리의 표시로 인식되었다. 돌이켜보면 313년 밀라노 칙령으로 기독교가 로마에서 공인되었을 때부터 십자가 표시는 승리의 상징이었다. 312년 콘스탄티누스(Constantinus)는 막센티우스와 서로마의 패권을 놓고 다투고 있었는데, 하늘의 계시를 받아 방패에 기독교의 십자가 표시를 하고 전투에 임하여 승리를 거두었다. 이 승리에 대한 보답으로 콘스탄티누스가 이듬해 기독교를 인정해 주었던 것이다. 결국 십자군은 콘스탄티누스의 방패에 새겨진 승리의 표시를 다시 한 번 확인하고자 하는 시도였던 셈이다. 오늘날에도 미국이 이라크를 침공할 당시 조지 부시 미국 대통령과 같은 정치인들은 승리에 대한 확신을 주기 위해 걸핏하면 십자군 운운하지 않았던가?

주목해야 할 점은 십자군이 기독교인들에게 승리의 표시로 기억되고 있는 만큼이나, 여러 이슬람 지역에서 십자군이란 신성모독이며 유럽인의 침략행위를 나타내는 표시로 작용하고 있다는 점이다. 당시 무슬림들은 십자군에 의한 예루살렘 점령을 아랍인들의 수치로 여겼고, 그 원인이 이슬람의 분열에 있다고 생각했다. 또한 이러한 침략을 단호하게 물리쳤을 뿐만 아니라 십자군에게까지 관용을 베푼 살라딘을 영웅으로 받들었다. 그리하여 그 이후로도 이슬람의 단결을 촉구할 때마다 십자군과 살라딘을 상기시키곤 했다. 가령 1956년 수에즈 운하 국유화로 인하여 이집트가 영국과 프랑스와 벌인 전쟁은 1191년 영국 국왕과 프랑스 국왕이 모두 참여한 제3차 십자군에 비유되었고, 이집트의 나세르 대통령은 제3차 십자군을 물리친 살라딘에 비유되었다. 그리고 이라크의 사담 후세인 역시 서방 세계에 대항하여 싸우는 자신을 살라딘으로 비유하곤 했다.

### 지중해 세계의 부활

십자군의 결과들 중에서 가장 중요한 결과를 꼽는다면 지중해 세계가 문명 교류의 장으로 부활했다는 점을 들 수 있을 것이다. 지중해는 오래전부터 인간활동의 중심지 역할을 했다. 기원전 1000년경 페니키아인들이 지중해에 도시를 건설한 이래, 그리스인들 역시 지중해에 진출하여 여러 식민도시를 세웠고, 로마는 지중해를

'내해(內海, mare internum)', 즉 로마의 호수로 만들었다. 모든 물자와 문화가 지중해를 통해 로마로 집중되었다. 이처럼 단일한 지중해 세계는 서로마 제국의 멸망으로 점차 쇠퇴했다. 800년경이 되면 단일했던 지중해 문명은 오늘날의 프랑스를 중심으로 한 샤를마뉴 제국, 그리스를 중심으로 한 비잔티움 제국, 그리고 북아프리카와 중동지역을 중심으로 한 이슬람 문명으로 분열되었다. 그리고 그 구분은 여전히 오늘날에도 지중해를 서유럽, 동유럽, 이슬람으로 나누고 있다.

따라서 아무리 늦추어 잡아도 800년부터 십자군이 있었던 시기까지 지중해는 문명의 교차로 역할을 거의 하지 못한 셈이었다. 그러나 제1차 십자군으로 예루살렘 왕국을 비롯한 4개의 영지가 생기면서 지중해의 역할은 부활했다. 이곳에서는 당연히 여러 가지 물건들이 필요했고 이러한 필요를 충족하기 위해 유럽으로부터 물자와 인력이 수송되었다. 이러한 운송은 기독교도의 영지들이 이슬람 수중에 넘어간 이후에도 계속되었다. 한마디로 로마제국의 몰락 이후 단절되었다고 할 정도로 쇠퇴했던 지중해 무역은 십자군을 통해서 부활했다. 지중해 상업의 부활은 서유럽이 중국-인도-중동-아프리카로 이어지는 세계 경제에 연결되었음을 의미한다. 그리하여 12세기부터 유럽인들은 이슬람 너머의 세계에 대해서도 관심을 갖게 되어, 13세기에는 동쪽 끝인 중국에 이르게 되었던 것이다.

## 이슬람 문화의 유럽으로의 전파

지중해 상업의 부활이 눈앞의 이익을 추구하는 데에서 발생한 '교류'라면, 좀 더 장기적인 관점에서 유럽의 정신세계에 영향을 미친 교류도 있었다. 그것은 이슬람 학문의 수입이었다. 물론 십자군 이전부터 이슬람의 학문은 이베리아 반도의 코르도바 칼리프국(Caliphate of Cordoba)을 통해 전해지고 있었다. 750년에서 900년 사이에 아리스토텔레스의 모든 저작이 아랍어로 번역되었고, 신플라톤 학파의 저술 역시 비슷한 시기에 번역되었다. 그리고 12세기까지는 이슬람의 여러 학자들이 이 저작들을 해석하고 주석을 달았다.

이러한 이슬람의 학문적 업적이 십자군으로 인하여 본격적으로 수입되었다고 할 수 있다. 이러한 학문적 교류는 대개 기독교도와 이슬람교도가 이웃하여 함께 살던 지역에서 이루어졌는데, 그것은 주로 아랍어로 되어 있는 그리스 철학서들을 라틴어로 번역하는 작업이었다. 그리하여 12세기에는 에스파냐의 톨레도를 중심지로 하여 아리스토텔레스의 저작 대부분이 라틴어로 번역되었다. 이러한 번역을 통해 모든 지식 분야에서 진전이 이루어지게 되었다. 특히 아베로에스(Averroës)의 아리스토텔레스에 대한 주석은 아랍어에서 라틴어로 번역되어 중세 스콜라 철학의 형성에 큰 영향을 미쳤다. 아리스토텔레스의 수준 높은 논리학 논문들을 비롯하여 형이상학, 윤리학과 정치학, 그리고 물리학이나 천문학에 이르기까지 아리스토텔레스의 수많은 저작이 번역됨으로써 아리스토텔레스는 서양의 지식세계에서 위대한 스승이 되었다.

철학 이외에 수학도 수입되었다. 인도에서 유래한 아라비아 숫자와 영(零)이 도입되었고, 오늘날 컴퓨터 용어로 자주 사용되는 알고리즘(algorithm)이라는 단어의 어원인 수학자 알콰리즈미(al-Khwarizmi)의 대수학도 수입되었다. 과학 분야에서의 수입도 있었는데 연금술이나 점성술이 그것이다. 연금술이나 점성술은 일종의 거짓 과학이지만, 연금술을 발전시키려는 과정에서 화학 기구들이 발전하게 되었고 점성술 역시 천문관측 기구와 천문도 작성에서 발전을 이끌어 냈다. 요컨대 유럽인들은 십자군을 통해서 이슬람의 학문세계를 접하게 되었고, 이로써 그리스 철학의 유산을 온전히 되살릴 수 있었으며, 그것은 논리학, 윤리학, 정치학, 천문학 등 모든 지식을 발전시키는 밑거름이 되었다고 할 수 있다.

## 2) 이슬람 진영의 대(對)십자군 전쟁[14]사(史): 1차 십자군 원정(1096)부터 깔라운조의 아크레 함락(1291)까지

### (1) 십자군의 침공 초기

#### 동부 이슬람 세계[15]의 분열

11세기 말엽 유럽이 기독교 성지 예루살렘 탈환을 목표로 십자군 원정을 계획하고 있을 당시, 동부 이슬람 세계는 분열상을 보였다.

---

14 일반적으로 '기독교도 유럽인들로 구성된 십자군이 무슬림들을 상대로 행한 군사 원정(military campaigns undertaken by the Christian Europeans against Muslims)'을 가리키는 용어인 '십자군 전쟁'과 구별하기 위해, 역자(김능우)는 본서에서 '이슬람 진영이 십자군을 상대로 수행한 전쟁(wars undertaken by Muslims against the crusaders)'을 의도할 경우 '대(對)십자군 전쟁'이라는 용어를 사용하겠다.

15 아랍어로 '마쉬리끄(المشرق)'. 이집트와 아라비아 반도 일대를 포함한 아랍 동부 지역을 가리킨다. '마그립(المغرب)'은 아랍 서부 지역, 즉 이집트 서쪽의 북아프리카 지역을 말한다.

당시 바그다드의 압바스조, 카이로의 파티마조, 페르시아와 이라크 등지의 셀주크조로 분열된 이슬람 진영은 와해되어 약화된 상태였으며, 각 국가에서도 통치권을 둘러싸고 분쟁이 일어났다. 이런 상황은 십자군 측에 유리하게 작용해, 1095년 결성된 십자군은 침공 초기에 이슬람 군대를 상대로 한 전투에서 승리를 거두며 큰 저항을 받지 않고 소아시아와 시리아 지역을 거쳐 불과 4년 만인 1099년 예루살렘을 점령했다.

압바스조의 이슬람 제국은 한때 강성하여 지상에서 중세 최고 문명을 자랑했으나 칼리프 하룬 알라쉬드(هارون الرشيد 786~809 재위) 치세를 정점으로 이후 종파 간 대립이 일어나고 투르크족 군대의 영향력이 확대되면서, 그리고 결정적으로 셀주크 투르크인들이 이슬람 제국의 실권을 장악하면서 압바스조 칼리프들은 명목상의 통치자로 전락했다.

강력했던 셀주크국마저도 1092년 술탄 말리크샤(ملكشاه 1072~1092 재위) 사후 쇠퇴하여 여러 국가로 나뉘었다. 말리크샤의 네 아들은 왕국을 분할해 페르시아, 카르만, 이라크, 시리아의 각기 독립된 술탄 국가를 형성했다. 또한 여러 도시와 속주의 통치자들이 종주(宗主)로서의 셀주크조를 부정하며 그 귀속에서 이탈했다. 특히 시리아의 셀주크인들 간에 알력과 갈등이 심했다. 시리아 지역에서는 이곳의 셀주크조 통치자인 투투쉬(تتش بن ألب أرسلان)가 피살된 후, 그의 두 아들 리드완(رضوان)과 두까끄(دقاق) 간에 술탄 계승을 둘러싼 다툼이 벌어졌다. 리드완은 1095~1113년간 알레포를, 두까끄(1095~1104 재위)는 다마스쿠스를 수도로 정했으며, 1096년 둘 사이에 전쟁이 있었다.

한편 카이로에는 시아파의 파티마조 칼리프가 있었으나 그의 세력은 미약했으며 실질적인 업무는 와지르[16]와 아미르[17]들이 맡고 있었다. 더구나 파티마조 치하의 이집트는 경제적인 위기와 기근을 겪고 있어 국가의 힘을 결집할 수가 없었다. 이러한 징조는 칼리프 알무스탄씨르 빌라(المستنصر بالله 1036~1094 재위) 시대에 나타났으며, 그의 사후 파티마조는 더욱 약화되었다.

시리아 지역은 1070년 이후 파티마조와 셀주크조 간의 분쟁 지역이 되었다. 셀주크조는 파티마조로부터 팔레스타인과 다마스쿠스를 빼앗았고, 또한 알레포와 에데사, 모술을 점령했다. 반면 파티마조는 강력한 함대를 보유함으로써 아스칼론, 아크레, 티레, 주바일과 같은 시리아 지역의 해안 도시들을 장악했다. 또한 예루살렘은 1096년 파티마조에게 점령되어 1099년 십자군의 수중에 넘어갈 때까지 파티마조의 통치하에 있었다. 셀주크조와 파티마조가 각각 시리아 북부와 남부를 지배하는 동안, 시리아 내륙 지역은 아랍인 수장들에 의해 분할된 채 독립적으로 유지되고 있었다. 또한 드루즈파, 누사이르파, 이스마일파 같은 여러 종파가 난립한 가운데 수니파와는 상이한 교리를 가진 이 교파들은 수니파 무슬림들에게 적대적인 태도를 취했다.

---

16 와지르(وزير wazīr): 재상, 정부의 장관. 칼리프 시대에는 칼리프와 가까운 조언자. 김정위 편, 『이슬람 事典』, 학문사, '와지르', 491쪽.

17 아미르(أمير amīr): 아랍 역사의 여러 시대에 걸쳐 무슬림 공동체의 수장, 군사 책임을 맡은 지휘관, 칼리프에 의해 임명되어 일정 지역을 통치하는 행정과 재정의 책임자, 칼리프의 영향력에서 거리를 둔 제후 등을 가리키는 용어. EIS-1(*The Encyclopedia of Islam*, vol. 1), 'amir'.

알레포 성채

비잔티움 로마 제국의 약화도 이슬람 진영과 그리스도교 진영 간의 상황을 긴장시키는 한 원인이었다. 특히 1071년 만치케르트 전투에서 비잔티움 군대는 셀주크조 군대에 패하여 큰 피해를 입었다. 이후 비잔티움 제국은 예상되는 무슬림 군대의 공격을 우려해 교리적 차이와 정치적 문제를 접어두고 로마 가톨릭 교황에게 지원을 요청했다. 유럽은 그 요청에 응해 그리스도교도들을 구하고 성지를 탈환하기 위해 무슬림과 전쟁을 벌일 것을 결의했다. 로마 교황 우르바누스 2세는 1095년 11월 십자군 전쟁을 선포하는 설교를 했으며, 다음해 8월 15일을 십자군의 출정일로 정했다. 이후 유럽은 동부 이슬람 세계에 대해 약 2세기간(1095~1291) 여덟 차례에 걸친 십자군 원정을 감행했다.

전반적으로 초기 원정에서 십자군이 거둔 승리의 가장 큰 원인은 이슬람 진영의 분열과 혼란이었다. 후술하겠지만 동부 이슬람 세계에서의 십자군 전쟁사를 살펴볼 때 드러나는 사실은 십자군의 성공은 이슬람 진영의 쇠약과 내분에 기인하며, 반면 십자군과의 전쟁 의지를 지닌 강력한 무슬림 통치자의 출현은 십자군에 대한 이슬람 진영의 반격으로 이어졌다는 점이다.

### 십자군의 소아시아, 시리아 지역 침공

유럽 각 지역에서 파견된 십자군은 콘스탄티노플에 집결해 비잔티움 군대의 지원을 받기로 하고 이슬람 진영을 상대로 전쟁에 돌입했다. 십자군은 1차 공격 목표로 셀주크조의 주요 거점인 니케아로 이동했다. 당시 셀주크조 술탄 낄리즈 아르슬란 1세(قلج أرسلان الأول 1092~1107 재위)는 니케아에 없었고, 말띠야시를 두고 단쉬만드족 아미르들과의 분쟁에 몰두해 있었다. 그는 십자군이 비잔티움 황제와의 갈등으로 행군에 지장이 생겨 자신의 영토에 이르지 못할 것으로 믿고 있었다. 그러나 비잔티움 황제와 십자군 지휘부 간에 어느 정도 합의가 이루어지자 십자군은 1097년 5월 니케아에 도착, 포위공격을 시작해 셀주크조 군대에 승리를 거두고 그곳을 점령했다. 이것은 십자군이 이슬람 진영을 상대로 거둔 최초의 승전으로, 향후 십자군이 이슬람 지역에서 전쟁을 지속해 가는 데 기폭제가 된 사건이었다.

니케아에서 패한 셀주크조 군대는 콘야에서 낄리즈의 지휘 아래 남은 군대를 동원해 같은 해 7월 도릴래움(Dorylaeum)에서 십자군과 일전을 벌였으나 다시 패했다. 이어 8월 중순 전의를 상실한 낄리즈는 콘야를 십자군에게 넘겨준 채 철수했다. 이어 십자군은 소아시아 내 아르메니아인 그리스도교도들의 도움을 받으며 헤라클레아(Heraclea), 마르아쉬(Marash) 같은 도시들을 차례로 점령했다.

소아시아 점령을 마친 십자군은 곧이어 시리아 지역 정복을 감행해 먼저 안티오크와 마아르라 알누으만을 점령했다. 1차 십자군을 이끈 지휘관 중 한 명인 보에몽(Bohemond)이 안티오크를 자신의 왕국으로 정한 가운데, 다른 십자군 병력은 예루살렘으로 행군했다. 한편 시리아에서는 셀주크조의 세력이 약화된 틈을 이용해 홈스, 트리폴리, 샤이자르 같은 도시들의 아랍 토후들이 저마다의 독립된 영토를 확보하려 했다. 그들은 십자군의 공격을 저지하려 했던 셀주크조와는 달리 자신들만의 이익을 고려해 십자군으로부터 안전을 보장받는다는 조건으로 십자군의 진출을 방관하거나 물자 공급을 도왔다. 십자군은 무력을 이용한 점령과 위협을 통해 시리아 지역의 아랍 토후들에게서 항복을 받아내거나 협정을 맺는 방식으로 대부분의 시리아 지역 도시들을 확보해 나갔다. 1099년 5월 십자군은 베이루트 부근에 도착하여 예루살렘 진입을 목전에 두었다.

### 십자군의 예루살렘 점령

십자군이 시리아 지역을 점령해 가는 가운데 이집트의 파티마조는 현실을 직시하지 못했다. 오히려 파티마조는 셀주크조가 십자군에 패하자 이를 기회로 셀주크조의 지배하에 있던 팔레스타인과 예루살렘을 차지하려 했다. 십자군이 안티오크에 도착할 무렵, 파티마조의 와지르 알아프달 샤힌샤(الأفضل شاهنشاه)는 십자군 측에 사절을 보내 셀주크조를 공동의 적으로 삼아 군사 대응을 하는 협력 체결을 요청했고, 이에 십자군은 동의했다. 이 협약은 시리아 지역의 북부와 남부를 각각 십자군과 파티마조가 분할 지배한다는 내용이었다. 이에 따라 파티마조는 1097년 티레로 진격했고, 1098년 8월에는 예루살렘을 점령함으로써 팔레스타인을 수중에 넣었다.

시리아 지역에서 셀주크조의 영향력이 제거되고 나서 파티마조는 십자군의 본래 목적을 알아챘으나 이미 때는 늦었다. 십자군은 이미 예루살렘 정복 작업에 착수하고 있었다. 트리폴리에서 출발한 십자군은 해안 지역의 베이루트, 시돈, 사라판드(Sarafand), 티레, 아크레, 카이사레아, 아르수프(Arsuf)를 거쳐, 라믈라와 로드(Lod)를 점령한 뒤 예루살렘으로 향했다. 십자군은 1099년 6월 예루살렘 근방에 도착했다. 예루살렘에서는 파티마조 지배하의 이곳 통치자인 이프티카르 알다울라(افتخار الدولة)가 응전 태세를 갖추어 전쟁에 임했으나, 십자군은 지원부대가 해상을 통해 야파에 도착함으로써 포위를 강화했고 마침내 예루살렘을 점령했다.

점령군인 십자군은 예루살렘에서 무슬림들에게 끔찍한 만행을 저질렀다. 아랍 사가(史家)인 이븐 알아시르(ابن الأثير)는 당시 십자군의 만행에 대해 "프랑크인들은 알아크사 사원에서 7만 명이 넘는 사람을 죽였다. 그들 중에는 다수의 무슬림 이맘들과 학자들, 경건한 신자들, 금욕주의자들이 있었는데 그들은 고향을 떠나와 그 성소 인근에 머물고 있었다"[18]라고 기록했다. 한편 당시 십자군 원정에 동

---

18 ابن الأثير، الكامل في التاريخ، المجلد 10، ص 283-284.

행했던 사제인 샤르트르의 푸셰는 “거의 1만 명에 가까운 사람들이 신전에서 목이 잘렸다. 만일 여러분이 그 자리에 있었더라면 여러분의 발은 죽은 사람들의 피로 발목까지 물들었을 것이다. 여자도 어린아이도 살아남지 못했다”[19]라고 예루살렘에서의 참상을 기록했다.

예루살렘을 점령한 십자군은 곧이어 팔레스타인의 남은 도시들을 정복할 계획을 세웠다. 십자군은 야파를 거점으로 삼아 이곳에 군사시설을 강화했고, 이를 통해 파티마조의 영토에 속한 아스칼론, 카이사레아, 아크레, 하이파, 아르수프 등을 공격해 점령함으로써 군사, 무역에서 팔레스타인의 거의 모든 지역을 장악할 수 있었다.

### (2) 이마드 알딘 장기와 누르 알딘의 활약

#### 이마드 알딘 장기의 대(對)십자군 전쟁

십자군과의 전쟁 초기에 무슬림들은 십자군의 공격에 대항하지 못한 채 무력했으나, 이마드 알딘 장기(عماد الدين زنكي 1127~1146 재위, 이하 장기로 약칭)의 등장으로 비로소 대십자군 지하드[이슬람 성전(聖戰)]에 착수할 수 있게 되었다. 모술의 셀주크조 총독의 군대에 소속되어 있다가 1127년 셀주크조 술탄에 의해 모술 총독에 임명된 장기는 내부의 상황을 정리하고 나서 십자군 세력의 확산을 저지하기 위한 계획

19 W. B. 바틀릿, 『십자군 전쟁: 그것은 신의 뜻이었다!』, 서미석 옮김, 한길사, 2007, 163쪽.

을 세웠다. 이미 시리아와 팔레스타인 지역의 대부분이 십자군 왕국의 영토에 편입되었고, 아직 십자군에 함락되지 않은 이슬람 지역은 알레포와 하마, 홈스, 다마스쿠스 같은 몇몇 도시밖에 없었다. 장기는 무슬림들의 단합이야말로 십자군에 맞설 수 있는 근본 요소로 보고 이를 위해 노력을 기울였다. 그는 일부 무슬림 토후들이 자신의 영토 보존을 위해 십자군에 의존·결탁하자 이를 전체 무슬림 단합의 저해 요인으로 보았다. 그리하여 522/1128년 장기는 알레포를 수중에 넣어 이슬람 지역의 단결을 꾀했고, 1130년 다마스쿠스를 지배하고자 그곳의 부리조[20] 군주인 부리(بوري بن طغتكين 1128~1132 재위)로 하여금 십자군과의 전쟁에 협력할 것을 권유했다. 또한 장기는 부리의 아들이 통치하던 하마를 점령했다.

1137년 장기는 십자군의 중요 전략 요새인 트리폴리와 하마를 잇는 바으린성을 함락했다. 또한 그는 1138년 부리의 미망인과 결

---

20 부리조(the Burid dynasty): 투르크족 혈통의 왕조로 1104~1154년, 50년 동안 다마스쿠스에서 통치했다. 창건자는 셀주크조 술탄인 투투쉬의 아들 두까끄의 아타벡(atabeg. 후견인)이었던 뚜그타킨이다. 1104년 두까끄의 사망 후 뚜그타킨은 다마스쿠스의 실질적인 통치자가 되어 자신의 왕조인 부리조를 창건했다. 부리조는 1154년 누르 알딘에 의해 다마스쿠스가 함락될 때까지 지속되었다. 부리조 통치자들은 치세 중 안티오크, 트리폴리, 예루살렘의 십자군 국가의 위협에 시달려 부득이하게 십자군 측과 때로 협상하거나 동맹조약을 체결하는 등 안전을 도모했다. 당시 부리조는 다마스쿠스 주변의 주요 식량 공급지대를 십자군에게 빼앗기는 것을 피하고, 다마스쿠스와 이집트, 아라비아 간 통로의 안전을 확보하기 위해 십자군 측과 협상하는 길을 택했다. 1130년 장기조의 이마드 알딘과 누르 알딘이 알레포의 통치자가 되고 나서부터 장기조는 부리조에 대한 위협의 강도를 높여갔고, 부리조의 통치자들은 이에 맞서 십자군 측에 지원을 청했다. 그러나 1148년 2차 십자군이 다마스쿠스를 공격한 것으로 인해 부리조는 친(親)십자군 정책을 중지했고, 이어 다마스쿠스는 누르 알딘에 의해 함락되었다. EIS-1, 'Burids'.

혼을 통한 동맹을 맺음으로써 홈스를 획득했다. 그리고 1139년 다마스쿠스 부리조의 군주 쉬합 알딘 마흐무드(شهاب الدين محمود)가 피살되자 장기는 군대를 보내 다마스쿠스를 포위했고, 이에 그곳의 아타벡[21]인 무인 알딘 우누르[22]가 저항했다. 우누르는 예루살렘의 왕인 풀크(Fulk of Anjou)의 지원을 받았고 장기 군대는 모술로 후퇴했다. 이 원정에서 장기는 두 가지 결과를 얻었다. 하나는 그가 다마스쿠스의 군주로 인정되어 이슬람 금요일 예배 설교에서 그의 이름이 언급되었던 것이고, 다른 하나는 바을라박을 점령한 것이었다.

539/1144년 장기는 그리스도교도들의 중요 도시였던 에데사를 포위해 점령했다. 당시 장기는 에데사의 영주인 조슬랭 2세(Joscelin Ⅱ)가 히쓴 카이파에서 지위를 확보하려는 아르투끄 왕조의 까라 아르슬란(قرا أرسلان بن داود 1144~1174 재위)을 지원하기 위해 군대를 이끌고 나간 틈을 이용해 에데사를 점령했다. 이곳은 무슬림들에 의해 탈환된 최초의 십자군 진영 수도였으며, 이 승리로 장기는 이슬람의 영웅으로 부각되었다. 장기는 이러한 승전에 힘입어 십자군의 예봉을 꺾는 한편, 무슬림들에게 자신감을 불어넣었다. 그러나 541/1146년 그는 자신의 노예에 의해 피살되었다.

---

21 아타벡(atabak, atabeg): 셀주크조와 그 계승자들의 치하에서 사용된, 고관을 가리키는 투르크어 직함. 주로 제후나 그 후계자가 어릴 경우 그들의 후견인이자 조언자로서 임명되는 자가 아타벡으로, 제후의 아타벡이 실질적인 권력을 갖고 국가를 통치한 경우가 많았다. EIS-1, 'atabak'.

22 무인 알딘 우누르(معين الدين آنر): 다마스쿠스의 부리조 치하에서, 통치자 무지르 알딘의 아타벡으로 있다가, 1149년 무지르 알딘의 사망 후 국정의 실질적인 책임자가 되었다. 이후 장기조의 누르 알딘에게 복속했다가, 1154년 누르 알딘에 의해 다마스쿠스에서 추방되었다. EIS-1, 'Burids'.

## 누르 알딘의 대(對)십자군 전쟁

장기의 사후 그의 영토인 모술을 중심으로 하는 동부와 알레포를 수도로 하는 서부는 각각 두 아들 사이프 알딘 가지(سيف الدين غازي)와 누르 알딘 마흐무드(نور الدين محمود زنكي 1146~1174 재위)에게 맡겨졌다. 특히 누르 알딘은 대십자군 전쟁 수행에 열의를 갖고 십자군을 무슬림 영토에서 축출하는 데 온 힘을 기울였다.

1148년 예루살렘에서는 2차 십자군 지도자들과 라틴 왕국의 고관들이 모여 다마스쿠스 공격 결정을 내렸다. 그러나 그것은 2차 십자군에게 자살행위와 같은 무모한 결정이었다. 전반적으로 당시 예루살렘과 다마스쿠스는 공존하는 형태를 띠고 있었고, 장기가 1139년 우누르를 위협한 이래 이 두 이웃 도시 간에는 동맹이 체결되어 있었다. 그런데 십자군이 다마스쿠스를 포위하자 우누르는 누르 알딘에게 구원을 요청했고 구원군이 당도하자 십자군은 다마스쿠스에서 퇴각했다. 무슬림군은 퇴각하는 십자군을 공격해 큰 피해를 입혔다.

1149년 누르 알딘의 군대는 안티오크 공국(公國)의 요새인 인납(إنب)에서 중대한 승리를 거두었다. 이 전투에서 안티오크의 군주 레몽(Raymond of Poitiers)이 전사했다. 이로써 해안 지역의 십자군 국가들은 이슬람의 새로운 영웅인 누르 알딘으로부터 심각한 위협을 받게 되었다. 누르 알딘은 십자군에 맞서기 위해 무슬림 진영 통합을 과업의 첫 목표로 삼았다. 그는 당시 다마스쿠스의 부리조 통치자 무지르 알딘(مجير الدين أبق)이 십자군과 결탁한 것을 보고 546/1151~1152년 다마스쿠스를 포위했다. 누르 알딘은 그에게 다마스쿠스의 통치자로 남아있게 한다는 조건하에 복속을 권했고 그는 이를 수락했다. 그러나 무지르 알딘은 다시 십자군에 동조해 십자군이 다마스쿠스에 들어오도록 허락했다. 549/1154년 누르 알딘은 다마스쿠스를 무력으로 점령했다. 이에 십자군은 시리아 지역의 주요 근거지를 잃어 군사적으로 큰 손실을 입게 되었다. 누르 알딘은 다마스쿠스를 수중에 넣음으로써 이곳을 십자군 점령지인 예루살렘과 해안 지역을 탈환하기 위한 길목으로 삼았다. 누르 알딘은 앞서 무지르 알딘이 십자군과 결탁해 이적행위를 하고 있을 때는 이 계획을 구상할 수 없었다.

한편 548/1153년 십자군은 때늦은 승리를 거두었다. 1099년 무슬림군에게 빼앗겼던 아스칼론을 예루살렘의 왕 보두앵 3세(Baldwin III)가 재점령한 것이다. 아스칼론이 십자군 수중에 놓이게 된 것은 십자군과 무슬림 진영 양측 간의 전시 상황에서 새로운 변화를 예고하는 사건이었다. 다마스쿠스를 점령한 이후 누르 알딘은 예루살렘과 일부 해안 도시를 제외한, 당시 십자군 수중에 있던 이슬람 지역의 상당 부분을 탈환했다. 이로써 누르 알딘의 영토는 티그리스강에서 시리아 지역의 오론테스강에 이르게 되었다. 보두앵 3세의 아스칼론 점령과 누르 알딘의 다마스쿠스 획득은, 다음 시기에는 시리아 지역의 십자군과 무슬림 양 진영 관심사의 중심이 이제 이집트로 이동하게 됨을 암시한다. 이후 누르 알딘과 보두앵 3세는 10년간 휴전했다.

이집트에 대한 선제 시도는 보두앵 3세의 계승자인 아말릭(Amalric)에 의해 이루어졌다. 당시 이집트의 파티마조 칼리프는 권력을 상실한 상태였다. 11세기 말 이집트에서는 바드르 알자말리(بدر الدين الجمالي 1094 사망)가 와지르직을 맡은 시기부터 와지르가 실질적인 권력을 행사했으며, 이 직책을 두고 권력층 내부에서 다툼이 일어나 정치적 안정을 이루지 못했다. 이런 상황에서 시리아의 누르 알딘은 이집트 문제에 개입하게 되었으며, 반면 라틴 왕국은 이미 이집트 정치에서 중요 요인으로 작용하고 있었다. 위기는 558/1163년에 일어났다. 파티마조의 와지르직을 두고 샤와르(شاور)와 디르감(ضرغام) 간의 다툼이 있었고, 이때 쫓겨난 샤와르는 누르 알딘에게 피신했다. 그러나 와지르직에 오른 디르감은 이제까지 파티마조가 라틴 왕국에 해오던 조공을 거부했고, 이는 혈기왕성한 아말릭 왕이 이집트를 침공하는 원인이 되었다. 십자군은 카이로 부근의 빌바이스(Bilbays)에 도착했지만 무슬림군이 범람한 나일강의 둑을 열어놓는 작전을 펴자 퇴각했다.

한편 누르 알딘은 군사적 · 전략적 문제의 부담을 느껴 이집트 문제 개입을 주저했다. 그러나 그의 가신(家臣)인 쿠르드족 출신의 쉬르쿠흐(الملك المنصور أسد الدين شيركوه 1169 사망)의 설득에 따라 개입을 결정한다. 쉬르쿠흐는 자신의 조카 살라딘(الملك الناصر صلاح الدين الأيوبي 1137~1193)을 대동하고 샤와르와 함께 1164년 이집트를 침공했다. 이 공격으로 카이로가 함락되었고 디르감은 피살되었으며 샤와르는 와지르직에 복귀했다. 그러나 샤와르는 누르 알딘에게 약속한 보상금을 지불하지 않기 위해 십자군에 지원을 요청해 쉬르쿠흐에 맞섰다. 아말릭이 재차 이집트를 침공하여 빌바이스를 포위했으나 팔레스타인에서 누르 알딘이 행한 작전으로 이 공격은 저지되었다. 1164년 십자군과 무슬림군 간에 휴전이 체결되어 양군은 이집트에서 철수했다. 이후 1167년 쉬르쿠흐는 압바스조 칼리프의 지지와 함께 재차 이집트 원정을 위한 누르 알딘의 승인을 받았다. 샤와르는 위기에 직면하자 다시 아말릭의 지원을 요청했고 양측 군대는 이집트 내부까지 들어와 전투를 벌였다. 그러나 뚜렷한 결과 없이 양군은 1167년 8월 이집트에서 퇴각했다.

564/1168년 아말릭 왕이 네 번째 이집트 원정을 감행하여 빌바이스를 함락한 뒤 카이로로 진군하자, 파티마조의 칼리프 알아디드(العاضد لدين الله 1160~1171 재위)는 누르 알딘에게 원군을 요청했다. 이에 쉬르쿠흐가 군대를 이끌고 가자 십자군은 철수했다. 이 원정에서 십자군은 많은 희생만 낸 채 아무 성과를 얻지 못했으며, 샤와르는 칼리프 알아디드의 명에 따라 쉬르쿠흐에 의해 처형되었다. 이어 쉬르쿠흐가 1169년 와지르직에 임명되었지만 몇 주 후에 사망했고, 그의 조카 살라딘이 와지르직을 위임받았다.

누르 알딘은 그간의 숙원 과업이었던 이슬람 지역의 통합을 달성하자 본격적으로 지상(至上) 목표인 예루살렘 탈환을 계획하기 시작했다. 특히 시리아 지역에서는 누르 알딘이 상당 지역을 탈환하는 데 성공한 이후 십자군의 세력은 크게 약화되어 있었고, 무슬림군과의 잇따른 전투에서 십자군은 우수한 전사들을 잃어 군사력에 큰 손실을 입고 있었다. 누르 알딘은 이 시점을 예루살렘 탈환의 호기로 보고 있었다. 누르 알딘은 살라딘과 예루살렘 공격 계획에 합의하고 곧 실행 단계에 들어설 시점에 병사하고 말았다(569/1174년).

### (3) 살라딘의 활약

#### 이슬람 세계의 통합과 대(對)십자군 전쟁

살라딘이 파티마조를 종식시키고 새로이 아이윱조를 창건하면서 이슬람 진영 내에서 그의 위상이 확고해졌다. 이제 그는 압바스조 칼리프의 명목상의 통치하에 놓이는 수니파 군주로서 이집트를 통치하게 되었다. 압바스조 칼리프는 공식적으로 누르 알딘에게 시리아와 이집트 통치를 일임하는 한편, 살라딘의 위상도 인정했다.

살라딘은 시리아 지역 무슬림들의 내부 문제의 심각성과 그곳을 차지하려는 십자군의 야욕을 간파했다. 그는 분열된 이슬람 지역을 통합해야 할 필요성을 깨닫고 이를 위해 시리아로의 진출을 결심했다. 살라딘은 군대를 이끌고 570/1174~1175년 다마스쿠스로 가서 그곳을 양도받고, 이어 홈스와 하마로 진군하여 두 곳도 접수했다. 그러나 알레포에서의 상황은 달랐다. 살라딘이 알레포 지배층에게 그곳의 양도를 요구하자 그들은 거세게 반발했으며, 심지어 아사신파[23]에게 의뢰해 살라딘을 살해하려다가 실패하기도 했다. 알레포 지배층은 살라딘의 입성을 막기 위해 트리폴리의 제후 레몽 3세에게 거금을 주고 도움을 청했다. 이에 레몽 3세는 자신과 알레포 지배층 간 동맹의 중요성을 깨닫고, 또한 이슬람 진영이 카이로와 다마스쿠스, 알레포를 통합할 경우 라틴 왕국이 직면하

23 아사신파(Assassins. 아랍어로 '핫샤슌(الحشاشون)'): '암살단파'로도 번역됨. 시아파에 속하는 이스마일파의 한 갈래로, 호전적인 성향을 띤 니자리파 일원에 대하여 십자군이 붙인 명칭. 니자리파의 활동은 1090년부터 1256년까지 지속되었다. 아사신파는 이스마일파 교리 전파를 목표로, 이란 북쪽에 있는 알라무트 요새를 중심지로 삼아 적 진영의 중요한 정치적 인물을 살해함으로써 자신의 종파에 대한 공포심을 퍼뜨리고 적을 약화시키는 전략을 썼던 것으로 유명하다. 아사신파에 의해 셀주크조의 재상 니잠 알물크, 예루살렘 왕국의 왕인 몬페라토의 코라도를 비롯한 수많은 통치자들과 정치인들이 암살당했으며, 살라딘도 그들의 살해 시도에서 간신히 벗어난 적이 있었다. 자세한 내용은 김정위 편, 앞의 책, '암살단파', 454-457쪽을 참조할 것.

시리아 다마스쿠스에 있는 살라딘 영묘의 초상

게 될 위험을 직시하고는 알레포 지배층의 요구에 따라 그들을 지원해 주었다. 알레포 지배층은 십자군과 동맹을 맺음으로써 일시적으로 살라딘의 공격을 막을 수 있었다. 그러나 살라딘은 다시 공격을 감행해 알레포 군대를 패퇴시키고 그곳을 점령했다. 이로써 그의 목표인 이집트와 시리아 지역의 통합이 성취되었다. 통합을 이룬 뒤 그의 다음 과제는 대(對)십자군 전쟁을 통해 프랑크인들이 점령하고 있던 예루살렘을 탈환하는 것이었다.

당시 십자군의 중요 군사 거점인 알카락성의 영주인 아르나뜨가 무슬림 지역을 위협한 것은 살라딘이 대십자군 전쟁 수행 시기를 앞당기는 계기가 되었다. 다마스쿠스와 이집트, 히자즈를 잇는 통로를 위협했던 알카락 요새는 무슬림군에게 가시와 같은 존재였다. 더욱이 578/1183년 아르나뜨는 홍해에 함대를 진수시켜 무슬림 순례자들이 젯다로 가는 통과 지점인 아프리카 해안의 아이답 항구를 위협했고, 무슬림 순례자들을 태운 선박을 격침시켰으며 메카와 메디나를 위협했다. 583/1187년 살라딘은 1만 2천의 병력을 이끌고 요르단 지역으로 갔고, 이에 맞서 십자군은 5만 명의 군사를 집결시켰으며 양쪽 군대는 힛띤에서 일전을 벌였다. 아르나뜨는 무슬림들의 눈에는 가증스러운 인물로 보여, 8/14세기에 편찬된 알싸파디(الصفدي)의 방대한 인물사전인 『망인(亡人)들에 대한 상세한 기록(الوافي بالوفيات)』에서 다루어진 소수 유럽인들 중 한 명이다. '알카락성의 영주'라는 부분에서 저자는 라틴 왕국이 살라딘에 의해 결정적인 타격을 받는 계기가 되었던 힛띤 전투를 기록하면서 아르나뜨에 대한 인상을 다음과 같이 적고 있다.

> 알카락의 영주는 유럽인들 중 가장 사악하고 위험한 자였다. 그는 이집트에서 시리아로 오는 대상을 가로막고 살해, 강탈하는 만행을 저질렀다. 술탄 살라딘은 그의 만행에 대해 비난하는 서신을 보내기도 했지만 아르나뜨는 이에 괘념치 않고 계속 무슬림들을 습격하고 살해했다. 술탄 살라딘은 이러한 그에게 복수를 하기로 결심했다. 힛띤 전투는 583/1187년에 있었다. 기병과 보병으로 구성된 십자군은 아크레를 출발했다. (중략) 전투에서 무슬림군은 많은 십자군을 죽이고 포로로 잡았다. 포로로 잡힌 십자군 지도자들 중에는 라틴 왕국의 왕 기(Guy)와 그의 형제인 조프루아, 알카락성의 영주, 험프리, 그리고 주바일, 베이루트, 시돈의 영주들, 그리고 템플 기사단과 병원 기사들이 있었다. 포로로 잡힌 십자군 지도자들은 술탄 살라딘의 앞으로 인도되었다. 술탄은 이들을 한곳으로 불러모았다.

> 포로들은 술탄의 우측에 앉게 했는데, 알카락의 영주는 바로 술탄의 옆자리에 앉게 되었다. 술탄은 포로들이 심하게 갈증을 느끼고 있는 것을 보자 찬물 한 잔을 갖다 주라고 명했다. 먼저 물을 마신 기 왕은 아르나뜨에게 잔을 건넸다. 그러자 술탄은 기 왕에게 '나는 당신이 아르나뜨에게 물을 주라고 허락하지 않았소'라고 말했다. 그러고 나서 술탄은 아르나뜨를 자신의 손으로 죽일 것을 공표했다. 술탄은 아르나뜨가 조약과 휴전협정을 어기거나 무시했던 사례를 열거했다. 그런 뒤 술탄은 칼을 들어 그를 내리쳤다. 이를 지켜본 기 왕은 두려움으로 가득 차 있었다. 술탄은 그에게 '이자는 여러 차례 조약을 어긴, 거짓을 일삼는 자였다'라고 말했다.[24]

힛띤 전투에서 무슬림 군대는 십자군에 대승을 거두었으며 예루살렘 왕과 다수의 적군을 포로로 잡았다. 힛띤에서의 무슬림군의 승리는 이슬람사에 기록되는 중요한 사건으로, 이어 살라딘이 계획한 예루살렘 탈환을 위한 성공적인 출발을 의미하는 것이었다. 이 전투에서 십자군은 정예군을 잃게 되어 향후 살라딘의 군대에 대적할 군사력을 보유하지 못하게 되었다.

### 예루살렘 탈환과 휴전협정

힛띤 전투 승리 후 살라딘은 아스칼론을 비롯한 해안 일대를 탈환한 뒤 예루살렘 정복에 나섰다. 십자군 진영도 남은 병력을 최대한

---

24 أبو شامة، كتاب الروضتين في أخبار الدولتين النورية والصلاحية، المجلد 2، ج 3، ص 190؛ محمود إبراهيم، حطين بين أخبار مؤرخيها وشعر معاصريها، ص 33.

동원해 전투 태세에 들어갔다. 전투가 시작되어 양쪽 군대는 예루살렘을 차지하기 위해 격전을 벌였다. 십자군 측은 자신들의 약세와 패전의 조짐이 나타나자 살라딘에게 예루살렘을 양도하겠으니 그리스도교도들의 안전을 보장해 줄 것을 요구해 왔다. 살라딘은 처음에 이 제안에 대해 "나는 당신들이 492/1099년 예루살렘을 점령했을 때 그곳 무슬림 주민들에게 행했던 그대로 살인, 포획, 응징을 당신들에게 행할 것이다"[25]라고 답함으로써 무력탈환의 의지를 보였다. 십자군 측은 진지하게 계속 타협을 요구해 왔고 결국 살라딘은 십자군 측 그리스도교도들 개인당 포로 몸값을 지불한다는 조건하에 그들의 안전을 보장해 주는 데 동의하고 예루살렘을 접수했다(583/1187년 10월).

88년 전 예루살렘에서 목격된 십자군의 만행과는 대조적으로, 살라딘의 군대는 학살이나 약탈을 자행하지 않았다. 그곳의 성묘교회도 손상되지 않았고 십자군 통치자들의 무덤도 범하지 않았다. 예루살렘을 탈환한 뒤 살라딘이 십자군 측 그리스도교도들에게 보여준 관용의 인품은 잘 알려져 있다. 이에 대해 당대 유럽 사료에는 다음과 같이 기록되어 있다.

> 살라딘은 (예루살렘 탈환 전쟁 수행 중) 예루살렘의 유럽인들에게 이 도시를 방비할 충분한 기회를 주었다. 또한 그는 그들로 하여금 예루살렘시 주변 15마일 내에 있는 토지를 경작하도록 허가하고 그들

25 ابن الأثير، الكامل في التاريخ، المجلد 11، ص 548.

의 농작물에 대해 제재를 가하지 않기로 약속했다. 또한 그는 예루살렘을 탈환했을 때 십자군 측의 가난한 포로 7천 명에 대해서는 몸값을 받지 않고 풀어 주었다. 이 점은 십자군이 492/1099년 예루살렘을 점령했을 당시 보여 주었던 행위와는 판이한 것이다.[26]

승리를 거둔 무슬림들은 정직과 인애로 알려져 있다. 현재 예루살렘 내 거주하는 유럽인들의 어느 한 집도 약탈당하지 않았고, 어느 누구도 불미스러운 일을 당하지 않았다. 무슬림 경찰들은 살라딘의 명에 따라 거리와 집들을 돌아다니면서 그리스도교도들에게 있을지 모를 공격 행위를 막고 있다. (중략) 살라딘의 자애와 동정심은 1차 십자군 원정에서의 침략군 그리스도교도들의 행위와는 정반대였다.[27]

힛띤에서 십자군의 패배와 무슬림들의 예루살렘 탈환은 유럽인들로 하여금 다시금 십자군 원정 의욕을 부추겼다. 예루살렘이 무슬림의 수중에 들어갔다는 소식을 들은 유럽의 그리스도교도들은 경악을 금치 못했다. 특히 그리스도교 지도자들은 신자들에게 예루살렘 탈환의 욕구를 불러일으키기 위해 대대적인 운동을 전개했다. 그들은 아랍인에게 구타당하며 피 흘리고 있는 예수의 형상을 그려, 그리스도교도들에게 이슬람의 사도 무함마드가 예수를 살해했다는 상상을 불러일으킴으로써 그들의 신앙심을 자극해 무

26 محمد الهرفي، شعر الجهاد في الحروب الصليبية في بلاد الشام، ص 50.

27 위의 책, p. 49.

슬림들을 대적하기 위한 전쟁에 참여하도록 선동했다.[28] 유럽은 프랑스의 필리프 2세(Philip II Auguste), 독일의 프리드리히 바르바로사(Frederick Barbarossa), 잉글랜드의 사자심왕 리차드(Richard the Lionheart) 세 군주가 진두지휘하는 3차 십자군을 파병했다. 이 십자군은 우선 아크레 함락을 위해 진군했다. 이에 살라딘은 군을 이끌고 나갔고 양측 군대는 많은 희생을 내며 치열한 전투를 벌였다. 이 전투에서 십자군은 수적인 우세, 그리고 육로와 해상을 통한 지속적인 군수 조달에 힘입어 아크레를 함락할 수 있었다(587/1191년). 이 도시는 수복된 라틴 왕국의 다음 한 세기 동안 수도가 되었다. 아크레 탈환 직후 필리프 왕은 귀국했고 십자군은 리차드의 지휘하에 다음 공격을 계획했다. 십자군은 예루살렘 함락을 위해 진군했고, 살라딘은 이곳을 방어하기 위한 만반의 준비태세를 갖추었다. 살라딘은 무슬림군 지휘관들을 소집해 다음과 같이 연설했다.

> 알라께 찬미가 있기를! 알라의 사도(무함마드)에게 평안이 있기를! 제군(諸君)! 자네들은 이슬람을 사수하려는 군사들이다. 무슬림들의 피와 재산, 그리고 후손은 그대들에게 달려 있다. 만일 자네들이 도망한다면 적은 이 지역에 들어와 무슬림들을 죽이며 재산을 약탈하고 어린애들과 여인들을 잡아갈 것이며 이슬람 사원에서 십자가를 숭배하고 코란과 이슬람 예배를 폐할 것이다. 이 모든 것이 제군에게 달려 있다. 그대들은 지난날 경험으로 이 모든 것을 알고 있다. 그대

---

28 ابن الأثير، المصدر السابق، المجلد 12، ص 32.

> 들은 무슬림들에게서 식록(食祿)을 받아 왔으니 이제 그들을 적으로부터 지켜 주고 그들 중 연약한 자들을 도와주어야 할 것이다. 모든 지역의 무슬림들은 그대들에게 의지하고 있다. 평안이 있기를![29]

이 시점에서 십자군 지도부 내에서는 예루살렘 공격에 대한 이견으로 갈등이 표출되었는데 이는 이슬람 진영을 위해 다행스러운 일이었다. 리차드 왕은 식수 부족을 이유로, 또한 자신의 군대의 괴멸을 걱정하여 본국으로의 귀환을 주장했다. 이로 인해 십자군은 살라딘과 휴전을 체결했으며, 협정에 따라 십자군 측은 이미 점령한 해안 지역을 그대로 차지하고, 반면 살라딘은 산악 지대를 보유한다는 약속이 이루어졌다. 이후 살라딘은 지난 4년간 떠나 있었던 다마스쿠스로 돌아갔다. 그는 다마스쿠스로의 귀환 후 얼마 지나지 않아 죽음을 맞이했다(589/1193년). 살라딘의 죽음은 전 이슬람 지역에 큰 충격이 되었다. 무슬림들에게 그는 대(對)십자군 전쟁에서 최대의 승리를 가져다준 인물로서 예루살렘 탈환을 비롯한 여러 전투에서의 승리를 통해 그의 뒤를 잇는 이슬람 진영 지도자들이 대십자군 전쟁을 지속해 이슬람 지역에서 십자군을 축출하는 계기를 마련한 자였다.

---

29 ابن كثير، البداية والنهاية، المجلد 12، ص 307.

## (4) 살라딘 사후 이슬람 진영의 대(對)십자군 전쟁

### 아이윱조 통치자들의 대십자군 전쟁

아이윱조는 1193년 살라딘 사후 이집트에서 1250년까지, 시리아에서는 그보다 10년 넘게 명맥을 유지했다.

살라딘 생전에 아이윱조 군대의 대응으로 더 이상의 공격을 펼치지 못하던 유럽이 살라딘 사후 다시 십자군을 결성해 침공 계획을 세우게 된 배경에는 살라딘의 아들들과 그의 동생인 알아딜(الملك العادل) 간의 알력과 분쟁이 한몫했다. 살라딘의 아들들은 아이윱조 왕국을 분할해 통치했다. 장남 알아프달 알리, 알다히르, 알아지즈가 각각 다마스쿠스 지역, 알레포 지역, 이집트를 소유했다. 그러나 그들은 통치자로서 무능을 드러냈고, 그 약점을 이용해 그들의 삼촌인 강력하고 경험 많은 알아딜이 세력을 강화했다. 서로의 영토를 차지하려는 살라딘 아들들 간의 갈등 속에 알아딜은 중간에서 조정 역할을 하다가 결국 살라딘 이후 다시 아이윱조 왕국을 통합하고 술탄의 자리에 올랐다.

유럽에서 교황은 아이윱조가 분열된 틈을 이용해 4차 십자군(1202~1204년)을 결성해 예루살렘을 점령하려 계획했으나 십자군은 원정의 본래 목표에서 일탈하여 콘스탄티노플을 함락했다. 이어 5차 십자군(1217~1221년)은 아크레를 중심지로 삼아 주변의 이슬람 진영 도시를 공격했고 이어 이집트 지역을 공격하기로 결정했다. 당시 알아딜은 아들이자 다마스쿠스의 영주인 알무앗담(الملك المعظم عيسى)으로 하여금 예루살렘을 방어토록 했다. 십자군은 1218년 다미에타시에 도착해 그곳을 포위했다. 부친 알아딜을 대신해 이집트 통치를 맡고 있던 알카밀(الملك الكامل)은 군대를 이끌고 나가 십자군과 전투를 벌였다. 그러던 중 알아딜이 사망하자 알카밀이 통치권을 계승했다. 시리아로부터 그의 형제인 알무앗담의 지원군이 도착하기도 했으나 약 17개월간 십자군에 봉쇄된 다미에타의 무슬림들은 식량이 바닥나 있었다. 반면 십자군은 유럽에서 온 지원군으로 강해지면서 1219년 다미에타를 함락했고 그곳에서 살육을 저질렀다.

다미에타를 잃은 알카밀은 그곳에서 멀지 않은 곳에 새 도시 알만쑤라(المنصورة)를 건설하고 십자군을 저지할 전략을 세웠다. 이집트 전역과 시리아 일대에서 무슬림 병사들이 모여들고 지원 군대가 도착해 병력이 증가한 데 힘입은 알카밀은 십자군과 전쟁을 벌여 피해를 입혔고, 적군을 이집트 영토에서 나가게 하기 위해 협상을 제안했다. 그는 십자군에게 예루살렘과 아스칼론, 티베리아스, 라타키아 등 이전에 살라딘이 점령했던 모든 도시를 내주는 조건으로 십자군이 다미에타를 반환하고 이집트에서 나갈 것을 제안했다. 처음에 십자군은 이를 거절했으나 알카밀 군대의 공격을 받자 협정에 응해 1221년 이집트를 떠났고 양측 간에는 8년간의 휴전협정이 체결되었다.

이후 오스트리아 왕 프리드리히 2세가 1228년 예루살렘으로 진군해 시리아에 도착했다(6차 십자군). 알카밀과 그의 형제 알아쉬라프의 진영과 프리드리히 2세 간에 협정을 위한 서신이 오갔다. 협정 내용은, 이슬람 진영이 예루살렘을 십자군에게 양도하되 그곳의 이슬람 사원은 무슬림들에게 귀속되며 프랑크인들은 무슬림들을 건드리지 않는다는 것이었다. 일부 무슬림들과 프랑크인들은 저마다 그 협정을 자신들에게 불명예스러운 것으로 여기고 성토했다. 결국 프리드리히 2세는 협정을 통해 예루살렘을 양도받고 1229년 그곳의 왕이 되었지만 프랑크인들로부터 인정받지 못하자 자기 나라로 돌아갔다.

이후 1237년 술탄 알카밀의 사망 후 1240년 이집트의 술탄에 오른 알쌀리흐(الملك الصالح)는, 몽골에게 패망한 크와리즘국 영토에서 쫓겨와 시리아에 머물던 크와리즘 병사들과 약조를 맺어 그들로 하여금 십자군에 맞서 싸우게 했다. 크와리즘 용병 부대는 1244년 시리아를 침공해 예루살렘을 탈환하고 알쌀리흐의 군대에 합류했다. 술탄의 군대는 시리아의 아이윱조군과 프랑크족의 연합군을 격퇴했고, 1245년 다마스쿠스는 알쌀리흐의 수중에 들어갔다.

이후 술탄 알쌀리흐는 유럽 왕들이 이끄는 십자군(7차 십자군)이 다시 이집트를 공격할 것이라는 소식을 접했다. 술탄은 병환 중에도 불구하고 다마스쿠스를 떠나 다미에타로 가서 군사를 모으고 전쟁 준비에 들어갔다. 프랑스 왕 루이 9세(Louis IX)의 십자군과 이집트 군대 간의 전투가 육상과 해상에서 벌어졌다. 이집트군 대장과 병사들이 도주하는 바람에 다미에타는 텅빈 채 1249년 십자군에게 함락되었다. 알쌀리흐는 허락 없이 다미에타에서 이탈한 지휘관들을 처형했다.

다미에타를 점령한 십자군은 때마침 알쌀리흐의 사망 소식을 접하자 이집트를 정복하려는 야욕으로 이슬람 군대가 있는 알만쑤라를 공격했다. 그러나 알쌀리흐의 맘룩[30] 병사들이 큰 활약을 해

---

30 맘룩(مملوك mamlūk): 아랍어로 '노예'를 의미한다. 이집트의 파티마조와 그 뒤를 이은 아이윱조는 이슬람 영역 밖에서 비무슬림 출신의 노예, 곧 맘룩을 뽑아 군대를 만

십자군을 격퇴하고 지휘관들을 죽였으며, 무슬림 군대는 식량을 수송하는 십자군 선박을 공격했다. 더욱이 알쌀리흐의 아들 알무앗담 투란샤(الملك المعظم تورانشاه)가 이집트 술탄에 오르자 무슬림들의 전의(戰意)가 강해진 반면 십자군은 사기가 떨어졌다. 패색이 짙어진 루이 9세가 휴전을 요청했지만 투란샤는 이를 거절했다. 무슬림 군대는 다미에타로 퇴각하는 십자군을 공격해 3만 명을 죽이고 루이 9세를 생포했다. 이처럼 술탄 알쌀리흐가 사망하여 십자군의 공격으로 풍전등화의 위기에 처한 아이윱조를 구한 것은 알쌀리흐가 이전부터 기용했던 맘룩들이었다. '바흐리야파(البحرية)'로 불리는 그의 맘룩들은 그가 신뢰할 만한 강력한 군대였으며, 이로써 맘룩들의 시대가 열리기 시작했다.

그러나 술탄 투란샤가 자신을 위협하리라 여긴 사람들을 배척하자 알다히르 바이바르스(الملك الظاهر ركن الدين بيبرس البندقداري 1223~1277)를 필두로 하는 바흐리야파 맘룩들이 반란을 일으켜 그를 살해했다. 투란샤의 죽음으로 이집트 아이윱국은 역사에서 종말을 고했다. 아미르들은 술탄 알쌀리흐의 부인인 샤자르 알두르(شجر الدر)를 여왕으로 추대했으나 그녀가 십자군과의 전쟁에서 군사를 지휘할 수 없자 잇즈 알딘 아이박(عز الدين أيبك)을 총사령관으로 임명했다. 이어 아이박은 알말리크 알무잇즈(الملك المعز)의 칭호를 갖고 이집트의 실질적인

---

들었다. 맘룩은 보통 사춘기 나이에 선발되어 이슬람으로 개종한 후 군사훈련을 받았다. 그들 대부분은 중앙아시아 초원지대 출신의 서카시아인과 투르코만인, 몽골인들이었다. 맘룩들은 한 명의 우두머리를 향해 충성심을 바치는 군인으로 양성되었다. 김정위 편, 앞의 책, '맘룩조(Mamlūks)', 295-296쪽.

통치자가 되었다.

한편 이집트 통치부와 포로로 잡힌 루이 9세 간에 협정이 체결되었다. 협정은 루이가 80만 디나르를 지불할 것, 그가 다미에타를 양도하고 이집트를 떠날 것, 이집트는 모든 십자군 포로를 석방할 것 등의 조건을 포함했다. 이집트에서 나온 루이는 아크레에 머물면서 협정 조건을 이행했지만 이집트는 포로 전원을 석방하지 않았다. 루이는 이에 분개했고 시리아 지역 방비 태세를 강화했다. 그러다가 루이는 이집트인들과의 협정이 파기되고 이슬람 진영으로부터 위협을 느끼자 유럽에 지원을 요청했다. 그러나 유럽으로부터 응답이 없고 프랑스 내부에서도 문제가 생기자 루이는 프랑스로 귀국해 버렸다.

### 맘룩조와 깔라운조 통치자들의 대십자군 전쟁

아이윱조 말기부터 이집트에서 벌어진 맘룩들 간의 권력 다툼에서 최후의 승리를 거둔 자는 바흐리야파의 바이바르스였다. 그는 술탄 꾸뚜즈(الملك المظفر سيف الدين قطز 1259~1260 재위)를 도와 1260년 9월 아인 잘루트(عين جالوت)에서 몽골군을 격퇴한 뒤 곧바로 자신이 속한 바흐리야파 일당과 공모해 꾸뚜즈를 살해하고 맘룩조의 술탄이 되었다. 32세에 국가 최고 통치권자가 된 그는 알말리크 알다히르(الملك الظاهر '승리의 왕')의 칭호를 갖게 되었다.

아이윱조 말기에 프랑크 국가와 무슬림 국가 간에 지속된 병존의 양상은 맘룩조에 들어와 술탄들의 공격적인 양상으로 대체되었다.[31] 그 이유로는 프랑크족과 몽골족 간 협력 가능성에 대한 우려, 유럽의 차후 십자군 원정 가능성에 대한 우려, 대십자군 전쟁을 통한 맘룩조의 지하드 정신 구현의 의지를 들 수 있다. 치세 기간 중 바이바르스는 시리아 지역을 장악하고, 그곳에서 몽골군과 십자군의 위협을 저지하는 데 심혈을 기울였다. 바이바르스의 치세 중 프랑크족 국가들은 크게 약화되어 갔다. 루이 9세가 떠난 뒤 프랑크 왕국은 지도자가 부재한 상태였다. 또한 아인 잘루트에서 몽골의 패배는 몽골을 지지해 왔던 소(小)아르메니아와 안티오크, 트리폴리 통치자들에게 큰 손실이었다.

바이바르스는 거의 매년 시리아로 군사를 보내 프랑크족 국가들을 공격했다. 1265년 그는 팔레스타인 해안 도시들로 진군해 카이사레아, 하이파, 아르수프를 파괴함으로써 그곳이 향후 십자군의 해양 군사 기지로 쓰이지 못하게 했다. 1266년 그는 내륙의 싸파드(صفد Safed) 성채를 십자군 템플 기사단으로부터 빼앗아 무슬림 요새로 복원시켰고, 같은 해에 소아르메니아에 군대를 보내 그곳을 폐허로 만들었으며, 1268년 3월 야파를 점령했다. 1268년 5월 바이바르스는 안티오크를 점령함으로써 1098년 십자군의 수중에 들어간 이래 안티오크가 프랑크족 지역에서 담당했던 정치, 경제적 역할이 끝을 맺게 되었다. 권력의 전성기에 달한 바이바르스는 1270년 루이 9세에 의한 십자군 원정 재시도를 우려해 아스칼론의 남은 성채를 파괴해서 더는 십자군의 기지로 활용되지 못하게 했다. 바이바르스는 1271년 프랑크 국가들에 대한 자신의 마지막이자 최대의 군사원정을 감행해 성공을 거두었다. 그 결과 그는 십자군의 가

31 P. M. Holt, *The Age of the Crusades: The Near East from the eleventh century to 1517*, p. 95.

장 강력한 요새인 크락 데 슈발리에를 병원 기사단으로부터 빼앗아 이슬람군의 요새로 만들고 그곳의 방비를 강화했다.

바이바르스는 대십자군전 역사에서 제2의 살라딘으로 간주되었다. 전기 작가인 이븐 압드 알다히르(محيي الدين بن عبد الظاهر)는 바이바르스를 아이윱조의 진정한 계승자로 기술하면서 그를 살라딘과 같은 반열에 놓았다. 바이바르스는 술탄국의 분열을 허용하지 않음으로써 이후 그의 계승자들에게 통합된 왕국을 남겨 주었다.

바이바르스의 사망(1277년 6월) 후 파벌 간 권력다툼에서 깔라운(الملك المنصور سيف الدين قلاوون الألفي الصالحي 1279~1290 재위)이 승리하여 새로운 술탄이 되었다(1279년 11월). 그는 바이바르스의 아들인 술탄 알말리크 알아딜을 폐위시키고 술탄 자리에 올라 깔라운 왕조(1277~1293)를 열었다. 깔라운은 바흐리야파의 일원으로, 바이바르스의 치세 중에 중요한 아미르였다. 그가 바이바르스의 아들인 바라카칸의 장인이었던 점은 바이바르스가 그의 정치적 중요성을 인정했음을 의미한다.

술탄 깔라운은 시리아에서 몽골군의 위협을 일시적으로 막아내는 한편, 술탄으로부터 분리 운동을 시도한 다마스쿠스의 통치자 순꾸르 알아쉬까르(سنقر الأشقر)와 화친한 뒤 프랑크 국가를 상대로 지하드를 수행했다. 대십자군 전쟁은 그의 남은 통치 기간 중 수행할 주요 과제였다. 당시 라틴 왕국은 눈에 띄게 약화되었다. 깔라운이 권좌에 오를 무렵 라틴 왕국은 분열되어 있었는데, 이는 그가 프랑크족의 다양한 세력과 맺은 조약들을 보면 알 수 있다. 깔라운은 1285년 4월 프랑크국들을 상대로 작전을 개시하여 1289년까지 트리폴리를 비롯한 십자군의 도시와 성채들을 점령했다. 프랑크국들의 4개 수도 중 3개(에데사, 안티오크, 트리폴리)가 함락되고 아크레만 남게 되었다. 아크레 함락을 목표로 삼았던 그는 1290년 11월 출정을 앞두고 사망했다.

생전에 깔라운은 아들 알리(الملك الصالح علي)를 자신의 후계자이자 공동 통치자로 정했으나 알리가 사망하자 둘째 아들 알아쉬라프 칼릴(الملك الأشرف صلاح الدين خليل بن قلاوون 1290~1293 재위)이 알리의 자리를 대신했다. 이후 술탄에 오른 알아쉬라프 칼릴은 1291년 아크레를 상대로 군사 작전을 감행해 점령했고, 이어서 그의 군대는 해안에 남은 티레, 시돈, 베이루트, 하이파 등의 프랑크 도시를 점령했다. 이로써 약 2세기간 지속된 우트르메르(Outremer, 십자군의 동방 개척지)의 역사는 종말을 고하게 되었다. 1291년 8월 7일 알아쉬라프 칼릴은 1차 십자군 개시 이후 이슬람 진영이 십자군을 상대로 벌인 195년간의 오랜 투쟁에서 최후 승리자의 자격으로 수도 카이로에 입성했다.

## ✿ 일러두기

1. 아랍어와 유럽어 명칭 대조표

아랍어 사료와 유럽 사료에서 동일한 사람이나 장소, 지역 등의 대상을 가리키는 명칭은 서로 전혀 다르거나 발음상 차이가 있다. 본서에서는 가능한 한 하나의 명칭을 택했으나 때로는 원문의 특성을 살리기 위해 아랍어와 유럽어 명칭 두 가지를 사용하기도 했다. 가령 아랍어 사료에서는 '누르 알딘'이고, 유럽 사료에서는 '누르 엣딘'이므로 둘 다 사용했다. 이 점을 고려해 다음의 명칭 대조표는 인명이나 지명 등을 확인하는 데 도움이 될 것이다. 별(*) 표시가 있는 명칭이 본서에서 사용한 것이다.

1) 인명, 직위

| 아랍어 | 유럽어 |
|---|---|
| 까디(قاض 재판관, 판사)* | 카디(kadi)* |
| 깔즈[낄리즈] 아르슬란(قلج أرسلان)* | 클르츠 아르슬란(Kilij Arslan)* |
| 누르 알딘(نور الدين)* | 누르 엣딘(Nur ed-Din)* |
| 땅크리(طنكري) | 탕크레드(Tancred)* |
| 레이몬드 알싼질리의 아들 레이몬드 (ريمند بن ريمند الصنجيلي)* | 레몽[레이몬드] 3세*/레몽, 생질의 레몽의 아들(Raymond son of Raymond of Saint- Gilles) |
| 루자르(رجار) | 프랑크인 로제(Roger the Frank)* |
| 바기 시얀(باغي سيان)* | 야기 시얀(Yaghi Siyan)* |
| 바르드윌(بردويل) | 보두앵(Baudouin)*/볼드윈(Baldwin) |
| 바르잔의 아들 발리얀(باليان بن بيرزان)* | 나폴리의 발리안*/이벨린의 발리안(Balian of Ibelin)/발리앙 이블랭 |
| 바이문드(بيمند)/바이문트(بيمنت) | 보에몽*/보에몬도(Boemondo) |
| 싼질(صنجيل) | 레몽 백작(Raymond de St. Gilles)*/툴루즈의 백작 레몽(Count of Toulouse)/생질(백작)*/트리폴리 백작 |
| 쌀라흐 알딘(صلاح الدين) | 살라딘(Saladin)* |
| 아미르(أمير 군 지휘관, 제후, 태수)* | 에미르(emir)* |

| 알꿈무쓰(القمص) | 백작(count)* |
|---|---|
| 알다위야(الداوية) | 템플 기사단*/템플러 기사단(Knights Templar)/성전 기사단* |
| 알마르키스(المركيس)* | 마르키스(Marquis)/몬페라토의 코라도(Corrado del Monferato)*/몬페라트의 콘라트(Conrad of Montferrat) |
| 알말리크 풀크 이븐 풀크(풀크의 아들 풀크 왕* الملك فلك بن فلك) | 풀크 5세(Fulk V of Anjou)*/예루살렘 왕 풀크(Fulk, King of Jerusalem) |
| 알바론(البارون) | 남작(baron)* |
| 알브린스 아르나뜨(البرنس أرناط)* | 레지날드 몽레알(Reginald of Montreal) 공작/르노 드 샤티용(Renaud de Chatillon)*/르노 드 몽레알(Renaud de Montreal)* |
| 알브린스(البرنس)* | 공작(prince) |
| 알알만의 왕(ملك الألمان) | (붉은 수염 황제) 프리드리히 바르바로사(Frederick Barbarossa)* |
| 알이[우]스비타리야(الإسبتارية) | 병원 기사단(Knights Hospitaller)*/구호 기사단 |
| 알인키타르[알인킬티르]의 왕(ملك الإنكتار) | 잉글랜드[영국] 왕 리차드(Richard I King of England)*/사자심왕 리차드* |
| 알칸다하리(الكندهري) | 앙리 백작(Count Henry)* |
| 알프란시스의 왕(ملك الفرنسيس) | 프랑스의 존엄왕 필리프*/필리프 2세 오귀스트(Philip II Augustus)* |
| 알한프리(الهنفري) | 험프리(Humphrey)* |
| 잔키(زنكي) | 장기(Zengi)* |
| 주슬린(جوسلين) | 조슬랭(Joscelin, Josselin)* |
| 쿤드 프란드(كند فرند) | 플랑드르 백작(the Count of Flanders, Philip of Alsace)* |
| 쿤드프리(كندفري) | 고드프루아 드 부용(Godfroy de Bouillon)*/고드프루아 백작/고드프리(Count Godfrey)* |
| 키(كي) | (예루살렘 왕) 기 드 뤼지냥(Guy de Lusignan)*/기 왕* |
| 파끼흐(فقيه 법리학자)* | 파키흐(al-fakih)* |

2) 지명

| 아랍어 | 유럽어 |
|---|---|
| 갓자(غزة)* | 가자(Gaza) |
| 까이사리야(قيسارية) | 카이사레아(Caesarea)* |
| 꾸니야(قونية) | 콘야(Konya)* |
| 꾸브루쓰(قبرص) | 키프로스(Cyprus)* |
| 나불루스(نابلس) | 나블루스(Nablus)* |
| 딤야뜨(دمياط) | 다미에타(Damietta)* |
| 따라불루스(طرابلس) | 트리폴리(Tripoli)* |
| 따바리야(طبرية) | 티베리아스(Tiberias)* |
| 뚤라이뚤라(طليطلة) | 톨레도(Toledo)* |
| 마아르라 알누으만(معرة النعمان)* | 마라(Marra)* |
| 바으린(بعرين)* | 몽페랑(Montferrand) |
| 샴(الشام) | 시리아(Syria)* |
| 싸이다(صيدا) | 시돈(Sidon)* |
| 쌉푸리야(صفورية) | 사푸리야(Saffuriyah)*/세포리아(Sephoria)* |
| 쑤르(صور) | 티레(Tyre)* |
| 씨낄리야(صقلية) | 시칠리아(Sicilia)*/시실리(Sicily) |
| 아스깔란(عسقلان) | 아스칼론(Ascalon)* |
| 악카(عكا) | 아크레(Acre)* |
| 안따키야(أنطاكية) | 안티오크(Antioch)* |
| 알꾸드스(القدس) | 예루살렘(Jerusalem)* |
| 알라디[다]끼야(اللاذقية) | 라타키아(Lattakia)* |
| 알라믈라(الرملة) | 라믈라(Ramla)*/라마(Rama) |
| 알루하(الرها) | 에데사(Edessa)* |
| 알룻[릿]드(اللد) | 로드(Lod)*/리다(Lydda)* |
| 알마우씰(الموصل) | 모술(Mosul)* |
| 알샤우박(الشوبك)* | 크락 드 몽레알(Krak de Montreal)* |
| 알카락(الكرك)* | 크락 데 모아비트(Krak des Moabites)* |
| 야파(يافا)* | 자파(Jaffa)/조파(Joppa) |
| 주바일(جبيل)* | 비블루스(Byblos) |
| 할랍(حلب) | 알레포(Aleppo)* |
| 히쓴 알아크라드(حصن الأكراد) | 크락 데 슈발리에(Krac des Chevaliers)* |
| 히쓴 카[케]이파(حصن كيفا)* | 하산케이프(Hasankeyf) |
| 힘쓰(حمص) | 홈스(Homs)* |
| 힛띤(حطين)* | 하틴(Hattin)* |

## 2. 아랍어 발음 전사

• 본서에서는 아래와 같이 아랍어의 글자를 한글에 대응시켜 전사하며, 장모음은 표시하지 않는다.

| 아랍어 글자 | 한글 전사 | 예 |
|---|---|---|
| أ | 후속 모음에 따라 /아/, /우/, /이/ | الأفضل(알아프달), نؤور(나우르), نائم(나임) |
| ب | /ㅂ/ | بنا(반나) |
| ت | /ㅌ/ | تميم(타밈) |
| ث | /ㅅ/ | ثبير(사비르) |
| ج | /ㅈ/ | الجزيرة(알자지라) |
| ح | /ㅎ/ | حلوان(훌완) |
| خ | /ㅋ/ | افتخار(이프티카르) |
| د | /ㄷ/ | مسعود(마스우드) |
| ذ | /ㄷ/ | ذمار(디마르) |
| ر | /ㄹ/ | أمير(아미르) |
| ز | /ㅈ/ | الجزيرة(알자지라) |
| س | /ㅅ/ | سليمان(술라이만) |
| ش | 후속 모음에 따라 /샤/, /슈/, /쉬/ | شوال(샤우왈), المرقش(알무락끼슈), ناشر(나쉬르) |
| ص | /ㅆ/ | صفورية(쌉푸리야) |
| ض | /ㄷ/ | ضرغد(다르가드) |
| ط | /ㄸ/ | حطين(힛띤) |
| ظ | /ㄷ/ | ظهير(다히르) |
| ع | 후속 모음에 따라 /아/, /우/, /이/ | علي(알리), عجوب(우주브), عماد(이마드) |
| غ | /ㄱ/ | غبيط(가비뜨) |
| ف | /ㅍ/ | افتخار(이프티카르) |
| ق | /ㄲ/ | تقي(타끼) |
| ك | /ㅋ/ | كربوقا(카르부까) |
| ل | /ㄹ/ | العادل(알아딜) |
| م | /ㅁ/ | الملك(알말리크) |
| ن | /ㄴ/ | نور(누르) |

| ه | /ㅎ/ | الظاهر(알다히르) |
|---|---|---|
| و | 후속 모음에 따라<br>/와/, /우/, /위/ | وبيل(와빌), وسوق(우수끄), وحام(위하므) |
| ي | 후속 모음에 따라<br>/야/, /유/, /이/ | ياقوتي(야꾸티), يوسف(유수프), مشايع(무샤이으) |

• 아랍어 고유명사 중에서 그 한글 표기가 이미 국내에서 통용되어 온 다음의 단어는 상기의 전사 방식을 따르지 않고 기존의 한글 표기를 사용했다.
예)
صلاح الدين: 쌀라흐 알딘(아이윱조 술탄) → 살라딘
القرآن: 알꾸르안(이슬람 경전) → 코란
الأقصى: 알아끄싸(예루살렘의 이슬람 사원) → 알아크사
خليفة: 칼리파(이슬람 제국 최고 통치자의 칭호) → 칼리프
شيخ: 샤이크(종교 지도자 경칭) → 셰이크

• 아랍어 정관사 ال의 한글 전사는, 그 뒤에 오는 글자의 종류(태양문자, 월문자)에 상관없이 모두 /알/로 통일했다.
예)
الملك(알말리크)
الظاهر(알다히르)

3. 기타

• ☞ 기호와 함께 나온 간략한 해설은 각 사건에 관한 독자의 이해를 돕기 위해 역자가 추가한 것이다.

• 연도 표기는 필요한 경우 이슬람력(A.H.)과 환산된 서력(A.D.)을 나란히 제시했으며, 빗금(/) 표시로 양자를 구분했다.
예) 491/1097~1098년

• 본서의 주석은 대부분 역자 주로, 필요한 경우 보충 설명 뒤에 참고문헌을 제시했고 역자 주임을 나타내는 별도의 기호는 쓰지 않았다.

사료 번역

# 기독교인이 본 십자군, 무슬림이 본 십자군

I.

# 1차 십자군
(1096~1099)

1차 십자군은 1096년부터 1099년에 걸쳐 이루어졌다. 최초의 십자군이었으므로, 십자군을 제창하게 된 경위부터 중요할 수밖에 없다. 폭력을 사용하는 데에 대한 면죄의 가능성이나 성전의 필요성에 대한 논의는 십자군 제창의 경위를 살펴보는 데 중요한 자료이다. 이렇게 결성된 십자군은 중부 유럽을 거쳐 비잔티움 제국으로 들어갔고, 비잔티움 제국의 수도인 콘스탄티노플을 출발하여 마침내 이슬람의 땅으로 들어서게 되었다. 여기서 처음 만나게 된 중요한 도시가 니케아였다. 니케아를 둘러싼 전투는 처음 벌이는 이슬람 세력과의 전투였다는 점에서 살펴볼 만하다. 그 후 도릴레움, 카이사레아 등을 점령하기도 했으나 중요성에서 시리아의 안티오크를 능가하는 도시는 예루살렘을 제외하면 없을 것이다. 안티오크야말로 예루살렘으로 가는 길목에서 가장 중요한 도시로서 모든 물자와 인력이 집결되는 곳이었다. 그만큼 방어도 견고했던 까닭에 십자군은 무려 8개월이나 포위를 한 끝에 함락할 수 있었다. 안티오크를 함락한 십자군은 예루살렘으로 나아갔다. 그러나 시리아의 지형과 기후에 익숙지 못한 탓에 물과 식량의 부족에 시달렸다. 마라시의 인육 사건은 십자군이 시리아의 풍토에 얼마나 무지했으며 보급이 얼마나 이루어지지 않았는지를 단적으로 보여준다.

십자군의 목표는 무엇보다도 성지 회복에 있었으므로, 예루살렘 공방전이야말로 가장 중요한 사건이라고 할 수 있다. 이에 관련된 사료들은 양측의 입장을 단적으로 보여주고 있다. 당연한 이야기지만, 기독교 측에서는 승리를, 이슬람 측에서는 통한과 슬픔을 기록하고 있다. 십자군의 승리는 예루살렘에서 그치지 않았다. 그 이후에도 이슬람 세력은 분열되어 있었고, 기독교 측은 영토를 넓혀 나갔다. 그렇다고 해서 이슬람 측이 계속 분열되어 있지는 않았다. 경우에 따라서 일시적인 동맹을 맺어 기독교 세력의 확장을 저지하기도 했다.

# 1. 십자군의 시작

## 이교도와의 전투에서 사망한 자에 대한 사면(850년경)(레오 4세)[1] 유럽

☞ 기독교는 평화의 종교이다. 그러므로 무력의 사용은 배척되었다. 그러나 현실적으로 무력이 필요할 때, 이를 정당화해 줄 종교적 근거가 필요하다. 이러한 필요에 따라 오래전부터 기독교에서는 이교도나 이단에 한정하여 무력 사용을 정당화해 왔다. 여기에 소개하는 문헌은 십자군이 제창되기 훨씬 전부터 무력 사용이 정당화되었음을 보여준다.

모든 프랑크 군사들에게

모든 두려움과 공포를 내려놓고 성스러운 신앙의 적들과 반대자들에 맞서서 모든 지역에서 용감하게 싸우는 데 전념하십시오. 지금까지 여러분의 부모들이 싸울 준비를 했을 때 항상 승리가 있었습니다. 아무리 많은 사람이라도 이들을 이길 수는 없었습니다. 또한 그 승리가 아무런 영광도 없이 결국에는 사라져 버렸다는 말을 들은 적이 없습니다.

우리는 당신들 중에 어느 누구도 전쟁에서 죽임을 당하기를 원치 않습니다. 그러나 우리는 이 전쟁에서 죽는 사람들이 보상으로서 하늘의 왕국으로 가기를 바랍니다. 전지전능하신 신께서는 죽은 자가 신앙의 진리와 자신의 공동체의 유지를 위해, 그리고 기독

1 출전: J.-P. Migne, *Patrologia Latina*, vol. 115, pp. 656-657. http://books.google.com/books?id =Ef0QAAAAYAAJ.

교도를 지키기 위해 싸우다 죽은 줄 아십니다. 그러므로 신은 우리가 말한 보상을 해주실 것입니다.

## 성전에서 사망한 자에 대한 면죄(878년)(요한 8세)[2] 유럽

☞ 전투 중에 죽는 사람은 전투 중에 벌인 살인과 같은 죄를 지은 상태에서 사망하게 되므로 사면받지도 못한 채 심판받게 되는 것은 아닐까 하는 의문을 품게 된다. 여기에 인용한 문헌은 교황 요한 8세의 명령으로서, 전투 중에 죽더라도 그것이 기독교를 위한 것이라면 용서를 받는다는 내용이다. 따라서 기사가 십자군에 나가서 죽는다고 하더라도 천국으로 들어갈 수 있다는 확신을 주는 글이다.

루이[3]의 왕국에 있는 주교들에게(879년)

이교도와의 전투에서 사망한 자에 대한 면죄에 대해 확인함.

하느님의 고귀한 아들 루이의 왕국에 있는 모든 경건하고 성스러운 주교에게.

최근 전쟁에서 하느님의 교회를 방어하고 국가와 종교의 유지를 위해 싸우다가 사망한 자들, 그리고 똑같은 이유로 죽게 될 사람들이 자신의 죄에 대해 면죄받을 수 있는지 알고 싶다는 정중한 의사표명을 받았다. 기독교에 대한 사랑으로 이교도나 불신자에 저항해 싸우다가 죽은 사람들이 영생을 얻을 것이라고 내가 확실하

---

2 출전: J.-P. Migne, *Patrologia Latina*, Lib. 126, p. 816. 'Ad episcopus in regno Ludovici constitutos'.

3 루이 2세 말더듬왕(846~879).

게 대답해 줄 수 있다. 하느님께서는 "그때가 언제든 죄인이 회개하기만 하면, 나는 그의 죄를 더 이상 기억하지 않을 것이다"[4]라고 말씀하셨다. 예전에 마나세스(Manasses)라는 경건하지 못한 왕이 있었는데, 포로가 되어서 단단히 묶였다. 그때 속죄를 했고, 하느님의 은총으로 완전한 면죄가 이루어졌다. 하늘과 땅에서 권능을 지닌 성 베드로의 힘을 빌려, 내가 그러한 모든 사람을 용서할 것이며 하느님께 그렇게 해달라고 간청할 것이다. 여러분 형제들이여, 하느님 안에서 잘 지내기를 바란다.

## 우르바누스 2세, 클레르몽 공의회의 십자군 요청 연설(1095년)[5]

유럽

☞ 1095년 교황 우르바누스 2세는 프랑스 중부 클레르몽에 공의회를 소집하여 십자군에 나설 것을 요청했다. 이 연설로 인하여 십자군이 시작되었다고 할 수 있다. 교황이 연설문을 작성하여 말했는지는 알 수 없다. 다만 그 공의회에 있었던 사람들이 나중에 기록해 놓은 문헌이 남아 있다.[6] 따라서 문헌

---

4 에제키엘서 18장 22절, "나는 그가 거역하며 지은 죄를 다 잊어 주리라. 그는 옳게 산 덕분으로 살게 되리라(omnium iniquitatum eius quas operatus est non recordabor in iustitia sua quam operatus est vivet)." 본 문건에서는 "Peccator quacunque hora conversus fuerit, omnium iniqutatum illius non recordabor amplius".

5 출전: Foucher de Chartres, *Gesta Francorum expugnatium Iherusalem*, RHC., t.3, pp. 323-324.

6 우르바누스의 연설을 기록해 놓은 문헌으로는 다음과 같은 것들이 있다. Anonymous, *Gesta Francorum et aliorum Hierosolomitanorum: The Deeds of the Franks and the other Pilgrims to Jerusalem*, ed. & trans. by Rosalind Hill, Oxford University Press, 2002(이하 *Gesta Francorum*으로 줄임); Guibert de Nogent, *Historia quae dicitur Gesta Dei per*

에 따라 우르바누스의 연설 내용이 약간의 차이가 있으나, 줄거리는 대동소이하다. 여기에 번역한 것은 가장 많이 인용되는 푸셰 드 샤르트르(Foucher de Chartres)[7]의 기록이다.

지금 긴급히 해야 할 일은 동방(Orient)에 사는 여러분의 형제를 구하기 위해 즉각 나서야 한다는 것입니다. 이것은 여러분이 이전에도 이미 여러 차례 약속한 바 있는 일입니다. 여러분이 알고 있듯이 투르크인들과 아랍인들은 동로마의 땅으로 몰려들어 국경선을 지나, 지중해로 진출하여 성 게오르기우스[8]의 팔이라고 불리는 헬레스폰투스(Helespontus) 해협[9]까지 진격해 들어갔습니다. 그들은 기독교인들의 땅을 점점 더 많이 정복했으며 일곱 번의 전투에서 승리했습니다. 그들은 많은 사람을 죽이고 포로로 잡았으며 교회를 파괴하고 기독교인들의 영역을 황폐화했습니다. 만약 여러분이 이들에 대해 아무런 징벌도 가하지 않은 채 방치한다면, 이들은 훨씬 더 깊숙이 쳐들어와서 하느님의 종들을 공격할 것입니다. 이러한

---

*Francos*, *Patrologia Latina*, vol. 156.

7 푸셰의 라틴어 표기는 Fulcherius이며, 프랑스어 표기는 Foucher 또는 Foulques이다. 따라서 이 작가의 이름은 '푸셰'로도, '풀크'로도 발음할 수 있다.

8 성 게오르기우스(Georgius, 또는 제오르지오)는 영국, 포르투갈, 독일, 이탈리아의 여러 도시, 특히 베네치아(Venezia)와 페라라(Ferrara)의 수호성인으로 공경을 받으며, 동방 교회에서 '위대한 순교자'로 공경을 받는 성인이다. 그러나 성인의 생애에 대해서는 알려진 바가 거의 없다. 다만 그가 콘스탄티누스 대제 이전에 팔레스티나(Palestina)의 디오스폴리스(Diospolis)라고도 불리던 리다(Lydda)에서 순교했다는 것과 황제 근위대의 군인이었다는 것뿐이다. 중세 이후에는 기사도와 군인들의 수호성인으로 널리 알려졌다. 성인의 문장은 흰 바탕의 붉은 십자가이다.

9 보스포루스 해협을 말함. 성 게오르기우스의 팔이라는 명칭이 붙은 것은 이곳 콘스탄티노플에 있는 교회가 성 게오르기우스에게 봉헌되었기 때문이다.

이유로 나는, 아니 하느님께서는 그리스도의 전령인 여러분이 이 사실을 방방곡곡에 알리고, 모든 사람이, 그들이 기사건 보병이건, 가난한 사람이건 부자건, 즉각 동방의 형제들을 도와서 그 사악한 종족들을 형제의 땅에서 몰아내는 데에 나설 것을 촉구합니다. 나는 이 자리에 있는 여러분께 이를 말씀드리며, 참석하지 않으신 분들께도 이를 말씀드립니다. 이는 곧 그리스도가 명령하신 것입니다.

그곳으로 출발할 사람들, 가는 도중에 죽게 될 사람들, 그리고 이교도들과의 전투에서 죽게 될 사람들은 자신이 지은 죄에 대해 즉시 사면받을 것입니다. 신으로부터 권능을 부여받은 내가 여러분에게 사면을 주는 것입니다. 만약 사탄을 숭배하는, 타락하고 경멸스러운 종족이 전지전능하신 하느님을 믿고 그리스도의 이름으로 영광된 사람들의 땅을 정복한다면, 오, 이 얼마나 수치스러운 일입니까? 만약 여러분과 더불어 기독교를 믿는 사람들을 돕지 못한다면, 주 하느님께서 얼마나 우리를 질책하시겠습니까? 지금까지 부당하게도 믿는 사람들에 대한 사적인 전투에 몰두해 온 사람들은 이제는 불신자들에 맞서 나아가야 하며 오래전에 시작된 이 전쟁을 승리로 이끌어야 합니다. 오랫동안 도적질해 온 사람들은 이제는 기사가 되어야 합니다. 형제, 친척들과 싸우던 사람들은 이제는 마땅히 야만인들과 싸워야 합니다. 동전 몇 닢으로 보상을 받고 용병으로 봉사하던 사람들은 이제는 영원한 보상을 받아야 합니다. 이전에는 쓸데없는 일로 몸과 영혼을 지치게 했던 사람들은 이제는 몸과 영혼 둘 다 영광을 위해 일해야 합니다. 더 말해 무엇하겠습니까? 한편에는 진정한 재산을 잃어버린 불쌍한 사람이 있고, 다른 한편에는 진정한 부유함을 가진 자가 있습니다. 한편에는 하느

클레르몽에서 십자군 원정을 촉구하는 교황 우르바누스 2세

님의 적들과 싸우는 자들이 있고, 다른 한편에서는 하느님의 친구들과 싸우는 자들이 있습니다. 이 원정을 떠나는 데에 주저할 바가 무엇이 있겠습니까? 지체 없이 자신들의 땅을 빌려 주고, 필요한 경비를 모아야 합니다. 그리하여 겨울이 끝나고 봄이 오면, 곧바로 하느님의 영도에 따라 길을 나서야 합니다.

# 2. 십자군의 소아시아 침공

## 니케아 포위와 점령(1097년)(익명)[10] 유럽

☞ 니케아는 소아시아 반도에 있는 도시이다. 콘스탄티노플에서 멀리 떨어져 있지 않은 도시이므로, 십자군의 원정에서 보면 기독교의 영토에서 벗어난 지 얼마 되지 않아 만나게 된 큰 도시였던 셈이다. 이 도시에 대한 공략은 쉽지 않았다. 도시가 호수에 접해 있어서 그곳으로 물자와 인력이 이동할 수 있었기 때문이다. 십자군 지도자들은 비잔티움 황제의 도움으로 도시를 함락시키려 했으나, 오히려 비잔티움 황제의 계략으로 도시는 비잔티움 황제의 수중으로 넘어가게 되고, 십자군의 정복은 실패하게 된다. 이 사료 중에서 특징적인 부분은 연대기에서 흔히 볼 수 있는 과장인데, 수많은 사람들의 머리를 잘라서 성 안으로 던져 넣었다는 내용이 그것이다.

탕크레드(Tancred)[11]와 리차드는 헬레스폰투스 해협을 비잔티움 황제의 눈에 띄지 않게 건넜다. 그에게 서약을 하고 싶지 않아서였다. 고드프루아 공작은 탕크레드 및 나머지 사람들과 함께 우선 니코메디아(Nicomedia)[12]에 갔다. 그들은 사흘 동안 그곳에 머물렀다.

우리는 예수 승천일(1097년 5월 14일)에 도시를 점령하려고 포위했다. 공성기계와 공성탑을 만들었고, 그것을 이용하여 성벽 위의

---

10 *Gesta Francorum,* 2권, vii-viii, 3권, i, pp. 13-18. 라틴어-영어 대역본임.

11 노르망디 출신인 오트빌(Hauteville) 가문의 귀족. 이 가문은 노르망디에서 남부 이탈리아로 건너와서 이 지역을 정복했다. 탕크레드는 후일 갈릴리 공(Prince of Galilee) 및 안티오크 공작의 섭정이 되었다.

12 콘스탄티노플에서 니케아 사이에 있는 도시.

탑을 무너뜨릴 수 있었다. 이틀 동안 강력하고 맹렬하게 공격한 끝에 도시의 성벽을 무너뜨릴 수 있었다. 성 안에 있던 투르크인들은 자신들을 도우러 오는 사람들에게 전령을 보내서, 남쪽 문[13]은 어느 누구도 지키고 있지 않아서 공격받지 않을 것이므로, 그 문을 통해서 도시로 과감하면서도 안전하게 들어올 수 있다고 전해주었다. 그러나 이 문은 바로 그날, 즉 예수 승천일 다음 토요일에 생질(Saint-Gilles) 백작과 르퓌(Le Puy) 주교가 장악했다. 강력한 군대를 이끌고 도시의 다른 쪽 문에서 이곳에 도착한 백작은 하늘에서는 신의 보호를 받고 지상에서는 군대를 이용하여 명성을 얻은 자였다. 투르크인들은 우리가 있는 문 쪽으로 다가왔다. 우리가 온통 십자가의 표시로 무장하고 적들을 향해 강력한 공격을 펼치자 적들은 도망갔고 그들 중 많은 수는 죽었다. 투르크인들은 다른 동료들이 합세하자 의기양양하여 승리를 확신하며 재차 공격했다. 그들은 밧줄을 준비하여 우리를 코라산(Khorasan) 언덕 쪽으로 유도했다. 그러고 나서 그들은 신이 나서 언덕 꼭대기에서 조금 내려오기 시작했다. 그러나 내려오는 대로 우리 군대에 의해 그들의 목이 잘려나갔고, 목이 잘린 머리는 투석기를 이용해 시내로 던져졌다. 이로 인하여 투르크인들은 공포를 느꼈을 것이다.

이 일이 있고 난 후, 생질 백작과 르퓌 주교는 자신들의 진영 맞은편에 솟아 있는 탑을 어떻게 공격할 것인가 의논했다. 그리하여

13 원문에서 사용된 meridianus는 남쪽이라는 뜻인데, 영어로 번역한 크레이(August C. Krey)는 이를 'middle gate', 즉 중앙문으로 번역했다. 아마도 meridianus가 '자오선' 또는 '한가운데'라는 뜻이 있기 때문인 것으로 생각된다.

병사들로 하여금 땅을 파게 하고 석궁수와 장궁수로 하여금 그 병사들을 보호하도록 했다. 땅을 파던 병사들은 성벽 밑을 파 들어갔고 거기에 나뭇조각과 목재를 밀어 넣고 불을 질렀다. 그러나 이미 날이 어두워져서 탑은 밤이 되어서야 무너졌다. 날이 어두워졌으므로 병사들은 전투를 벌이지는 않았다. 그날 밤 투르크인들이 재빨리 벽을 튼튼하게 복구하는 바람에, 동이 텄을 때 어느 곳으로도 그들을 공격하기가 어려워졌다.

잠시 뒤 노르망디 공작 로베르[14]와 블루아 백작 에티엔[15]이 많은 병사를 거느리고 도착했고, 그 뒤를 이어 로제 드 바른빌(Roger de Barneville)이 도착했다. 그리고 보에몽(Bohémond)[16]이 도시 앞에 진영을 차렸고, 그 옆으로 탕크레드, 고드프루아 백작, 플랑드르 백작이 주둔지를 만들었으며, 그 옆으로 노르망디 공작 로베르와 생질 백작, 르퓌 주교가 주둔했다. 그리하여 도시는 육지로는 완전히 둘러싸여 있어서 들고 날 수 없었다. 우리 군대는 처음으로 한곳에 집결

---

14 로베르(Robert) 2세(1051/1052?~1134). 짧은 장화(Courte heuse)라는 별명을 가지고 있다. 노르망디 공작으로서 영국을 정복한 정복왕 윌리엄의 큰아들. 1096~1100년 사이에 십자군에 참전했다. 십자군에서 돌아와서는 영국 왕위를 놓고 동생들과 다툼을 벌였으나 실패하여 웨일즈의 카디프성에 갇혀 살았다.

15 에티엔 드 블루아(Etienne d'Blois, ?~1102). 블루아 백작이자 샤르트르 백작. 1080년 윌리엄 정복왕의 딸인 아델(Adele)과 결혼했다. 그러므로 앞에 나온 로베르와는 처남 매부 사이다.

16 보에몽 드 타란토(Bohémond de Tarente). 노르망디 출신인 로베르 드 기스카르(Robert de Guiscard)의 아들. 제1차 십자군의 지도자 중 한 명으로서 안티오크 공작이 되었다. 이탈리아에서 태어났고 타란토의 영주였으므로 보에몬도(Boemondo)라는 이탈리아어 발음으로 읽을 수도 있으나, 그의 가문이 프랑스 출신이므로 대체로 보에몽이라고 읽는다.

했던 것이다. 헤아릴 수 없을 정도로 많은 기독교 군사가 모여 있었다. 그렇게 용감한 기사들이 그렇게 많이 모여 있는 것을 본 적이 없으며 앞으로도 못 볼 것이다.

도시의 다른 쪽은 거대한 호수였다. 투르크인들은 이곳에 배를 띄워서 사료(飼料)나 목재 그리고 다른 많은 것들을 들여오기도 하고 싣고 나가기도 했다. 사정이 이러했으므로 우리 지도자들은 회의를 한 끝에 콘스탄티노플로 사자를 보내 황제에게 배를 키보토스(Kivotos)라는 항구로 보내주고 이 배를 끌고 갈 황소를 보내 줄 것을 요청했다. 우리 지도자들은 황소를 이용하여 키보토스에서 산과 숲을 지나 호수까지 배를 끌고 올 요량이었다. 황제는 즉시 시행했다. 황제는 자신의 군대인 투르코폴로스(Turcopulos)[17]들을 배와 함께 보냈다. 이 군대는 도착한 날 즉시 배를 타고 출항하지 않고 야음을 틈타 호수를 향해 출발했다. 날이 밝았을 때, 배들은 잘 무장한 투르코폴로스를 태운 채 시내를 향해 순항하고 있었다. 투르크인들은 이 광경을 보고 매우 놀라서 자신들의 배인지 황제의 배인지 분간하지 못했다. 그러나 곧바로 황제의 함대인 것을 알고 혼비백산하여 울부짖으며 슬퍼했다. 반면 프랑크인들은 기뻐서 신에게 영광을 돌렸다. 그 뒤 투르크인들은 자신들의 군대가 할 일이라고는 황제를 돕는 것밖에 없다고 생각하여, 황제에게 전령을 보내 자신들의 아이들과 아내, 그리고 가재도구를 가지고 안전하게 떠날 수 있게 해준다면 도시를 넘겨줄 것이라고 전했다. 그런데 황제

17 비잔티움 군대의 보조군대로서 현지에서 모집된 그리스인이나 투르크인으로 구성되어 있었다. 이들은 대체로 기무장 기병, 궁사, 보병으로서 전투에 참여했다.

는 오만한데다가 사악하기까지 한 사람이었다. 황제는 시민들에게 안심하고 콘스탄티노플로 오도록 말을 전했다. 황제는 이 일을 은밀하게 처리했고 프랑크인들이 성 안으로 들어오지 못하도록 투르크인들에게 준비를 시켰다.

우리는 7주 3일 동안 이 도시를 포위했다. 그리고 그곳에서 우리 병사들 중 많은 사람들이 순교하고 자신의 축복받은 영혼을 신께 바쳤다. 불쌍한 많은 사람들이 하느님의 이름으로 굶어 죽었다. 이 모든 사람들은 순교자의 옷을 입은 채 승리하여 하늘나라로 들어가면서 이렇게 말했다. "복수하라, 오 신이시여, 우리의 피는 당신을 위해 뿌려집니다. 영원히 축복받으시며 찬양받으실 분이시여. 아멘."

니케아의 투르크인들이 항복하여 콘스탄티노플로 왔다는 소식을 듣고 황제는 매우 기뻐했다. 왜냐하면 니케아가 자신의 수중으로 들어왔기 때문이었다. 황제는 우리 불쌍한 순례자들에게 막대한 구호품을 주도록 명했다. 도시를 떠난 첫날, 우리는 다리에 도달했고 그곳에서 이틀간 머물렀다. 셋째 날, 동이 트기 전에 일어났는데 서로를 알아볼 수 없었으므로, 두 부대로 나뉘어서 길을 떠나게 되었다.

# 3. 십자군의 안티오크 점령(1097년)

## 안티오크 포위와 함락(익명)[18] 유럽

☞ 안티오크는 총대주교구가 있었던 곳으로서 알렉산드리아와 더불어 동방에서 가장 큰 도시였다. 이 도시는 견고한 성벽으로 둘러싸여 있어서 공격하기가 쉽지 않았다. 그렇다고 해서 안티오크를 지나치고 예루살렘으로 진군할 수는 없었다. 십자군에게 유리한 점이 있다면 그것은 이슬람 세력이 분열되어 있었다는 점이었다. 안티오크, 다마스쿠스, 모술, 그리고 알레포의 이슬람 통치자들은 단합하지 못한 채 분열되어 있었으므로, 안티오크의 위기에 적극적이고 신속하게 대응하지 못했다. 특히 알레포의 리드완과 다마스쿠스의 두까끄는 형제로서 경쟁관계에 있었는데, 안티오크 총독 야기 시안이 두까끄와 동맹을 맺었으므로, 십자군이 안티오크를 포위했을 때에도 리드완은 도움을 주지 않았다. 안티오크의 방어는 워낙 견고해서 거의 8개월에 걸쳐 포위를 한 끝에 함락시킬 수 있었다.

나는 이 도시(안티오크)를 함락시킬 때까지 했던 모든 일을 열거할 수는 없다. 성직자건 속인이건, 이곳에서 있었던 모든 일이 정확히 어떻게 일어났는지를 기록할 수 있는 사람은 없기 때문이다. 그럼에도 그중 극히 일부에 대해 이야기해 보고자 한다.

피루즈(Firuz, Piruz)라는 투르크 출신의 태수[19]가 있었는데, 그는 보에몽과 친분이 있었다. 보에몽은 피루즈가 친구의 이름으로 자

---

18 출전: *Gesta Francorum*, 8권, xx, pp. 44-47.

19 원문에서는 피루즈를 ammiratus, 즉 amir(태수)라고 했으나, 피루즈는 성문의 경비를 담당하는 지휘관이었다.

신을 환대해 줄 것인지 연락을 통해 여러 차례 요청하며 피루즈가 기독교를 받아들이면 매우 많은 부와 명예를 얻게 해 주겠다고 약속했다. 피루즈는 이 제안을 받아들여 약속하며 이렇게 말했다. "나는 3개의 탑을 지키고 있는데 보에몽을 환대해 줄 것을 기꺼이 약속한다." 그리하여 보에몽은 시내로 들어갈 수 있을 것으로 확신하여 매우 기뻐했다. 보에몽은 만면에 미소를 띠고 십자군 지도자들에게 다가와서 이렇게 말했다. "매우 훌륭한 기사 여러분! 우리는 지체가 높은 사람이나 낮은 사람이나 모두 심한 궁핍과 불행에 처해 있습니다. 그리고 우리는 어디에서 행운이 찾아올지 아무도 모릅니다. 그러므로 우리 중 어느 한 사람이 다른 사람들보다 앞장서 나간다면, 그리하여 도시를 정복하거나 함락시킨다면, 그에게 전리품으로 도시를 주어야 합니다." 다른 지도자들은 모두 그의 제안을 거부했다. "도시는 어느 한 사람에게 주어지지 않을 것이오. 도시는 우리 모두 똑같이 차지하게 될 것이오. 똑같이 땀 흘리고 똑같이 보상을 얻게 될 것이오." 이 말을 들은 보에몽은 다소 불편한 심기를 드러내며 곧바로 나가 버렸다.

얼마 지나지 않아 우리는 투르크인(Turci), 파울리시아인(Publicanorum), 아굴라니인(Agulani), 아지미트인(Azimites), 그리고 내가 들어보지도 못한 곳에 사는 사람들로부터 적군이 오고 있다는 소식을 들었다. 곧바로 우리의 지도자들은 회합을 가졌다. "만약 보에몽이 스스로든 다른 사람과 함께든 도시를 점령한다면, 우리는 기꺼이 그에게 도시를 줄 것이다. 단 황제가 우리를 도우러 와서 그가 약속하고 서약한 모든 일을 다 한다면, 우리는 마땅히 도시를 황제에게 돌려줄 것이다. 그러나 그렇지 않다면 도시는 보에몽에게 주어질 것이다."

십자군의 안티오크 함락

이리하여 보에몽은 자신의 친구에게 매일 편지를 보내서 아첨을 하고 달콤한 약속을 했다. "자, 이제 우리는 우리가 원하는 어떤 일이든지 할 수 있는 기회를 잡았소. 그러니 친구 피루즈여! 나를 도와주시오." 피루즈는 이 편지에 기뻐서 자신이 할 수 있는 모든 도움을 주겠노라고 말했다. 다음 날 저녁 피루즈는 은밀히 자신의 아들을 보에몽에게 보내서 보에몽이 도시에 들어올 수 있도록 하겠다는 확실한 약속을 다음과 같이 했다. "내일 프랑크 군대에게 출발의 나팔소리가 울리면, 사라센의 땅을 약탈하는 척하다가 재빨리 서쪽 산으로 방향을 틀도록 명령하시오. 나는 이 군대를 유심히 살펴보다가 이들이 내가 지키고 있는 탑에 들어오도록 허락할 것이오." 이러한 약속을 받자, 보에몽은 말라코로나(Malacorona)라는 이름의 부하에게 선두에 서서 프랑크 군대를 소집하여 사라센의 땅으로 갈 준비를 철저히 하라고 명령했다. 보에몽은 자신의 계획을 고드프루아 공작, 플랑드르 백작, 생질 백작, 르퓌 주교에게 말했다. "하느님의 은총으로 오늘 밤 안티오크는 우리 수중에 떨어질 것이오"라고 말했다.

모든 준비가 다 되었다. 기사들은 들판을 가로질러갔고 보병들은 산을 넘어갔다. 그들은 밤새 행군하여 마침내 동이 틀 무렵, 피루즈가 밤새 지키고 있던 탑에 접근하게 되었다. 즉시 보에몽이 말에서 내려서 병사들에게 소리쳤다. "강인한 마음을 가지고 동지들의 행운을 빌며 사다리를 타고 안티오크로 들어가라. 그리하면 신의 뜻에 따라 우리가 그 도시를 순식간에 얻게 될 것이다." 병사들이 사다리에 다가갔다. 그 사다리는 이미 세워져 있었고 성벽의 총안(銃眼)에 묶여 있었다. 약 60명가량의 병사들이 그것을 타고 올라가서 피루즈가 경계하고 있던 탑들을 점령했다. 그러나 피루즈는 우리 군대 병사 중에서 소수만이 올라오는 것을 보고서, 겁을 먹었다. 그는 자신과 우리 군대 모두 투르크인들의 수중에 들어가게 되지 않을까 두려워했다. 그리하여 이렇게 말했다. "프랑크인들이 너무 적어![20] 보에몽은 어디 있지? 불굴의 병사들은 어디 있느냔 말이야." 그동안 남부 이탈리아 출신의 한 병사가 사다리에서 떨어졌다. 그는 떨어지자마자 가능한 한 빨리 보에몽에게 달려가서 이렇게 외쳤다. "나으리 왜 여기에 가만히 서 계십니까? 여기 왜 왔습니까? 보십시오! 우리가 이미 탑을 세 개나 점령했습니다!" 보에몽과 그 동료들은 함께 움직여서 사다리로 다가갔다. 탑 안에 있던 사람들이 이들을 보고, 상기되어 이렇게 외쳤다. "신이 원하신다(Deus uult)!" 우리도 기꺼이 따라 외쳤다. 이렇게 되자 수많은 병사들이 사다리를 오르기 시작했다. 병사들은 재빨리 탑에 오르고 나서 다른 탑으로 옮겨 갔다. 병사들은 거기서 맞닥뜨린 모든 사람들을 죽였는데, 죽은 사람 중에는 피루즈의 형제도 있었다. 그러던 중 우리 병사들이 오르던 사다리가 갑자기 부러져서, 우리는 크게 실망하고 절망에 빠졌다. 비록 사다리가 부러지기는 했으나, 왼쪽 가까이에 문이 있었다. 그러나 문이 닫혀 있었던 데다가 아직 어두운 상태여서 몇몇 사람은 거기에 무엇이 있는지 알 수 없었다. 그러나 손으로 더듬어 보기도 하고 찔러 보기도 해서, 우리는 문이라는 것을 알게 되었다. 우리는 힘을 모아 문을 밀어서 부서뜨린 다음, 안으로 들어갔다.

이때 수많은 사람들의 함성소리가 시내에 퍼졌다. 보에몽은 지체 없이 언덕 위 성채의 반대편에 자신의 군기를 꽂으라고 명령했다. 도시의 모든 사람들이 함성을 질렀다. 동틀 무렵, 막사 밖에 있던 우리 병사들은 시내에서 울려 퍼지는 비명소리를 들었다. 병사

---

20 피루즈는 이 문장을 그리스어로 말했다고 한다. 그리하여 원문에는 그리스어로 소리나는 대로 적혀 있다.

들이 재빨리 밖으로 나가 보니 언덕 위로 보에몽의 깃발이 솟아 있었다. 모든 병사들은 서둘러서 성문을 통과하여 시내로 들어갔다. 그리고 투르크인들과 사라센인들을 닥치는 대로 죽였다. 성채로 피신한 자들은 목숨을 건졌다. 다른 투르크인들은 도시의 성문 밖으로 도망을 가서 목숨을 건졌다. 도시의 지배자였던 야기 시얀(Yaghi Siyan)[21]은 프랑크인들을 두려워하던 사람이어서 동료들을 데리고 도망가 버렸다. 이들은 도망간다고 갔으나 도시에서 멀지 않은 탕크레드의 영지로 들어가게 되었다. 말들이 지쳤으므로 한 마을에 들어가서 어느 집에 몸을 숨겼다. 언덕에 살고 있던 시리아인들과 아르메니아인들은 이 도망자들이 누구인지 알아보았고, 이들을 즉시 붙잡아서 그들의 목을 베어 보에몽에게 가져왔다. 그러면서 자신들을 해방시켜 줄 것을 요구했다. 이들은 야기 시얀의 허리띠와 칼집을 60베잔트[22]를 받고 팔기도 했다.

이 모든 일들이 6월 셋째 날 목요일에 일어났다. 도시의 거리거리마다 시체가 가득 차서, 악취가 진동하여 견딜 수 없을 정도였고, 시체를 넘지 않고서는 도시의 좁은 도로를 걸어다닐 수 없었다.

## 프랑크인들이 안티오크를 점령하다(이븐 알아시르)[23] 이슬람

☞ 1096년 시작된 1차 십자군은 소아시아의 셀주크조 이슬람 군대의 방어를

21 1070년경부터 안티오크의 총독이었다.

22 베잔트는 비잔티움 제국의 금화이다.

23 출전: ابن الأثير، الكامل في التاريخ، المجلد 10، ص 272-275.

뚫고 남하하여 시리아 지역에 이르러 안티오크를 점령하는 데 성공했다. 다음 기록은 이 점령과 관련된 내용을 다루는 한편, 십자군이 예루살렘을 중심으로 하는 레반트 지역에 군사 원정을 개시하게 되는 원인과 배경에 대해 아랍 역사가의 자료와 관점에서 보고 있다는 점에서 특이하다. 즉, 시칠리아 왕의 조언에 따라, 또는 이슬람 진영 내 파티마조와 셀주크조의 갈등 상황에서 파티마조의 요청이 있자 십자군이 시리아 지역과 예루살렘으로 향했다는 것이다. 또한 방어에 충분한 역량을 갖춘 안티오크성이 십자군의 뇌물에 눈먼 사람의 배신 행위로 함락되었음은 실소를 자아내게 한다.

프랑크인들의 나라가 출현하기 시작한 것과 그들이 강성해진 것, 그들이 이슬람 지역으로 진출해 그 지역의 일부를 점령한 것은 478/1085~1086년이었다. 그들은 안달루시아 지역에서 톨레도(Toledo)와 그 외 다른 지역을 점령했다. 이것은 앞서 언급한 바 있다.

그런 뒤 그들은 484/1091~1092년 시칠리아(Sicily)섬으로 향해 그곳을 점령했다. 나는 그 점도 언급했었다. 그들은 이프리끼야[24]의 해안 지역으로 들어가 그곳 중 일부를 점령했다가 다시 빼앗겼으며, 그 뒤 그들은—당신이 보듯이—그 외 다른 지역도 점령했다.

490/1096~1097년이 되었을 때 프랑크인들은 시리아 지역으로 진출했다. 그들이 진출한 원인은 그들의 왕 보두앵(Baudouin)이 많은 수의 프랑크인 군대를 모았던 데 있다. 그는 시칠리아를 차지했던 프랑크인 로제(Roger the Frank)[25]의 친척이었다. 그는 로제에게 보낸 서신에서 "나는 대군을 소집했고, 당신에게 가겠소. 그런 뒤 당신이

---

24 마그립(아랍 서부) 지역의 동부 해안을 일컫는 용어.

25 시칠리아 왕 로제 1세(Roger I of Sicily)를 말한다.

있는 곳을 떠나 이프리끼야 해안으로 가서 그곳을 정복할 것이오. 그러면 나는 당신과 이웃하게 될 것이오"라고 말했다.

로제는 자신의 동료들을 모아 그 문제에 관해 상의했다. 동료들은 "성경에 걸어 맹세컨대, 이는 우리에게나 저들을 위해 좋은 일이네. 그 지역은 기독교 지역이 될 것이네"라고 말했다. 로제는 다리를 들더니 "나의 종교에 맹세코, 당신들의 말보다는 이게 낫겠어"라고 하면서 큰 소리로 방귀를 뀌었다. 동료들이 "어째서 그런가?"라고 묻자 그가 답했다.

"그들이 내게 도착하면 나는 많은 비용과 그들을 이프리끼야 해안까지 날라줄 선박, 그리고 나의 군사 지원 같은 부담을 떠맡게 돼. 그들이 그 지역을 정복하면 그곳은 그들 것이 되지. 그들을 위한 식량은 시칠리아에서 보내게 되고, 그렇게 되면 매년 곡물 수입금이 내게서 중단되지. 만일 그들이 정복에 실패하면 내 지역으로 돌아오게 되고 나는 그들로 인해 피해를 입게 돼. 그리고 타밈(تميم)[26]은 '당신은 나를 배신하고 나와의 협약을 어겼다'라고 말할 거고, 그러면 우리 사이의 연락과 여행이 중단될 테지. 이프리끼야 지역은 우리를 위해 남겨두었다가 우리가 힘이 생길 때 차지하면 돼."

그는 보두앵의 사신을 불러 말을 전했다.

"그대들이 무슬림들을 상대로 성전을 결심했다면 최선의 길은 예루살렘 정복이다. 그곳을 저들의 손에서 구원하면 그대들에게 영광이 있을 것이다. 나와 이프리끼야 주민들 간에는 맹약과 협정

26 타밈 이븐 알무잇즈(Tamim ibn al-Mu'izz ibn Badis. 501/1108 사망). 이프리끼야에 있던 지리드(Zirid) 왕조의 5대 통치자. Athīr-1, p. 18.

을 맺은 바가 있다."

그래서 프랑크인들은 채비를 갖추어 시리아로 진출했다.

다른 일설은 다음과 같다. 이집트의 알라위파 통치자들[27]은 셀주크국의 위력과 역량, 그리고 셀주크가 갓자(Gazzah)에 이르는 시리아 지역을 차지한 것을 알게 되었다. 셀주크와 이집트 사이에는 셀주크인들을 막아 줄 한 주(州)도 남아 있지 않았다. 그리고 아끄시스(أقسيس)[28]가 이집트에 들어가 그곳을 포위했다. 이집트 지배층은 두려움에 사로잡혀 프랑크인들에게 사신을 보내 그들이 시리아로 진출해 그곳을 점령하여 이집트와 (셀주크조) 무슬림들 사이에 있어 달라고 청했다. 알라는 전지하시니.

프랑크인들은 시리아로 향하기로 결의하고 콘스탄티노플로 가서 해협을 건너 무슬림들의 지역으로 건너가 육로로 행군하려 했다. 그들에게는 그것이 가장 수월했다. 그들이 콘스탄티노플에 도착하자 (동)로마의 왕은 그들이 자신의 영토를 통과하는 것을 막았다. 왕은 "나는 당신들이 안티오크를 내게 인도하겠다고 서약하지 않는 한 당신들이 이슬람 영토로 건너가게 해줄 수 없다"라고 말했다. 왕의 의도는 프랑크인들을 부추겨서 시리아 지역으로 진출하게 하려는 것이었다. 왕은 (셀주크) 투르크인들의 가혹함에 대해, 그리고 그들이 이미 그 지역을 점령했음을 알고 있기에 프랑크인을 한 명도 살려두지 않을 것으로 생각했다.

---

27 파티마조 칼리프들. Athīr-1, p. 13.

28 Atsiz ibn Uvak의 다른 이름. 1077년 이집트를 공격했던 투르크멘인 대장. Athīr-1, p. 14.

프랑크인들은 왕에게 그러겠노라고 답했다. 그들은 490/1096~1097년 콘스탄티노플의 (보스포루스) 해협을 건너 깔즈[29] 아르슬란 이븐 술라이만 이븐 꾸틀루미쉬(قلج أرسلان بن سليمان بن قتلمش)[30] 지역에 도착했다. 그곳은 콘야와 그 외 지역을 포함했다. 프랑크인들이 그곳에 도착하자 아르슬란은 자신의 군대를 이끌고 나가 그들을 저지했다. 프랑크인들은 490년 라잡 월(1097년 7월)에 아르슬란과 전투를 벌여 패배를 안겼다. 그들은 그 지역을 지나서 아르메니아인의 아들(ابن الأرمني)[31]이 있는 지역으로 갔고 그곳을 거쳐 안티오크로 진군해 그곳을 포위했다.

안티오크의 영주 바기 시얀[32]은 프랑크인들이 자신의 성으로 향하고 있다는 소식을 듣고 성내에 있는 기독교도들을 두려워했다. 그는 주민들 중 무슬림들만 성 밖으로 나가 참호 파는 일을 하도록 명했다. 그런 뒤 다음날에는 참호 공사를 위해 기독교도들만 성 밖에 나가도록 했다. 기독교도들이 오후까지 일한 뒤 성내로 들어오려 하자 영주는 들어오지 못하게 하면서 그들에게 말했다.

"안티오크는 그대들의 것이나, 우리와 프랑크인들 간에 어떤 일이 있을지 내가 알 수 있을 때까지 안티오크는 일단 내게 맡기도록 하라."

---

29 원문에는 '깔즈'. Athīr-1에는 '낄리즈(Qiliz)'. Athīr-1.

30 소아시아[룸] 셀주크조의 술탄(1107 사망). Athīr-1.

31 아르메니아인의 아들: 아마도 루펜 1세(Rupen I. 1095~1102 재위)의 아들인 콘스탄틴 1세(Constantine I)인 듯하다. Athīr-1.

32 아랍어 원문에 '바기 시얀(باغي سيان)'. Athīr-1에는 '야기 시얀(Yaghi Siyan)'. 술탄 말리크샤로부터 알레포를 봉토로 받은 터키인 아미르. Athīr-1.

기독교도들이 "우리 자식들과 부인들은 누가 보살핍니까?"라고 묻자 영주는 "내가 그대들을 대신해 가족을 맡아 주겠다"라고 답했다. 그래서 그들은 단념하고는 프랑크인들 영내에 머물렀다. 프랑크인들은 안티오크성을 9개월간 포위했다. 바기 시얀은 그 누구에게서도 본 적 없던 용맹과 탁견, 결의, 경계심을 보여 주었다. 이미 상당수의 프랑크인들이 죽었다. 만일 프랑크인들이 출정했을 당시의 많은 수를 유지했다면 그들은 이슬람 지역들을 장악했을 것이다. 바기 시얀은 밖으로 내보냈던 기독교도들의 가족을 보호해 주었고 그 가족에게 미칠 수 있는 마수를 차단시켰다.

프랑크인들은 안티오크에 오랫동안 머물게 되자 성 망루의 한 관리자와 연락을 취했다. 그자는 루자바흐(روزبه)[33]라는 이름의 병기 제조공이었다. 프랑크인들은 그에게 재물과 토지를 내주었다. 그자는 계곡 근방의 망루를 지키고 있었다. 계곡에 지어진 그 망루에는 창문이 나 있었다. 프랑크인들과 이 —저주받을— 병기 제조공 간에 합의가 이루어지자 그들은 창문으로 와서 그것을 열고 안으

---

33 원문에는 '루자바흐'. Athīr-1에는 '루즈바흐(Ruzbah)'. Athīr-1.
이븐 알깔라니시에 따르면 그는 나이루즈(Nayruz) 또는 파이루즈(Fayruz?)라는 이름의 아르메니아인이다. Athīr-1.
"안티오크의 망루를 지키던 감시인 가운데 피루즈(Firouz)라는 이름의 아르메니아인이 있었다. (중략) 공성이 진행되는 동안 불법으로 곡식을 축적했다는 혐의를 받자 그는 자신의 상관들에게 원한을 품게 되었다. 도시를 십자군의 수중에 넘겨주겠다고 제의하는 전갈이 보에몽에게 은밀히 전해졌다. (중략) 새벽 직전 그들(프랑크인들)은 다시 한 번 도시 주위에 집결했다. 신속하게, 그리고 소리 없이 망루들 가운데 하나에 사다리가 세워졌다. 프랑크인들이 무리를 지어 그곳을 기어올라가 피루즈의 마중을 받았다. (중략) 이제 무방비 상태가 된 도시 안으로 많은 프랑크 병사들이 물밀듯이 밀려들어갔다." W. B. 바틀릿, 앞의 책, 140-142쪽.

로 들어왔다. 많은 수의 무리는 밧줄을 이용해 성에 올라갔다. 무리의 수가 500명이 넘자 그들은 나팔을 불어댔다. 시간은 새벽녘이었고 성안 사람들은 잠이 부족하고 오랜 시간 경비를 서느라 지친 상태였다. 바기 시얀이 잠에서 깨어 상황을 묻자 "이 나팔소리는 성채에서 나고 있으며, 성채가 점령되었음은 의심할 바가 없습니다"라는 보고가 들어왔다. 그런데 그 나팔소리는 성채가 아니라 저편의 망루에서 나는 것이었다. 바기 시얀은 두려움이 들어 성문을 열고 30명의 시종을 데리고 황급히 도주했다. 그 도시의 부(副)영주가 와서 영주에 대해 묻자 "그는 도주했습니다"라는 말을 들었다. 그러자 그는 성의 다른 문을 통해 밖으로 도주했다. 이 상황은 프랑크인들을 도와주는 결과가 되었다. 만일 그 부영주가 조금만 더 버텼다면 프랑크인들은 전멸당했을 것이다.

프랑크인들은 문을 통해 도시로 들어가 그곳을 약탈하고 그 안에 있던 무슬림들을 죽였다. 그것은 주마다 첫 달(1098년 4~5월)의 일이었다.[34]

바기 시얀은 날이 밝자 정신이 들었다. 그는 넋 나간 사람 같았다. 그는 자신을 바라보았다. 그는 몇 파라상[35]을 달려왔다. 그는 함께 있는 사람에게 "여기가 어디쯤이냐?"라고 물었고, 안티오크로부터 4파라상의 거리라는 대답을 들었다. 그는 적을 도시에서 제거하

34 사실, 이 도시는 1098년 6월에 함락되었다. 여러 자료들은 함락 일자에서 차이를 보인다. 이븐 알깔라니시에 따르면 안티오크는 라잡 월 1일인 금요일(6월 4일) 전야에 함락되었다. 성채는 한 주 뒤에 항복했다. Athīr-1, p. 15.

35 파라상(parasang): 고대 페르시아의 거리 단위. 약 5.5 km.

기 위해 자신이 죽을 때까지 싸우지 않고, 어떻게 무사히 빠져나올 수 있었는지 생각하며 후회했다. 그는 서글퍼하면서 가족과 자식들, 무슬림들을 두고 온 것을 돌이켜보았다. 큰 슬픔에 휩싸이는 바람에 그는 졸도하면서 타고 있던 말에서 떨어졌다. 수행원들이 땅바닥에 떨어진 그를 말에 태우려 했다. 그는 살아날 가능성이 없었고 죽음이 임박했다. 그들은 그를 내버려 둔 채 떠나갔다. 한 아르메니아인 땔나무꾼이 바기 시얀이 쓰러져 있는 곳을 지나갔다. 그는 마지막 숨을 쉬고 있었다. 아르메니아인은 그를 죽이고는 머리를 잘라 안티오크의 프랑크인들에게 가져갔다.

앞서 프랑크인들은 알레포와 다마스쿠스의 영주들에게 "우리는 로마의 수중에 있던 지역 외에는 바라지 않는다. 우리는 그런 곳만을 요구할 뿐이다"라는 내용의 서신을 보냈는데, 이는 프랑크인들의 술책으로서 두 도시의 영주들이 안티오크의 영주를 도와주는 일이 없도록 하기 위함이었다.

## 응징에 나선 이슬람 군대가 패하다(491/1097~1098년)(이븐 알아시르)[36] 이슬람

☞ 안티오크가 십자군에게 함락되었다는 소식을 들은 시리아 지역의 이슬람 진영 지도자들은 군대를 모아 십자군 응징에 나섰다. 그러나 이슬람군은 총지휘관의 무능과 수장으로서의 자질 부족으로 인해, 약화된 십자군에게 오히려 궤멸당했다. 포위당하던 십자군 진영 측에서는 한 수도사의 계책이 성

36 출전: ابن الأثير، المصدر السابق، المجلد 10، ص 276-278.

공해 십자군의 사기를 높였다는 이야기가 흥미롭다.

끼와므 알다울라 카르부까(قوام الدولة كربوقا)[37]는 프랑크인들의 상황과 그들이 안티오크를 점령했다는 소식을 듣고는 군대를 모아 시리아로 가서 마르즈 다비끄[38]에 머물렀다. 투르크인들과 아랍인들을 포함한 시리아의 군대들은 알레포에 있는 사람들을 제외하고 그와 합류했다. 그에게 합류한 자들은 두까끄 이븐 투투쉬,[39] 뚜그타킨 아타벡,[40] 홈스의 영주인 자나흐 알다울라,[41] 신자르의 영주인 아르슬란 타쉬, 술라이만 이븐 우르투끄[42] 등과 같은 아미르들로 유례 없이 뛰어난 자들이었다.[43] 프랑크인들은 그 소식을 듣자 충격을 받아 의기소침해졌고 더욱이 식량도 부족해지자 두려움이 들었다. 무슬림들은 행군하여 안티오크의 프랑크인들을 포위했다. 그런데 카르부까가 함께 있던 무슬림들에게 그릇된 행동을 해서

---

37 모술과 메소포타미아 지역 도회지들의 총독. 1101년 또는 1102년 사망. Athīr-1, p. 15.

38 북부 시리아의 평원. Athīr-1, p. 16.

39 다마스쿠스의 셀주크조 토후. 1104년 사망. Athīr-1.

40 다히르 알딘 아부 만쑤르 뚜그타킨(ظاهر الدين أبو منصور طغتكين 1128년 사망): 투투쉬의 해방노예이자 두까끄의 아타벡(후견인). 다마스쿠스에서 단명한 부리조의 창건자. Athīr-1.

41 리드완 이븐 투투쉬의 아타벡으로 1097년부터 홈스에서 독자적으로 통치했으며, 1103년 암살당했다. Athīr-1.

42 '술라이만'은 '수끄만'의 오류이다. 수끄만 이븐 우르투끄(1104년경 사망)는 투르크멘계 아르투끼드(Artuqid) 왕조의 일원이었다. Athīr-1.

43 당시 일부 지역에 한정되고, 일시적이기는 했지만 시리아와 팔레스타인 내 아랍인과 투르크인 토후들 간에 십자군의 공격에 대응하기 위한 동맹 관계가 이루어졌다. EIS-8, 'Saldjukids'.

아미르들의 분노를 샀다. 그는 아미르들에게 거만하게 굴면서도 그들이 이러한 상황에서 자신과 함께 남아 줄 것으로 생각했다. 이러한 태도가 그들의 분노를 샀다. 그들은 전투가 일어나면 그를 배신할 생각을 품었다. 그들은 전투[44] 중에 그를 포기하기로 결심했다.

프랑크인들은 안티오크를 점령하고 나서 12일간 그곳에 머물렀다. 그러나 그들에게는 식량이 없어서 수중에 가축이라도 가진 자들은 그것을 잡아서, 그리고 아무것도 없는 자들은 가축의 사체나 나뭇잎으로 연명했다. 그들은 그런 광경을 목도하는 가운데 카르부까에게 사람을 보내 도시에서 나가겠으니 신변 안전을 요청했다. 그는 프랑크인들의 요구를 들어주지 않으면서, "너희는 칼에 의하지 아니하곤 나가지 못할 것이다"라고 답했다.

프랑크인들과 함께 있던 왕들 중에는 보두앵,[45] 생질[(Raymond of) St. Gilles],[46] 고드프루아(Count Godfrey), 에데사 백작(the Count lord of Edessa),[47] 그리고 그들을 이끄는 안티오크의 영주 보에몽이 있었다. 그들과 함께, 사람들이 잘 따르는 한 수도사가 있었다. 그는 영악한 남자였다. 그가 왕들에게 말했다.

---

44 المصدوقة(알마쓰두까): ابن منظور(이븐 만두르)의 해설에 따르면 حملة صادقة는 '진지한 공격'을, رجل ذو مصدق는 '용감한 남자'를 의미한다. 또한 예를 든 시에서 حامي نزار عند مزدوقاته(전투에서 니자르 부족을 지키는 자)라는 구절이 나오며, 여기서 مزدوقاته는 مصدوقاته의 발음이 변화된 형태로 '전투'라는 의미로 파악된다. 위 원문에서 المصدوقة는 '치열한 전투나 공격'을 의미하는 것으로 보인다. ."صدق" ،ابن منظور، لسان العرب

45 Baldwin of Le Bourg. 에데사의 백작이었고 이어 보두앵 2세 왕이 되었다. Athīr-1, p. 16.

46 툴루즈의 백작(Count of Toulouse). Athīr-1.

47 Baldwin of Boulogne. 에데사의 백작으로, 앞으로 보두앵 1세가 될 자. Athīr-1.

"구세주—그에게 평안이 있기를—를 찌른 창날 중 하나가 안티오크에 있는 큰 건물인 알꾸스얀(القسيان)[48]에 묻혀 있다. 여러분이 그것을 찾는다면 여러분은 승리할 것이다. 그것을 찾지 못하면 파멸당함이 자명하다."

그는 그러기 전에 벌써 그 장소에 창날을 묻어 두고 흔적을 지웠다. 그는 왕들에게 단식과 회개를 명했고, 그들은 3일간 그렇게 했다. 나흘째 되는 날 그는 모두를 그 장소로 들어가게 했고, 작업자들을 포함해 일반인도 동행하게 했다. 사람들은 구석구석을 파헤쳤고 그러다가 수도사가 말한 그 창날을 발견했다. 그는 사람들에게 "다가올 승전 소식에 기뻐하시오"라고 말했다. 닷샛날 프랑크인들은 다섯 명, 여섯 명씩 그렇게 산발적으로 성문에서 나왔다. 무슬림들이 카르부까에게 말했다.

"당신은 문에 서 있다가 밖으로 나오는 자들을 모두 죽여야만 합니다. 지금 적군은 흩어져 있어 상대하기가 쉽습니다."

그러자 그는 "그렇게 하지 마라. 그들에게 시간적 말미를 주도록 하라. 그들이 모두 나오면 그때 죽이도록 하자"라고 말했다. 그는 무슬림들로 하여금 적을 상대하지 못하게 했다. 일단의 무슬림들이 밖으로 나오는 적의 무리를 죽이자 카르부까가 가서 그들의 공격을 막고 저지하기까지 했다.

프랑크인들 전원이 밖으로 나와 안티오크에는 적군이 한 명도 없게 되었을 때 프랑크인들은 대규모의 대열을 형성했다. 무슬림

48 성 베드로(St. Peter) 대성당. Athīr-1, p. 17.

들은, 첫째, 카르부까가 그들을 업신여기고 외면했던 것으로 인해, 둘째, 그가 무슬림들이 프랑크인들을 죽이는 것을 막아섰던 것으로 인해 패주했다. 무슬림들의 완전한 패배였다. 그들 중 어느 누구도 칼로 내려치지도, 창으로 찔러 보지도, 활을 당겨 보지도 못했다. 가장 마지막으로 패한 자는 수끄만 이븐 우르투끄와 자나흐 알아둘라였는데, 그것은 둘이 매복해 있었기 때문이다. 카르부까도 그들과 더불어 패했다. 프랑크인들은 상황을 지켜보고는 어떤 계략이 있을 것으로 여겼는데, 그것은 전투도 벌이지 않았는데 한쪽이 그렇게 패하는 경우는 본 적이 없었기 때문이다. 그래서 프랑크인들은 무슬림들을 뒤쫓는 것을 두려워했다. 한 무리의 무슬림 전사들이 굳게 자리를 지키면서 최후심판일의 보상을 기약하며 순교하고자 싸웠다. 프랑크인들은 그들 중 수천 명을 죽였고 무슬림 군대의 소유였던 식량과 재물, 가구, 가축, 무기를 전리품으로 얻었다. 프랑크인들은 상황이 호전되었고 병력이 증강되었다.

## 4. 십자군의 마라 점령(1097년)

### 마라(Marra)시의 학살, 십자군이 인육을 먹다(익명)[49] 유럽

☞ 십자군은 안티오크에서 승리를 거둔 뒤 이어 마라를 점령했다. 십자군은 이곳에서 수많은 무슬림을 학살했는데 이는 유럽 사료와 아랍 사료의 기록

49 출전: *Gesta Francorum,* 10권, xxxiii, pp. 79-80.

이 일치한다. 다만 기아에 시달리던 십자군이 인육을 먹었다는 내용은 아랍 사료에서는 언급되지 않았다.

그 모든 일은 토요일인 12월 11일 해질 무렵 저녁 기도 시간에 일어났다. 보에몽은 사라센 지휘관들에게 통역을 보내 그들 자신과 처자식, 그리고 물건들을 성문 위쪽에 있는 궁전 안으로 피신시킨다면, 그들을 죽음에서 구해주겠다고 했다. 우리 모두는 도시로 들어가서 제각기 집이나 지하실에서 발견한 물건들을 자기 몫으로 챙겼다. 날이 밝자 그들은 어느 곳에서나 적을 발견하기만 하면 남녀를 가리지 않고 학살했다. 도시 구석구석에 사라센인들의 시체가 나뒹굴지 않은 곳이 없었으며, 시체들을 밟지 않고서는 거리를 오갈 수 없을 정도였다. 보에몽은 그가 궁정으로 피신하라고 했던 사람들을 붙잡아 놓고, 그들의 모든 물건, 즉 금, 은, 그리고 다른 귀중품을 빼앗았으며, 어떤 사람들은 죽이고 어떤 사람은 안티오크로 데려가서 팔아 버렸다.

십자군은 한 달하고도 4일을 이 도시에 머물렀는데, 그 사이에 오랑주(Orange)[50] 주교가 사망했다. 우리가 그 도시에 머무르는 동안, 도시에 머무르는 기간이 길어짐에 따라 우리 중 일부는 생필품이 부족해진 사람도 생겨났고, 성벽 바깥에 약탈할 만한 것이 없어서 배고픔을 겪기도 했다. 그래서 그들은 시신을 잘라냈다. 왜냐하면 시체의 뱃속에서 비잔티움 화폐(bisanteos)들을 가끔 발견하곤 했기 때문이다. 그리고 다른 사람들은 시체의 살점을 잘게 잘라내서

50 프랑스 남부의 도시.

요리해 먹기도 했다.

## 프랑크인들이 마아르라 알누으만을 점령하다(491/1097~1098년)(이븐 알아시르)[51] 이슬람

프랑크인들은 무슬림들을 상대로 싸움을 벌인 뒤 마아르라 알누으만[52]으로 진군해서 그곳 주위에 진을 치고 성을 포위했다. 그곳 주민들은 프랑크인들과 격렬한 전투를 벌였다. 프랑크인들은 그곳 주민들이 맹렬하고 저돌적으로 공격하고 또한 진지하게 최선의 노력을 기울여 전투에 임하는 모습을 보았다. 그러자 프랑크인들은 도시의 성벽과 평행하게 목조 탑을 지어 성벽 위에서 전투를 벌이기도 했는데 그 탑은 무슬림들에게 피해를 주지 못했다. 밤이 되자 한 무리의 무슬림들은 두려운 생각이 들었고 자신들이 패배할지 모른다는 불안감이 들었다. 그들은 큰 건물에 방어 진지를 갖추면 버텨낼 수 있을 것으로 생각했다. 그래서 그들은 성벽에서 내려왔고 자신들이 지키던 장소를 비워 두었다. 다른 무리의 무슬림들도 그것을 보고 따라서 함으로써 그들 또한 자신들이 지키던 성벽의 일부를 비워 두었다.

그 옆에 있던 다른 무슬림들도 계속해서 성벽에서 내려옴으로써 성벽은 텅 비게 되었다. 그렇게 되자 프랑크인들은 사다리를 이용해 성벽으로 올라갔다. 그들이 성벽 위에 올라오자 무슬림들은

51 출전: ابن الأثير، المصدر السابق، المجلد 10، ص 278.

52 북부 시리아의 도시로, 알레포의 남쪽에 위치. Athīr-1, p. 18.

당황했고 자신들의 집으로 들어갔다. 프랑크인들은 3일간 무슬림들에게 칼을 휘둘러 10만 명 이상을 죽였고 많은 사람을 포로로 잡아 노예로 삼은 뒤 40일간 머물렀다. 프랑크인들은 아르까(عرقة)[53]로 진군해 그곳을 넉 달간 포위했다. 그들은 그곳의 성벽에 여러 개의 구멍을 팠지만 함락할 수 없었다. 샤이자르의 영주인 문끼드[54]가 프랑크인들과 연락을 취하여 아르까를 놓고 그들과 휴전에 합의했다. 프랑크인들은 홈스로 진군해 그곳을 포위했으나 그곳의 영주인 자나흐 알다울라가 그들과 휴전에 합의했다. 프랑크인들은 알나와끼르 길[55]을 따라 아크레로 갔지만 그곳을 함락하지 못했다.

## 5. 십자군의 예루살렘 함락(1099년)

### 예루살렘 포위와 예언(레몽 다질)[56] 유럽

☞ 1099년 십자군은 예루살렘을 점령했다. 십자군이 우세해서라기보다는 당시 이슬람 세력이 분열되어 있었기 때문에 가능했다는 설명이 더 그럴듯하다. 예루살렘 점령은 가장 크고 중요한 사건이었으므로 유럽과 이슬람 사료 모두에 등장하며, 유럽 사료에서도 각각 주안점이 다르다. 따라서 유럽 사료 두 편과 이슬람 사료 한 편을 소개한다.

---

53 홈스-트리폴리 통로의 서쪽 끝에 위치. Athīr-1.

54 당시 샤이자르에 있던 문끼드 가문의 통치자는 나쓰르 이븐 알리 이븐 무깔라드(1082~1098 재위)였다. Athīr-1.

55 티레와 아크레 사이의 해안. Athīr-1.

56 출전: Raymond d'Aguiliers, *Historia Francorum qui ceperunt Iherusalem*, RHC., t.3, pp. 293-295.

고드프루아와 플랑드르 백작, 그리고 노르망디 백작[57]은 북쪽에서 도시를 봉쇄했다. 즉 도시 중심에 있는 성 스테파누스 교회에서 도시 남쪽 다윗 탑 근처의 사각 탑까지를 봉쇄한 것이었다. 레몽 백작과 그의 군대는 예루살렘 서쪽에 자리를 잡고 공작의 진지부터 시온산 아래까지 포위했다. 그러나 그의 군대가 해자 때문에 성벽 가까이 접근하지는 못했으므로, 백작은 진지를 이동하여 위치를 바꾸고자 했다. 어느 날 그는 정찰하고 있다가 시온산으로 가서 산에 있는 교회를 바라보았다. 그곳에서 하느님의 기적의 목소리를 듣고서 주군과 동료들에게 말했다. "만약 하느님께서 우리에게 자비롭게 베풀어 주신 이 성물을 우리가 얻지 못한 채 사라센인들이 이곳을 점령한다면 우리는 어떻게 될 것인가? 우리들 사이의 증오심으로 이 성물을 더럽히고 파괴한다면 어떻게 될 것인가? 우리가 얼마나 하느님을 사랑하는지를 하느님이 시험하기 위해, 우리에게 이 기회를 주었는지 누가 알겠는가? 나는 다음과 같은 한 가지 사실은 확실하게 알고 있다. 이 성스러운 장소를 정성을 다해 보호하지 못한다면, 하느님은 도시 안에 있는 어떤 것도 우리에게 넘겨주지 않을 것이라는 사실이다."

그리하여 레몽 백작은 주군의 바람과는 달리 진지를 이 지역으

57 1차 십자군에 참여하여 예루살렘 공격에 참여한 사람은 로베르 2세로서 정복왕 윌리엄의 큰아들이다. 이 사람에 관해서는 87쪽 각주 14를 참조하라. 그런데 여기서는 그를 공작이라고 부르지 않고 백작이라고 부르고 있는데, 이것은 그 당시 공작과 백작 등 작위에 대한 구분이 뚜렷하지 않았기 때문에 단순히 '지도자'라는 의미에서 백작을 붙인 것으로 보인다. 노르망디의 경우 11세기 이전에는 대체로 노르망디 백작(comes normanniae) 혹은 노르만인들의 백작(comes normannorum)으로 불렸다.

로 옮겼다. 그 결과 백작의 부하들이 그의 말을 따르지 않게 되어, 백작과 같이 진지를 만들려 하지도 않았고 밤에 경계를 서려고 하지도 않았다. 사람들은 저마다 처음에 진을 쳤던 곳에 그대로 남아 있었고 극히 일부만 백작을 따라 옮겼다. 그러나 백작은 매일매일 많은 대가를 지불하면서 기사와 보병을 데리고 왔다. 사실 그 교회에는 몇 가지 성물이 있었다. 다비드왕의 묘소, 솔로몬왕의 묘소, 그리고 첫 순교자 스테파누스의 묘소[58]가 그것이다. 그리고 이곳에서 성모 마리아가 세상으로 나아갔고, 이곳에서 주 예수께서 저녁 식사를 했다. 그리고 죽은 자 가운데서 부활하여 제자(사도)들과 도마(Thomas) 앞에 나타나셨다. 바로 이곳에서 제자들이 성령의 불꽃을 느꼈다.

이곳에 포위망을 치고 있던 어느 날, 기사들이 올리브산에 있는 은둔자(reclusum)를 만나러 갔을 때, 그 은둔자가 이렇게 말했다. "내일 9시과(時課 nona)[59]까지 도시를 공격한다면 하느님이 도시를 당신들의 손에 넘겨 줄 것이오." 그러자 기사들이 대답했다 "그렇지만 우리는 벽을 깨부술 만한 장비가 없소." 그러자 은둔자가 다시 말했다 "신은 전지전능하시오(Deus est omnipotens). 신이 원하시면 단

58 스테파누스는 사도들로부터 선발된 일곱 부제 중 한 명이다. 그는 사도들로부터 안수를 받았고, 하느님의 은총과 성령의 힘을 가득히 받아 백성들 앞에서 놀라운 일과 큰 기적을 많이 행했다. 도시 외곽에서 돌을 맞고 그리스도인으로서는 최초의 순교자가 되었다. 415년 8월 3일 루키아누스(Lucianus) 신부가 예루살렘에서 15km 떨어진 카프르 가말라(Kafr Gamala)에서 성 스테파누스의 유해를 발견했다고 전해진다.

59 시과는 성무일도의 시간 구분. 9시과 또는 9시경은 일반적으로 오후 3시.

하나의 사다리만으로도 벽을 깨부술 수 있을 것이오. 하느님은 진리를 위해 힘쓰는 자를 돕는다오." 그리하여 그들은 밤새 할 수 있는 한 많은 공성 장치를 만들었고, 이 무기를 가지고 아침 일찍 도시를 공격했다. 그 공격은 3시과[60]까지 지속되었다. 사라센인들은 내성(內城) 안쪽으로 물러설 수밖에 없었다. 외성(外城)은 우리 군대에 의해 무너졌고, 일부 군대는 내성의 꼭대기까지 기어올라갔다. 이제 도시가 곧 함락될 순간에, 갑자기 나약함과 두려움이 우리를 엄습하여 공격을 중단했다. 그리하여 우리는 많은 인명 손실을 입었고, 다음 날에는 공격을 하지 않았다.

그 뒤 병사들은 먹을 것을 구하러 주변 농촌을 돌아다녔고, 도시를 함락하는 데 필요한 장비들을 갖추려고 하지 않았다. 모든 사람들은 자기 입과 배를 채우는 데 여념이 없었는데, 가장 좋지 않은 일은 죽을 때까지 우리를 짓누르는 그렇게도 많은 악행으로부터 벗어나기 위해 해야 할 기도를 하느님께 바치지 않는다는 점이었다. 우리가 도착하기 직전 사라센인들은 우물을 메우고, 저수지를 마르게 하고, 샘에서 물이 흘러나오는 도랑을 막아 버렸다. 그러자 하느님은 강물을 사막으로 흘려 보내시고 주민들의 악행으로 말라 버린 곳에 샘물을 주셨다. 이처럼 어렵사리 물을 이곳에 댈 수 있었다. 시온 산자락에 실로에(Syloe 실로암)라는 샘물이 있다. 그것은 아주 큰 샘이었으나 사흘에 한 번만 물이 솟았다. 그곳 사람들이 말하기를 예전에는 일주일 중 6일째에만 물이 흘렀다고 했다. 일주일

60 정오(낮 12시).

중 나머지 날들에는 물이 마른 채로 있었다. 이것은 신이 원하신 결과라는 것 외에 달리 설명할 길이 없다. 그러나 내가 말했다시피 그 샘물이 사흘에 한 번씩 격렬하게 물을 뿜어냈고, 그 물을 길으려는 사람들이 몰려들어서 서로 밀치곤 했으며, 많은 동물이나 가축이 그 안에서 죽곤 했다. 샘물이 사람들과 동물의 시체로 가득 차게 되자, 힘센 사람들이 물이 흘러나오는 바위 틈의 입구를 차지하기 위해 죽을 때까지 싸웠다. 반면 약한 사람들은 오염된 물을 마실 수밖에 없었다. 많은 병자들이 말 한마디 못하고 샘물 근처에서 쓰러졌다. 이들은 입을 벌린 채 물을 가진 사람들에게 손을 뻗었다. 들판에는 말, 당나귀, 소, 양 등이 많이 있었는데, 이 동물들 대부분은 한 걸음도 움직일 수 없었다. 이 동물들은 갈증으로 마침내 죽음에 이르렀으며, 그 자리에 서서 썩어들어갔고, 들판에는 악취가 진동했다. 우리 측 사람들은 위험한 언덕을 지나 물이 있는 곳까지 비무장인 채로 가곤 했는데, 이 사실을 안 사라센인들은 매복하며 우리 사람들을 기다렸다. 사라센인들은 많은 사람을 죽이고 가축 떼를 쫓아 버렸다. 사정이 너무도 악화되어 더러운 물이라도 그릇에 담아서 진지까지 가져오기도 했는데, 그 물이라도 달라고 하는 사람도 있었다. 깨끗한 물을 가져오면, 하루 동안 목을 축일 수 있는 양의 물을 5~6누미(nummi, 화폐단위)를 받고 팔 수 있었다.

그러는 사이에 연락병이 진지로 와서, 우리 측의 배들이 야파에 도착했으며, 야파 탑을 지키고 항구에서 선원들을 보호해 줄 경비병을 선원들이 필요로 하고 있다는 사실을 알려주었다. 야파 시는 성채만을 남겨놓은 채 파괴되어 탑 하나를 제외하고는 거의 폐허가 되어 있었다. 그러나 그곳에 항구가 있었고 그 항구가 예루살렘에서 하루 거리 정도 떨어져 있었으니 가장 가까운 항구였다. 우리 모두는 배가 도착했다는 소식을 듣고 기뻐했다. 그리하여 카르피넬루스(Carpinellus)라는 이름을 가진 고드마르(Gaudemar)[61] 백작에게 20명의 기사와 50명의 보병을 딸려서 보냈다. 나중에 레몽 필레투스(Raymond Piletus)와 50명의 기사, 그리고 기욤 사브랑(Guillaume Sabran)과 그의 부하들도 보냈다.

라믈라시에서 우리가 있는 쪽의 평원에 고드마르와 일행이 이르렀을 때, 그들은 400명의 아랍인과 200명의 투르크인과 조우했다. 고드마르는 수적으로 열세였으므로, 앞 열에 기사와 궁사를 배치한 뒤, 하느님이 도와주시리라 믿으며, 지체 없이 적의 대열로 뛰어들었다. 그러나 적들은 고드마르 일행을 제압할 수 있을 것으로 생각하여 활을 쏘며 달려들었고 고드마르 일행을 포위했다. 고드마르의 기사들 중 젊고 명망 있던 몽메를의 아샤르(Acardus de Monte Merulo)를 포함하여 서너 명이 죽었다. 다른 사람들은 부상을 당했고 궁사들은 전부 쓰러졌다. 그러나 적들 역시 많은 수가 죽었다. 그럼에도 적들의 공격은 약화되지 않았고, 우리 기사들, 즉 신의 기사들의 용기도 꺾이지 않았다. 부상과 죽음으로 압박을 받았지만, 그럴수록 더욱 더 격렬하게 적들에게 맞섰다. 그러나 우리의 지휘관들은 공포를 느껴서라기보다는 지쳐서 후퇴하려고 했다. 그때, 먼지구름이 다가왔다. 레몽 필레투스가 부하들을 데리고 전장으로 뛰어들었다. 게다가 그의 부하들이 너무도 많은 먼지를 일으켰기

61 고드마르 또는 갈데마르(Galdemar).

때문에 그들의 수효가 매우 많아 보였다. 그리하여 신의 가호로 우리 군대는 구출되었다. 적들은 흩어져서 도망갔다. 적들은 200명이 죽었고, 많은 약탈이 있었다. 이것은 그들이 도망가거나 상대방의 압박을 받을 때 하는 관습적 행동이었다. 그들은 처음에는 무기를 던지고 옷을 벗어 던지고 마침내 안장의 배낭을 던졌다. 그리하여 이 전투에서 우리 기사들 중 몇몇은 적이 완전히 섬멸될 때까지 계속 죽였고, 죽이지 않아서 살아남은 적에게서는 전리품을 얻었다.

## 마침내 예루살렘을 함락시키다(익명)[62] 유럽

마침내 지휘관들은 공성 장치를 이용해 도시를 포위하기로 결정했다. 그렇게 하면 우리는 아마도 도시에 진입하여 성묘에서 구세주를 경배할 수 있을 것 같았다. 지휘관들은 나무로 만든 탑을 비롯한 다른 공성기계를 만들었다. 비록 필요한 목재를 꽤 멀리서 가져와야 했지만, 고드프루아 공작은 목조탑을 비롯한 다른 공성 장치를 만들었고, 레몽 백작 역시 그랬다. 그러나 사라센인들이 우리가 이 일을 하고 있는 것을 보고, 도시 성벽의 경계를 강화했고 밤에는 그들 역시 작은 탑의 높이를 높게 만들었다. 어느 안식일(토요일) 밤, 어느 쪽 성벽이 가장 취약한지를 판단한 지휘관들은 도시의 동쪽 편으로 공성탑과 공성기계들을 끌고 왔다. 그리하여 우리는 이른 새벽에 공성탑을 준비해 놓고 제1일, 2일, 3일(일, 월, 화요일) 동안은

62 출전: *Gesta Francorum,* 10권, xxxviii, pp. 89-92.

십자군의 예루살렘 공격

그 장치를 덮어 놓았다. 생질 백작(=레몽 백작)은 도시 남쪽 평원에 탑을 세웠다.

이 일이 진행되는 동안 물이 부족하여 1데나리우스[63]로는 갈증을 해소할 만큼의 물도 구할 수 없을 지경이 되었다. 제4일과 5일(수요일과 목요일) 밤낮으로 우리는 사방에서 도시를 공격했다. 그러나 우리가 도시를 공격하기 전에, 주교와 성직자들은 예루살렘 성벽 주위를 행렬을 지어 돌며 신을 찬양하고 신앙인으로서 마땅히 해

63 가장 작은 화폐 단위.

야 할 기도와 봉헌과 단식을 하라고 설교하고 설득했다. 6일(금요일) 새벽 우리는 도시를 총공격했지만 성과를 얻지 못했다. 그리하여 우리는 놀랐고 두려움에 떨었다. 잠시 후, 주 예수 그리스도께서 우리를 위하여 십자가 위에서 고통을 당하신 시간이 다가왔을 때, 우리 기사들, 즉 고드프루아 공작과 그의 동생 외스타슈 백작이 이끄는 기사들이 공성탑 위에서 맹렬하게 싸웠다. 바로 그때 레톨두스(Letholdus)라는 한 기사가 성벽을 기어올랐다. 그가 올라가는 데 성공하자마자, 수비대들은 성벽을 따라, 혹은 시내를 가로질러 도망가기 시작했고, 우리 기사들은 솔로몬 신전까지 그들을 쫓아가 죽이고 베었다. 그곳에서의 학살은 너무도 끔찍한 것이어서, 적들의 피가 발목까지 차는 도랑을 기사들이 걸어다닐 정도였다.

레몽 백작은 남쪽에서 군대와 공성탑을 이끌고 성벽 쪽으로 갔으나, 공성탑과 성벽 사이에는 깊은 해자가 가로놓여 있었다. 지휘관들은 어떻게 해자를 메울 것인가를 논의한 끝에, 돌 세 덩이를 가져다가 해자에 던져 넣는 사람은 1데나리우스를 받게 될 것임을 (병사들에게) 알렸다. 해자를 메우는 데에는 사흘 밤낮이 꼬박 걸렸다. 해자가 메워지자 공성탑을 접근시켰다. 수비대는 우리에게 불과 돌을 던지며 격렬하게 저항했다. 그러나 시내에 십자군이 이미 있다는 말을 들은 백작은 자신의 병사들에게 이렇게 말했다. “무엇을 주저하는가? 보아라! 모든 십자군이 이미 시내에 있도다!” 그러자 다윗 탑을 지키던 태수가 백작에게 항복하여, 문을 열어 주었다. 그 문은 순례자들이 항상 세금을 바치던 곳이었다. 그러나 이번에는 순례자들[64]이 사라센인들을 솔로몬 신전까지 쫓아가 살해했다. 신전에는 사라센인들이 모여 있었다. 전투는 종일 계속되었고, 신전은 그들의 피로 물들었다. 우리 군대는 이교도들을 제압하고, 신전에서 수많은 남자와 여자를 붙잡았는데, 마음대로 죽이거나 마음 내키면 살려 주었다. 신전 위에는 탕크레드와 가스통 드 베아른(Gaston de Bearn)이 살려 주기로 합의한 수많은 남녀 이교도 무리가 모여 있었다.

그 이후 십자군은 온통 도시를 돌아다니며 금과 은, 말과 당나귀 등을 닥치는 대로 빼앗았으며, 귀중품이 있는 집을 약탈했다. 우리 군대는 기쁨에 겨워 눈물을 흘리며, 구세주이신 예수의 성묘에 가서 경배를 하고 예수에게 예배를 드렸다. 다음 날 새벽 우리 군대는 신전의 지붕으로 올라가, 그곳에 있던 사라센 남녀를 공격하여 칼로 목을 베었다. 몇몇 사라센인은 지붕에서 떨어졌다. 이것을 본 탕크레드는 격노했다.

## 프랑크인들이 예루살렘을 점령하다(492/1099년)(이븐 알아시르)[65] 이슬람

☞ 1099년 십자군은 예루살렘을 이슬람 진영으로부터 빼앗음으로써 그들의 종교적 목표를 달성하는 데 성공했다. 당시 십자군은 예루살렘에서 무슬림들을 상대로 끔찍한 살상을 저질렀다. 다음 사료는 그 이전에 예루살렘을 두고 셀주크조와 파티마조 사이에 있던, 이슬람 진영 내부의 갈등을 보여준다. 또한 십자군에게 시리아 지역과 예루살렘을 잃은 뒤 무슬림들이 바그다드의

64 십자군을 말한다.

65 출전: ابن الأثير، المصدر السابق، المجلد 10، ص 282-286.

칼리프에게로 달려가 구원의 손길을 요청하는 장면과 그 취지를 담은 애절한 시편이 소개되고 있다.

당시 예루살렘은 (시리아 지역의 셀주크조 통치자) 타즈 알다울라 투투쉬(تاج الدولة تتش)에 속해 있었지만 그는 투르크멘인 아미르 수끄만 이븐 우르투끄(سقمان بن أرتق التركماني)[66]에게 그곳을 봉토로 주었다. 프랑크인들이 안티오크에서 투르크인들을 제압하고 죽이자 투르크인들은 약화되고 흩어졌다. 이집트인들은 투르크인들이 약화되었음을 알고 나서 예루살렘으로 진군했다. 군의 선봉은 알아프달 이븐 바드르 알자말리(الأفضل بن بدر الجمالي)가 맡았다. 그의 군대는 예루살렘을 포위했다. 성 안에는 우르투끄의 두 아들인 아미르 수끄만과 일가지(إيلغازي), 그리고 그 둘의 사촌형제인 숭(سونج), 그 둘의 조카인 야꾸티(ياقوتي)가 있었다. 이집트 군대는 성에 40여 개의 투석기를 세워 성벽의 몇 군데를 무너뜨렸다. 도시 주민들은 그들을 상대로 전투를 벌였다. 전투와 포위는 40여 일간 계속되었다. 이집트 군대는 489년 샤으반 달(1096년 7월)에 안전 보장을 조건으로 예루살렘을 점령했다.

알아프달은 수끄만과 일가지, 그리고 그 둘과 함께 있던 자들을 예우해 주었다. 그들에게 재물을 하사했고 그들의 길을 가게 해주었다. 그들은 다마스쿠스로 간 뒤 유프라테스강을 건넜다. 수끄만은 에데사시에 머물렀고, 일가지는 이라크 지역으로 갔다. 이집트인들은, 이프티카르 알다울라(افتخار الدولة)라는 이름의 남자에게 예루살

66 원문에는 '우르투끄'. Athīr-1에는 '아르투끄(Artuq)'. Athīr-1, p. 21.

렘의 대리통치 임무를 맡겨 그곳에 남아 있게 했다. 프랑크인들은 아크레를 포위했다가 그곳을 점령하지 못했고, 그런 뒤 예루살렘으로 향했다. 그들은 예루살렘에 도착하여 40여 일간 그곳을 포위했다. 그들은 성 주변에 두 개의 탑을 세웠다. 그중 한 개는 시온산 방향에 있었는데 무슬림들은 그것을 불태우고 그 안에 있던 자들을 모두 죽였다.

무슬림들이 탑을 불태우고 나자 그들에게로 급히 구조를 청하는 자가 와서 예루살렘시가 다른 방향으로부터 점령되었다고 알렸다. 프랑크인들은 샤으반 달의 일곱 날을 남겨 놓은 시점인 금요일 아침(1099년 7월 15일), 예루살렘의 북쪽 방향에서 도시를 점령했다. 칼이 도시 주민들을 덮쳤다. 프랑크인들은 도시에 한 주간 머물면서 무슬림들을 죽였다. 한 무리의 무슬림들은 다윗 탑(Tower of David)[67]으로 피신하여 방어했다. 그들은 그곳에서 3일간 싸웠다. 프랑크인들이 그들에게 안전을 보장하자, 무슬림들은 탑을 양도했다. 프랑크인들은 무슬림들과의 약속을 지켰고 무슬림들은 밤에 성을 나가 아스칼론으로 가서 그곳에 머물렀다.

프랑크인들은 알아크사 사원에서 7만 명 이상을 죽였다. 그중에는 다수의 무슬림 이맘들과 학자들, 경건한 신자들, 금욕주의자들이 있었는데 그들은 고향을 떠나와 그 성스러운 장소 부근에 머물고 있던 자들이었다. 프랑크인들은 바위의 돔 사원에서 40여 개의 은촛대를 가져갔는데 촛대 한 개는 3,600디르함의 무게가 나가

67 아랍어로 '다윗의 벽감(محراب داود)'. 성채를 가리킨다. Athīr-1.

는 것이었다. 또한 그들은 40라뜰의 무게가 나가는 은 가지 촛대를 가져갔다. 그들은 150개의 작은 촛대를 가져갔는데 그중에 금촛대는 20여 개나 되었다. 그들은 그곳에서 셀 수 없을 정도로 많은 재물을 약탈했다.

라마단 달(1099년 7월 22일~8월 20일)에 까디(판사) 아부 사으드 알하라위(القاضي أبو سعد الهروي)를 포함한 시리아 지역의 피난민들이 바그다드에 도착했다. 그들은 디완(궁전)에서 눈물을 자아내고 마음을 아프게 하는 소식을 전했다. 금요일, 그들은 사원에 서서 도움을 청하며 눈물을 흘렸고 청중을 울렸다. 숭고하고 성스러운 도시 예루살렘에서 남자들이 살해되고, 여자와 아이들은 잡혀가고, 재물이 약탈되었다면서 무슬림들이 당한 일들이 언급되었다. 그 말을 전하는 이들은 너무 큰 슬픔에 휩싸여 라마단 단식도 하지 못했다. 칼리프는 까디 아부 무함마드 알다미가니, 아부 바크르 알샤쉬, 아부 알까심 알잔자니, 아부 알와파 이븐 우까이르 아부 사으드 알훌라와니, 아부 알후사인 이븐 사마크를 파견했다. 그들은 훌완(حلوان)으로 갔는데, 앞으로 언급하겠지만 마즈드 알물크 알발라사니가 살해되었다는 소식을 들었다. 그래서 그들은 목표를 이루지 못하고 아무것도 하지 못한 채 귀환했다.

통치자들은 우리가 언급할 일에 대해 의견이 분분했고, 그로 인해 프랑크인들이 이슬람 지역들을 차지할 수 있었다. 아부 알무답파르 알아비와르디[68]는 이러한 의미를 담아 다음의 시를 읊었다.

---

68 محمد بن أحمد بن محمد القرشي الأموي أبو المظفر الآبيوردي (1113년 사망): 쿠라산 지역의 아비와르드 출신의 뛰어난 시인이자 역사가. الزركلي، الأعلام، المجلد 5، ص 316.

우리의 솟구치는 눈물은 피와 뒤섞였네
우리는 그 어느 동정도 받지 못하고
남아의 가장 치졸한 무기는 넘쳐흐르는 눈물
전쟁의 불꽃은 창(槍)으로써 피어오르고
이슬람 신도들이여, 그대들의 뒤편에는
머리통들을 발치에서 뒹굴게 하는 전쟁이 벌어지고 있다
초록 수풀의 꽃봉오리처럼 안락한 삶 속에서
평안하고 즐겁게 잠을 즐길 수 있단 말인가?
잠자던 모든 이를 깨우는 재난이 닥쳤는데
어떻게 숙면을 취할 수 있단 말인가?
시리아에 있는 당신의 형제들이 낮잠 자는 곳은
말 등이나 독수리의 뱃속이건만
로마군(십자군)이 그들에게 모멸감을 안겨줄 때
당신들은 태평스레 안락하게 지내고 있구나
얼마나 많은 피가, 얼마나 많은 여인이
부끄러움에 손으로 미모를 가리며 적에게 허용되었던가!
흰색 칼날은 붉게 물들고
갈색 창날도 피로 물들었는데
칼로 찌르고 내려치고 하는 가운데,
한순간 갓난아이의 머리는 백발이 된다[69]
살아남으려 그 전쟁에 가지 않은 자는

69 '갓난아이의 머리는 백발이 된다'라는 표현은 크게 놀라거나 두려운 상황을 나타낸다.

나중에 이를 갈며 후회하게 될 것
전쟁은 불신자들의 손을 빌려 칼을 뽑아들고
그 칼은 우리의 목과 두개골을 찌를 것
전쟁 속에 메디나의 무덤에 묻혀 있는 자[70]가
큰 소리로 "하쉼 가(家) 사람들[71]이여!"라고 외치고 있다
나는 우리 움마[72]가 전쟁을 하려 들지 않음을 본다
그들의 창과 종교는 그 지지대가 약해졌구나
그들은 죽음이 두려워 전쟁의 불길을 피한다
그들은 수치가 필연적이라고 여기지 않는다
다른 종족 군사들은 치욕을 좌시한다지만,
아랍의 용사들은 피해를 입고도 만족해하는가?
그들이 열정에 힘입어 종교를 수호하려 들지 않는다면,
차라리 질투심에 힘입어 자신들의 여자들을 지키려 한다면 좋겠건만
전투가 격렬한 가운데 그들이 보수를 받지 못했다면,
차라리 전리품을 탐내어 전쟁터로 달려갔으면
코들이 코걸이에 걸려 끌려다닌다면
그들은 잘려지고 흙 묻은 코로 재채기를 하는 수모를 겪을 것[73]
전쟁이 커다란 독수리의 눈매로 우리를 끈덕지게 주시하는 가운데
우리는 당신들에게 도움을 청했다

70 예언자 무함마드를 가리킨다.

71 바그다드의 압바스조 사람들을 가리킨다.

72 이슬람 공동체.

73 '바그다드의 무슬림들이 십자군과 싸우지 않는다면 치욕스러운 죽음을 맞이할 것'으로 해석된다.

로마군은 아랍의 공격에 맞서
　오랫동안 노여워하면서 우리를 예의 주시하고 있다.
이후로 만일 당신들이 분노하지 않는다면
　우리는 적들에게 우리의 아낙네들을 넘겨주게 될 것

## 6. 십자군의 시리아 지역 공략

### 프랑크인들이 주바일, 아크레를 점령하다(497/1103~1104년) (이븐 알아시르)[74] 이슬람

☞ 십자군은 예루살렘을 점령한 후 파죽지세로 계속해서 시리아 지역의 해인 도시들을 하나씩 공략해 갔다. 주바일과 아크레시도 그렇게 십자군의 수중에 떨어졌다. 이집트의 파티마조는 아크레를 상실함으로써 시리아 지역에서 하나의 발판을 잃게 된다.

이해(497/1103~1104년)에 선박들이 프랑크인들 지역으로부터 라타키아(Lattakia) 시에 도착했다. 배에는 상인, 군인, 순례자들과 그 밖의 사람들이 타고 있었다. 프랑크인 생질(Raymond of St. Gilles)은 트리폴리(Tripoli)를 포위하기 위해 그들에게 도움을 청했다. 그들은 생질과 함께 육로와 해상으로 그곳을 포위해 압박하면서 여러 날 전투를 벌였다. 그들은 트리폴리에서 얻을 게 없다고 보고 그곳을

74 출전: ابن الأثير، المصدر السابق، المجلد 10، ص 372-373.

떠나 주바일 시로 갔다. 그들은 그 도시를 포위하고 그곳에서 격렬한 전투를 벌였다. 주바일 주민들은 자신들이 프랑크인들에 역부족임을 알고는 그들로부터 안전보장을 약속받고 도시를 그들에게 양도했다. 프랑크인들은 주민들과의 안전보장 약속을 이행하지 않고 그들의 재산을 빼앗았으며 재물을 얻기 위해 온갖 형벌과 고문을 가했다.

프랑크인들은 주바일 점령을 끝내고 아크레로 향했다. 프랑크인들의 왕이자 예루살렘의 영주인 보두앵(보두앵 1세)이 아크레를 포위하기 위해 그들의 도움을 요청했다. 프랑크인들은 아크레에 진을 치고 육상과 해상으로 그곳을 포위했다.

(파티마조에 속한) 그곳 총독의 이름은 반나(بنا Banna)로, (파티마조의 재상인) 말리크 알주유쉬 알아프달(ملك الجيوش الأفضل)과의 혈연관계를 보여주는 자흐르 알다울라 알주유쉬라는 이름으로 알려진 자였다. 그는 여러 차례에 걸친 프랑크인들의 공격에 맞서 격렬한 전투를 벌였으나, 도시의 성을 지키기에 역부족임을 알고 그곳에서 나왔다. 프랑크인들은 도시를 무력으로 점령한 뒤 주민들에게 끔찍한 만행을 저질렀다. 총독은 다마스쿠스로 가서 머물다가 이집트로 돌아갔다. 그는 재상 알아프달에게 사죄했고 알아프달은 사죄를 받아주었다.

## 7. 이슬람 진영 셀주크조의 반격

### 수끄만과 조커르미쉬가 프랑크인들을 공격하다(497/1103~1104년)(이븐 알아시르)[75] 이슬람

☞ 셀주크조의 이슬람 진영에서 수끄만과 조커르미쉬 간에 내분이 있었지만, 십자군이 진격해 옴에 따라 일시적이기는 하지만 서로 동맹을 맺고 힘을 합해 십자군을 저지했다. 둘은 십자군을 상대로 승리한 뒤 전리품 문제를 두고 양쪽 군대 간에 갈등이 발생했으나, 다행히 수끄만이 자제하고 상황을 무마하여 문제는 더 이상 악화되지 않았다.

프랑크인들—지고하신 알라여, 저들을 버리소서—이 이슬람 지역을 점령하여 득의양양해 있고, 마침 이슬람 군대와 왕들이 서로 싸움에 골몰하느라 형국은 프랑크인들에게 유리했다. 당시 무슬림들 간에는 의견이 분분했고, 그들의 야망도 제각각 달랐으며 재화가 분산되었다.

하란은 말리크샤[76]의 맘룩(노예 군인)들 중 한 명인 까라자라는 이름의 사람에 속해 있었다. 그는 전년(前年)에 그곳을 무함마드 알아쓰파하니라는 남자에게 맡겨 두고 외부에 간 적이 있었다. 그런데 알아쓰파하니가 까라자에 대해 반란을 일으켰다. 도시 주민들

---

75 출전: ابن الأثير، المصدر السابق، المجلد 10، ص 373-375.

76 술탄 말리크샤(Malik Shah ibn Alp Arslan. 1072~1092 재위). 셀주크조 술탄. 그의 통치 기간 중 대셀주크조 제국의 영토 판도는 최대였고 군사력도 가장 강력했다. EIS-6, 'Malik Shah'.

은 까라자의 폭정으로 인해 알아쓰파하니를 지지했다.

알아쓰파하니는 강인하고 대담했다. 그는 하란에 까라자의 추종자들 중 유일하게 자울리로 알려진 투르크인 젊은 시종을 남겨두었다. 알아쓰파하니는 자울리를 군 최고사령관으로 임명했다. 둘은 친해져서 어느날 함께 술을 마시고 있었다. 자울리는 자신의 하인과 공모하여 술에 취해 있던 알아쓰파하니를 죽였다. 그 무렵 프랑크인들이 하란으로 진군하여 그곳을 포위했다.

무인 알다울라 수끄만(معين الدولة سقمان)[77]과 샴스 알다울라 조커르미쉬(شمس الدولة جكرمش)[78]가 그 소식을 들었다. 당시 둘 간에는 전쟁의 기운이 감돌고 있었다. 수끄만은 조커르미쉬가 자신의 조카를 죽인데 대해 복수하려 했다. 둘은 모두 일전을 벌일 준비 태세에 들어가 있었다. (뒤에서 나는 조커르미쉬가 수끄만의 조카를 죽이게 된 이유를 언급할 것이다.) 그러던 중, 둘은 서로 상대방에게 사신을 보내 하란의 문제에 대처하고자 만날 것을 제안했고, 각자 지고하신 알라의 보상을 받기 위해 알라에게 자신을 바쳐왔노라고 서로에게 알렸다. 둘은 상대방의 요청을 수락한 뒤 진군하여 알카부르에서 만나 동맹을 맺고 프랑크인들과 일전을 벌이기 위해 함께 진군했다.

---

77 수끄만(Suqman)은 투르크멘족에 속하는 아르투끄(Artuq)의 여러 아들 중 한 명이다. 아르투끄는 셀주크조의 술탄 말리크샤의 형제인 투투쉬 휘하에서 공직을 수행했다. 투투쉬 사후 아르투끄조 사람들은, 다마스쿠스의 두까끄에 맞서 알레포의 리드완을 지지했다. 수끄만은 십자군과 전쟁을 벌이기도 했으며, 1104년 하란 부근에서 에데사의 영주인 보두앵 백작을 생포했다. EIS-1, 'Artuqids'.

78 샴스 알다울라 술라이만(524/1129~1130년 사망): 아르투끄의 아들들 중 한 명인 일가지(Ilghazi)의 아들. EIS-1.

수끄만에게는 7천 명의 투르크멘인 기병이, 조커르미쉬에게는 3천 명의 투르크인과 아랍인, 쿠르드인 기병이 있었다. 프랑크인들과 무슬림들 양쪽 군대는 알발리크강에서 마주쳤다. 그곳에서 양 군대 사이에 전선이 형성되었고 이어 회전(會戰)을 벌였다. 이슬람 군대는 패배하는 척했고 프랑크인들은 이슬람 군대를 약 2파라상의 거리를 달리며 추격했다. 그러다가 이슬람 군대가 되돌아와 프랑크인들을 공격해 내키는 대로 많은 적병을 죽였다. 프랑크 진영 사람들이 가까이 있었기에 투르크멘인들의 손에는 전리품이 가득했고, 그들은 엄청난 재물을 차지할 수 있었다. 안티오크의 영주인 보에몽과 해안의 영주인 탕크레드(Tancred)는 전쟁이 격렬해졌을 때 이슬람 군대의 후방에서 공격하려고 산 뒤편에 따로 머물고 있었다. 둘은 산에서 나와 프랑크인들이 패하고 자기 진영의 사람들이 약탈당하는 것을 보았다. 둘은 그 자리에 밤까지 머물다가 도망쳤다. 이슬람 군대는 둘을 추격해 그들의 많은 병사를 죽이고 많은 포로를 사로잡았다. 둘은 6명의 기병과 함께 탈출했다.

에데사의 영주인 보두앵 백작은 한 무리의 귀족들과 함께 도주했다. 그들은 알발리크강에 뛰어들었지만 그들이 탄 말들이 진창에 빠졌다. 수끄만의 부하들 중 한 투르크멘인이 와서 그들을 생포했다. 그는 보두앵을 자신의 영주인 수끄만의 막사로 데려갔다. 그 시간 영주는 부하들과 함께 보에몽을 추격하러 가고 없었다. 조커르미쉬의 부하들은 수끄만의 부하들이 프랑크인들의 재물을 차지한 반면, 자신들은 전리품을 많이 얻지 못한 채 돌아가게 된다는 것을 알게 되었다. 그들이 조커르미쉬에게 말했다.

"투르크멘인들이 전리품을 갖고 떠나 버리고 우리의 몫이 없게 되면 같은 지위의 다른 사람들이나 투르크멘인들과 비교해 우리의 위상은 뭐가 되겠습니까?"

그들은 보두앵을 데려오는 게 좋겠다고 조커르미쉬에게 제안했다. 그러자 그는 사람을 보내 수끄만의 천막에서 보두앵을 데려왔다. 수끄만이 돌아오자 문제가 심각해졌다. 수끄만의 부하들이 (조커르미쉬 군대를 상대로) 말을 타고 싸우러 가려 하자 수끄만이 막아서며 그들에게 말했다.

"우리들 간의 의견 차이에서 생긴 불안으로 인해 이번 공격에서 승리를 거둔 무슬림들의 기쁨이 사라지는 일은 없어야 한다. 그리고 나는 적들이 무슬림들 간의 다툼을 고소하게 여기도록 하면서까지 나의 분노를 풀고 싶지는 않다."

그는 곧바로 길을 나섰다. 그는 프랑크인들의 무기와 깃발을 거두었고 부하들에게도 프랑크인들의 옷을 입게 했다. 그들은 말을 타고 프랑크인들이 있는 샤이한의 성채들로 갔다. 프랑크인들은 자기 편 사람들이 승리를 거둔 것으로 생각하고는 밖으로 나왔다. 수끄만은 프랑크인들을 죽이고 성채를 빼앗았다. 그는 여러 성채에서 같은 식으로 행했다.

한편 조커르미쉬는 하란으로 가서 그곳을 접수(接收)하고 자신의 부하에게 그곳을 맡겼다. 그는 에데사로 가서 그곳을 15일간 포위하고 모술로 돌아왔다. 그는 수끄만의 천막에서 데려온 보두앵과 함께 있었다. 그는 35디나르와 160명의 무슬림 포로를 상환하는 조건으로 보두앵을 석방했다. 당시 프랑크인의 사망자 수는 약 1만 2천 명이었다.

II.

# 장기조(朝)의 대(對)십자군 전쟁과 2차 십자군 (1147~1149)

1차 십자군은 시리아 지역의 주요 도시들과 예루살렘을 함락함으로써 당초 목표했던 바를 달성했다. 무엇보다 십자군이 성과를 이룰 수 있었던 것은 초기에 지녔던 그들의 종교적 열정에 힘입은 것이기도 했다. 그러나 그 이면에는 이슬람 진영이 바그다드의 압바스조, 이집트의 파티마조, 소아시아 반도와 중앙아시아 일대의 셀주크조 등으로 크게 분열되어 있었고, 또한 다마스쿠스, 알레포 등 시리아 지역 내 주요 도시들의 무슬림 영주들이 자신의 통치권 유지를 위해 십자군 방어에 소극적이거나 심지어 십자군에 협조한 데 그 원인이 있었다. 그러나 셀주크조 술탄에 의해 모술 지역의 통치권을 받은 장기조 이마드 알딘 장기가 등장하면서 전세는 예측할 수 없게 되었다. 장기는 우선 알레포와 하마를 자신의 지배하에 두어 이슬람 진영의 통합을 위한 기반을 마련한 뒤, 이어 바으린(몽페랑), 에데사 같은 십자군의 주요 성채를 점령하는 데 성공했다. 특히 1차 십자군이 소아시아에서 처음으로 함락한 큰 도시인 에데사가 이슬람 진영의 수중에 들어갔다는 소식을 접한 유럽인들은 장기의 위세와 반격에 놀라 2차 십자군을 결성하여 파견했다. 그러나 2차 십자군은 다마스쿠스를 포위하다가 물러나는 데 그쳤을 뿐 별다른 성과를 내지 못했다. 한편, 이슬람 진영의 통합을 꾀하고 십자군을 몰아낼 역량을 지녔던 당대 유일한 무슬림 통치자였던 장기가 자신의 노예의 손에 피살되자 이슬람 진영은 십자군에 대응할 강력한 지도자를 잃게 되었다.

본 Ⅱ장에서는 이마드 알딘 장기의 십자군 공격, 그의 치적과 죽음, 그리고 2차 십자군의 다마스쿠스 포위에 관련된 이슬람 자료와 유럽 자료를 소개한다.

# 1. 장기의 등장

## 아타벡[1] 이마드 알딘 장기가 알레포시를 점령하다(1128년) (이븐 알아시르)[2] 이슬람

☞ 시리아 지역의 중심 도시인 알레포는 십자군이 호시탐탐 노리던 곳이었다. 그러나 알레포를 두고 이슬람 진영 내 권력자들은 서로 통치권을 차지하기 위해 싸움을 멈추지 않았다. 이러한 이슬람 진영 내 갈등 상황은 십자군에게 유리했으며, 시리아 지역은 자칫 십자군의 수중에 떨어질 가능성이 컸다. 이러한 풍전등화의 위기에 이 지역의 구원자로 나타난 자가 이마드 알딘 장기였다. 그는 셀주크 술탄에 의해 시리아 통치자로 임명되면서 이 지역의 내분을 진압하고 확고한 통치 기반을 다짐으로써 십자군의 정복 야욕을 꺾어 놓았다.

그해의 무하람 달 첫날(1128년 1월 6일), 이마드 알딘 장기 이븐 아끄순꾸르(عماد الدين زنكي بن آق سنقر)[3]는 알레포시와 그곳의 성채를 점령했다. 그곳을 점령한 원인이 무엇이었는지 언급하면 다음과 같다.

앞서 언급했듯이 알부르수끼(البرسقي)는 알레포시와 그곳 성채를

1 아타벡(atabak, atabeg): 셀주크조와 그 계승자들의 치하에서 사용된, 고관을 가리키는 투르크어 직함. 주로 제후나 그 후계자가 어릴 경우 그들의 후견인이자 조언자로서 임명되는 자가 아타벡으로, 제후의 아타벡이 실질적인 권력을 갖고 국가 통치를 한 경우가 많다. EIS-1, 'atabak'.

2 출전: ابن الأثير، المصدر السابق، المجلد 10، ص 649-651.

3 이마드 알딘 장기(541/1146 사망): 셀주크조 치하에서 투르크멘족 출신으로 군 지휘관, 이라크 지역의 총독을 거쳐 후에 모술과 알레포의 통치자(521~541/1127~1146)가 되었으며, 장기조(Zangi dynasty)를 창건했다. EIS-11, 'Zangi'.

시리아에 있는 크락 데 슈발리에(Krak des Chevaliers 기사단 성채). 1142년부터 1271년까지 병원 기사단의 수중에 있었다. (2008년 1월 김능우 촬영)

518/1124~1125년에 점령했다. 그는 그곳에서 아들 마스우드에게 자리를 물려주었다. 알부르수끼가 피살당하자 마스우드는 그곳에서 모술로 가서 그 도시를 점령했다. 그는 꾸만이라는 이름의 아미르를 알레포의 대리 통치자로 삼았다. 그 후 마스우드는 꾸틀루그 아바라는 이름의 아미르를 알레포의 총독으로 임명하고 꾸틀루그로 하여금 자신의 서명을 가지고 꾸만에게 가서 알레포를 양도받으라고 했다. 꾸만은 "나와 잇즈 알딘(마스우드) 간에는 서로 합의한 어떤 표시가 있는데 (이 서명에는) 그것이 보이지 않소. 그것 없이는 도시를 양도하지 않겠소"라고 말했다. 두 사람 사이에 정해진 그 표시는 가젤 그림이었다. 마스우드 알부르수끼는 그림을 잘 그렸다. 꾸틀루그 아바는, 알라흐바를 포위하던 마스우드에게로 돌아갔는데, 마

스우드가 이미 사망한 것을 알고 서둘러 알레포로 되돌아갔다.

사람들은 마스우드의 사망을 알았고, 수령인 파다일 이븐 바디으는 도시를 꾸틀루그에게 넘겨주었다. 도시의 지도자들은 꾸틀루그에게 복종했고, 꾸만이 자신의 주인 마스우드의 죽음이 사실임을 알고 난 후 성채에서 내려올 것을 요구했다. 사람들은 꾸만에게 일천 디나르를 주었고 꾸틀루그는 521년 주마다 둘째 달 24일(1127년 7월 7일), 성채를 인수했다. 그러나 며칠 후 꾸틀루그의 엄청난 비리와 크나큰 부정이 드러났다. 그는 사람들의 재물, 특히 유산에 손을 뻗쳐 그것을 취했다. 사악한 자들이 그와 가깝게 지낸 반면, 대부분은 그에게 반감을 가졌다.

당시 도시에는 바드르 알다울라 술라이만 이븐 압드 알잡바르 이븐 우르투끄가 있었다. 그는 이전에 도시의 영주였던 자로 주민들은 그에게 복종했다. 그들은 샤왈 달 둘째 날 화요일(1127년 10월 9일), 거사를 감행해 도시에 있던 꾸틀루그 아바의 모든 추종자들을 체포했다. 추종자 대다수는 도시에서 명절 아침에 술을 마시고 있었다. 주민들은 꾸틀루그 아바가 자신의 추종자들과 함께 버티고 있는 성채로 가서 그곳을 포위했다. 만비즈의 영주인 핫산과 부자아의 영주인 하산이 문제 조정(調停)을 위해 알레포에 당도했지만 화해는 이루어지지 않았다.

프랑크인들은 그 소식을 들었다. 조슬랭(Josselin)[4]은 군대를 이끌고 알레포 시로 진군했다가 뇌물을 받고 그곳에서 되돌아왔다.

---

4 에데사 백작(1118~1131). 프랑스 쿠르트네(Courtenay) 영주의 아들로서 1차 십자군 이후인 1101년에 성지에 도착했다.

그가 다녀간 뒤 안티오크의 영주가 프랑크 군대를 이끌고 왔다. 알레포 사람들은 성채 주변에 해자를 파고 도시 외곽에서 들어오는 자와 도시에서 나가는 자를 차단했다. 그곳 주민들은 그해 둘힛자 달 중간 시기까지 큰 위험에 직면해 있었다.

이마드 알딘은 이미 모술과 알자지라(الجزيرة)[5]를 점령했다. 그는 알부르수끼의 고위 아미르들인 아미르 순꾸르 다라즈와 아미르 하산 까라꾸쉬를 알레포로 파견했다. 두 아미르는 강력한 군대를 보유한 이마드 알딘에게 합류해 있었다. 이마드 알딘은 자신을 모술과 알자지라, 시리아 통치자로 정한 셀주크조 술탄의 서명을 갖고 있었다. 바드르 알다울라 이븐 압둘 잡바르와 꾸틀루그 아바는 모술로 와서 이마드 알딘을 만나라는 결정이 내려져, 그 둘은 그에게로 갔다. 하산 까라꾸쉬는 임시로 알레포의 총독이 되어 그곳에 머물렀다. 바드르 알다울라와 꾸틀루그 아바는 이마드 알딘에게 갔다. 이마드 알딘은 두 사람을 화해시켰고 둘 중 어느 누구도 알레포로 돌려보내지 않았다. 이마드 알딘은 자신의 가령인 쌀라흐 알딘 무함마드 알야기시야니로 하여금 군대를 이끌고 알레포로 진군하도록 했다. 쌀라흐 알딘은 알레포 성채로 올라가 일을 마무리 지었고 그곳의 총독직을 맡게 되었다.

이마드 알딘 장기는 자신의 군대를 이끌고 시리아로 갔다. 그는 도중에 만비즈시와 부자아를 점령했다. 알레포의 주민들이 그의 도착 소식에 기뻐하며 성에서 나와 그를 찾아가 만났다. 그는 도시

5 중세 아랍 지리학자들이 사용한 용어로, 티그리스강과 유프라테스강 사이에 놓인 지역의 북부를 가리킴. EIS-2, 'al-jazira'.

로 들어가 그곳을 장악한 뒤에 문제들을 일단락지었다. 그는 도시의 구역을 아미르들과 병사들에게 봉토로 주었다. 그는 계획한 일을 끝내고 나자 꾸틀루그 아바를 체포해 이븐 바디으에게 인도했다. 이븐 바디으는 알레포의 자기 집에서 그의 눈을 멀게 했고, 결국 꾸틀루그 아바는 사망했다. 이븐 바디으는 고민하던 중에 자으바르 성채로 도망쳐 그곳 영주에게 보호를 요청했고, 영주는 이를 승낙했다.

이마드 알딘은 아부 알하산 알리를 알레포의 수장으로 임명했다. 지고하신 알라께서 무슬림들에게 시리아 지역의 통치자로 아타벡 이마드 알딘을 내려주지 않으셨다면 프랑크인들이 그곳을 점령했을 것이다. 앞서 프랑크인들은 시리아 일부 지역을 포위하고 있었다. 그 당시 다히르 알딘 뚜그타킨[6]은 그것을 알고 자신의 군대를 모아 프랑크인들의 지역으로 가서 그곳을 포위하고 공격했다. 그래서 프랑크인들은 어쩔 수 없이 다히르의 군대로부터 자신들의 지역을 방어하기 위해 (시리아에서) 떠날 수밖에 없었다. 지고하신 알라께서는 그해에 다히르가 사망하도록 정하셨다. 그래서 시리아는 전 지역에 걸쳐, 그곳 주민을 위해 싸워줄 어떤 무슬림 지도자도

---

6 다히르 알딘 뚜그타킨(ظاهر الدين أبو منصور طغتكين 1128 사망): 1104년에서 1154년까지 약 50년 동안 다마스쿠스에서 통치한, 투르크계 왕조인 부리조의 창건자. 그는 셀주크조의 술탄 투투쉬의 아들인 샴스 알물루크 두까끄의 아타벡으로 있었으며, 두까끄는 1095년 그에게 다마스쿠스 국정 운영을 위임했다. 1104년 두까끄 사후, 뚜그타킨은 어린 제후를 대신해 권력을 행사했으며, 이후 다마스쿠스의 수장이 되었고 자신의 왕조인 부리조를 창건했다. 부리조는 1154년 누르 알딘이 다마스쿠스를 점령할 때까지 지속되었고, 뚜그타킨은 1128년 사망할 때까지 통치했다. EIS-1, ‘Burids’.

없이 프랑크인들에게 맡겨졌는데, 알라께서 이마드 알딘을 시리아의 통치자로 삼으심으로써 무슬림들을 배려하셨고, 이마드 알딘은 프랑크인들을 상대로 앞으로 언급할 바를 실행했다.

## 장기가 바으린 요새를 점령하고 프랑크인들을 패배시키다
(1137년)(이븐 알아시르)[7] **이슬람**

☞ 장기는 시리아 지역을 장악한 데 이어 그곳에 있는 십자군의 성채들을 점령하기 위해 공격을 감행했다. 그중 하나가 바으린 성채로, 장기는 이 성채를 외부와 철저히 차단시키는 전략을 써서 적군의 항복을 받아내는 데 성공했다. 바으린의 십자군은 정보가 부재한 가운데 자신들을 위한 지원군 소식을 듣지 못해 서둘러 장기에게 항복한 것을 후회했다.

그해 샤왈 달(1137년 7월), 아타벡 장기는 모술에서 시리아로 진군하여 바으린 요새[8]를 포위했다. 그 요새는 하마시에서 가까우며 프랑크인들의 가장 견고하고 난공불락인 성채들 중 하나였다. 장기는 진을 친 뒤 전투를 벌이면서 요새를 공격했다. 프랑크인들은 기병과 보병을 모았고, 모든 병사들과 왕들, 백작, 남작들과 함께 아타벡 장기에게 가서 그로 하여금 바으린을 포기하게 하려 했다. 장기는 그곳을 떠나지 않고 인내하며 적군을 기다렸다. 이어 프랑크인들이 도착했고, 장기는 그들을 상대로 유례가 없을 만큼 격렬

7 출전: ابن الأثير، المصدر السابق، المجلد 11، ص 51-53.

8 바으린(بعرين Monsferrandus) 요새: 트리폴리와 하마 사이에 있다. EIS-11, 'Zangi'. 십자군은 이곳을 몽페랑이라고 불렀다.

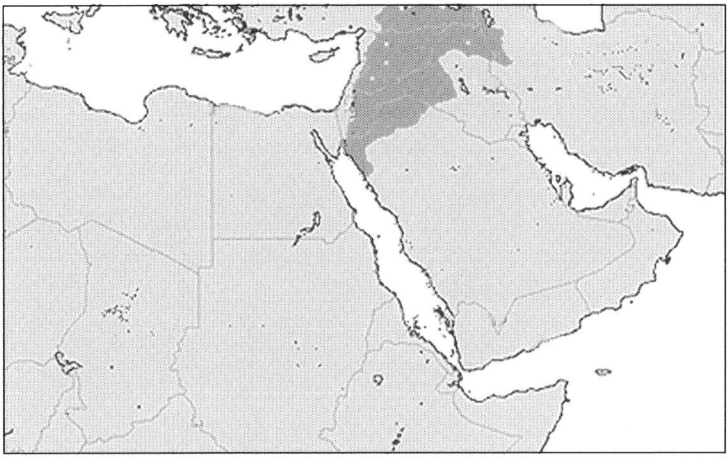

장기 조(1127~1250년) 영토의 최대 판도(진한 부분)

한 전투를 벌였다. 양측이 맞버텼으나 결국 프랑크인들의 패배가 역력해졌다. 무슬림들의 칼이 사방에서 프랑크인들을 공격하자 그들의 왕들과 기병들은 근방에 있는 바으린 요새로 피신했다. 장기는 요새 안에 있는 적군을 포위하고 그들에게서 모든 것을 봉쇄했으며, 심지어 소식까지도 차단했다. 요새 안에 있는 프랑크인들은 길목이 철저히 봉쇄되었고, 장기가 자신의 병사들을 엄격히 통솔하고 있어서 프랑크 나라의 소식을 전혀 알 수 없었다.

성직자들과 수도사들은 로마(비잔티움)의 영토와 프랑크 지역 및 그 근방의 지역으로 들어가 그곳 사람들에게 무슬림들과의 전쟁에 참여해 줄 것을 호소했다. 그들은 그 지역 사람들에게, 장기가 만일 바으린 요새를 점령하고 그 안에 있는 프랑크인들을 잡으면 그는 최단시간 내에 프랑크인들의 모든 지역을 점령할 것이며, 또한 무슬림들은 예루살렘으로 진출하려는 열망을 품게 될 것이라고 알렸다. 그러자 기독교인들이 모여들어서 험난한 길을 걸어 시리아로 향했다. 그들에게 벌어지는 일은 앞으로 언급하겠다.

장기는 프랑크인들과의 전투에 진지하게 임했다. 프랑크인들은 고난을 참았으나 그들에게는 군수물자가 부족했다. 그들은 이에 대한 준비가 되어 있지 않았다. 그들은 어느 누가 자신들에게 대담하게 맞서리라고는 생각한 적이 없었고, 자신들이 시리아의 남은 지역을 점령하리라 예상하고 있었다. 물자가 부족하자 그들은 자신들의 가축을 잡아먹었다. 그리고 자신들의 안전을 보장받고 자기 나라로 돌아가기 위해 항복해 왔으나 장기는 그들에게 답을 주지 않았다. 그러던 중 장기는, 다른 프랑크인들이 결집하여 곧 바으린 요새에 있는 프랑크인들에게 도착하리라는 소식을 듣자 성채에 있는 자들에게 안전보장을 약속했다. 장기가 그들에게 5만 디나르를 가져오라는 조건을 내걸자, 그들은 장기에게 그렇게 하기로 답을 주었다. 장기가 그들을 석방하자 그들은 밖으로 나온 뒤 그에게 요새를 넘겨주었다. 그들은 요새를 떠나고 나서야 자신들을 돕기 위해 다른 프랑크인들이 집결했다는 소식을 들었다. 그들은 항복한 것을 후회했지만 이미 소용없었다. 그들은 요새에 있는 동안 아무 소식도 접하지 못해서 항복했던 것이다.

장기는 프랑크인들의 지역에 머무는 동안 마라와 카파르땁을 프랑크인들로부터 탈환했다. 그 두 도시의 주민, 그리고 알레포와 하마 사이 지역에 있는 모든 속주의 주민은 바으린 주민과 함께 치욕을 겪고 있었다. 그것은 그들 간에 전쟁이 발발해 약탈과 살해가 끊임없이 일어났기 때문이다. 장기는 그 도시들을 점령하여 주민들을 안전하게 해주었다. 도시들은 번성했고 수입도 증가했다. 그것은 명백한 승리로, 그것을 목격한 사람은 내 말이 사실임을 알 것이다.

장기의 가장 탁월하고 공정한 치적으로는 마라 주민을 위해 행한 일을 들 수 있다. 프랑크인들은 마라를 점령했을 때 주민들의 재화와 재산을 빼앗았다. 그 후, 장기가 그곳을 점령했을 때 주민들 중 살아남은 자들은 사망한 자의 유가족과 함께 장기에게 와서 자신들의 재산을 요구했다. 장기는 그들에게 재산에 관한 기록을 가져오라고 했다. 그러자 그들은 "프랑크인들이 우리의 모든 것을 가져갔고, 또한 그 안에 있던 재산에 관한 기록자료들도 가져갔습니다"라고 말했다. 장기는 "알레포의 기록문서를 달라고 하시오. 거기에 재산에 대한 카라즈[지조(地租)]를 낸 기록이 있는 자는 누구나 재산을 돌려받을 것이오"라고 말했다. 주민들은 그렇게 했고 장기는 그들에게 재산을 되돌려주었다. 이것은 그가 행한 훌륭하고 공정한 업적이다.

## 2. 장기의 에데사 점령(1144년)

### 에데사 함락(기욤 드 티레)[9] 유럽

☞ 1144년 장기가 에데사를 함락시켰다. 그 당시 기독교 세계는 분열되어 있

9 출전: Guillaume de Tyr, *Historia rerum in partibus transmarinis gestarum*, Lib. XVI, ch. 4-5, RHC., t.1, pp. 708-712.

었다. 예루살렘 왕국의 왕은 보두앵(Baudoin) 3세였으나 13세에 불과했으므로 그 어머니 멜리장드(Melisende)가 섭정으로서 통치하고 있었다. 트리폴리 백작은 독립적인 권한을 유지하고 있었고, 안티오크 제후와 에데사 백작은 반목하고 있었다. 장기가 공격할 무렵 에데사 백작령은 백작의 군대에 의해서만 방어되고 있었다.

1144년 부왕이 사망하고 아들인 보두앵이 왕위에 오르던 때, 포악한 장기(Sanguinus)[10]라는 자가 투르크 동부지역에서 강력한 지배자로 떠올랐다. 그가 통치하던 도시는 과거에는 니네베(Nineve)라고 불렸고 지금은 모술(Musula)이라고 불리는데, 예전에는 아수르(Assur)라고 불렸던 지역의 중심도시다. 모술의 영주이자 통치자인 장기는 당시 에데사시를 포위하고 있었다. 에데사시는 일반적으로는 로하스(Rohas)라고 불리는데 메데스에서는 가장 크고 번영한 도시다. 장기가 이러한 조치를 취할 수 있었던 것은 휘하의 수많은 강력한 병사를 믿었기 때문이기도 하고, 에데사 백작인 조슬랭[11]과 안티오크 제후인 레몽 사이에 드러나기 시작한 갈등을 이용하려는 생각도 있었기 때문이다. 에데사시는 유프라테스강에서 하루 정도

10 장기를 라틴어식으로 표기한 것으로서 장기에 대한 악의적인 표기인 듯하다. 라틴어 sanguineus의 뜻은 "피에 관한, 핏빛의, 피의"라는 뜻이므로, 장기를 오늘날처럼 Zangi 또는 Zengi로 표기하지 않고 Sanguinus로 표기한 것은 장기의 이름에서 피를 연상시키기 위한 표기로 보인다.

11 에데사 백작 조슬랭(?~1149). 1131년 아버지 조슬랭 1세로부터 백작령을 물려받았다. 1144년 에데사를 빼앗겼으나 1146년 장기가 암살당하자 다시 영지를 회복했다. 그러나 한 달도 채 못 되어 영지를 상실하고 만다. 1150년 안티오크로 가던 도중 도적들에게 포로가 되어 누르 엣딘에게 팔려간다. 그 이후 9년 동안 이슬람 지역에서 포로생활을 하고 알레포에서 사망했다.

거리에 있었다. 앞서 말한 에데사 백작은 선대 백작들과는 달리 에데사 시내에 살지 않고 투르베셀(Turbessel)이라는 곳에 거주지를 마련했다. 그가 거주지를 옮긴 것은 새로운 지역이 비옥하기도 했고 백작의 게으름 때문이기도 했다. 적들의 소동으로부터 벗어나서 자신의 안락을 추구할 수 있는 이곳에서 백작은 에데사 시에 대해 적절한 조치를 취하지 못했던 것이다. 에데사 주민은 칼데아인과 아르메니아인들로 구성되어 있었는데, 이들은 호전적이지 않은 사람들이어서 무기를 거의 다룰 줄 몰랐다. 이들은 상업을 하는 데에만 익숙해 있었다. 도시를 방문하는 서방 사람들은 거의 없었고, 방문하는 사람들 중에서 그곳에 사는 사람은 더더욱 적었다. 도시의 안전은 오직 용병에게 맡겨져 있었는데, 이들은 직무나 근무 연한에 따라 보수를 지급받지 못하기도 했으며, 급료를 받기 위해 1년 이상 기다리기도 했다. 보두앵과 조슬랭은 자신들이 백작령을 갖게 되었을 때, 에데사에 영구히 정착할 생각이어서 음식, 무기, 기타 생필품을 근처에서 공급받을 수 있도록 주의를 기울였다. 그리하여 이들은 영지를 안전하게 유지했으며 주변 도시를 군사력으로 압도했다.

앞서 말한 바 있듯이, 조슬랭 백작과 안티오크 제후 사이의 반감은 내재되어 있지 않고 공개적인 적대감으로 드러나곤 했다. 이러한 이유로 상대방이 공격을 받거나 불행에 빠진다고 해도 개의치 않을 것이었다. 오히려 이들은 상대방의 재난을 잘된 일이라 여기고 상대방의 실수를 즐거워했다.

앞서 말한 위대한 제후 장기는 이러한 상황을 이용했다. 그는 동방 전역에서 수많은 기병을 모집했고, 심지어 에데사 근교의 도시에서도 군사를 모집하여 포위에 투입했다. 그는 도시로 통하는 모든 문을 봉쇄했다. 그러나 도시는 강력한 성벽으로 둘러싸여 있었다. 도시의 높은 곳에는 높은 탑들이 있었고 그 아래 낮은 지역에는 시민들의 피난처가 있었다. 이러한 방비가 효과를 발휘하려면 도시의 자유를 위해 싸울 의지를 가진 사람들, 적들에 항거해서 용감히 싸울 수 있는 사람들이 필요했다. 그러나 만약 포위된 자들 중에서 방어를 위해 싸우려는 사람이 없다면 이러한 방비는 무용지물이 될 것이다. 탑과 벽, 그리고 보루는 방어할 사람이 없다면 아무런 가치가 없다. 장기는 도시를 방어할 사람이 없다는 것을 알고 매우 고무되었다. 그는 도시를 군대로 포위하고 병사들에게 각자의 주둔지를 할당해 주고 참호를 파게 했다. 투석기와 공성 장치들은 도시의 방어를 약화시켰다. 계속해서 퍼붓는 화살세례는 끊임없이 시민들을 고통스럽게 했다. 포위군은 단 한숨의 여유도 주지 않았다. 하느님의 충실한 도시인 에데사 시가 신앙의 적이자 기독교의 적인 자들에 포위당하여 고통받고 있다는 소식이 소문처럼 퍼져 나갔다. 이 소식을 들은 신앙인들의 마음이 움직였고 신앙심 깊은 사람들은 사악한 자들을 공격하기 위해 무기를 들었다. 이 소식을 들은 백작은 마지못해 군대를 소집했다.

백작은 돌아다니며 자신의 충실한 동료들에게 부탁했다. 비참하게도 그의 주군인 안티오크 제후에게도 요청했다. 백작은 전령을 보내 노예상태로 전락하게 될 에데사를 구하는 데에 안티오크 제후가 힘을 보태야 한다고 강력히 요구했다. 전령은 이 불길한 사건의 소식을 가지고 예루살렘 왕국으로 갔다. 왕국의 통치를 책임지고 있던 여왕은 귀족회의의 조언을 받아들여 친척인 군사령관인

마나세스,[12] 나블루스의 필리프,[13] 그리고 티베리아스(Tiberias)의 엘리낭에게 많은 군대를 딸려서 에데사로 파견했다. 이들이 백작과 고통 받는 시민에게 평화를 줄 수 있을 것으로 생각했다.

그러나 안티오크 제후는 에데사의 적대감을 부추겼고 공동의 이익을 위해 해야 할 의무는 거의 이행하지 않았다. 그는 개인적인 적대감으로 공공의 해를 끼쳐서는 안 된다는 것에 거의 신경쓰지 않았으므로, 원조를 해주어야 할 때에 적절한 원조를 하지 않았던 것이다.

반면 장기는 도시를 계속 공격했다. 그는 모든 종류의 공격을 퍼부었고, 시민들을 곤경에 빠뜨릴 수 있고 도시를 장악하는 데 도움이 될 수 있는 모든 수단을 시도했다. 그는 공병대를 보내서 참호를 파기도 하고 땅 밑으로 굴을 파서 성벽의 기반을 무너뜨리려고도 했다. 성벽 아래로 굴을 파고 기둥을 세워서 벽을 지지한 다음 거기에 불을 놓았다. 그리하여 성벽의 많은 부분이 무너져 내렸다. 이 균열은 거의 100큐빗에 달할 정도로 넓은 것이어서 적들이 도시로 들어올 수 있게 했다. 적들은 원하는 방향으로 접근하여 도시로 밀고 들어갔다. 그들은 검으로 마주치는 시민을 나이, 지위, 남녀에

---

12 이에르주의 마나세스(Manasses of Hierges). 예루살렘 왕 보두앵 2세 누이의 아들, 즉 조카. 이에르주는 프랑스에 있는 영지 이름이며, 1140년경에 예루살렘에 도착하여 군사령관이 되었다. 기욤 드 티레의 연대기에 따르면 그는 매우 거만하여 적이 많았다고 한다. 생몰 연대에 대해서는 알려진 바 없다.

13 나블루스의 필리프 또는 필리프 드 미이(Philippe de Milly, 1120년경, 1171). 미이 가문은 프랑스 피카르디 지방에 뿌리를 둔 귀족 가문이다. 필리프는 1차 십자군 기사였던 기 드 미이의 아들로서 예루살렘에서 태어났다. 7대 템플 기사단장(Grand Master)을 역임했다.

시리아 지역의 알레포 성채. 장기조의 이마드 알딘 장기와 그의 아들 누르 알딘은 알레포와 다마스쿠스를 통합하는 데 성공했다. 장기조는 십자군의 공격으로부터 이슬람 도시들을 방어했고 몇몇 십자군 지도자를 포로로 잡기도 했다. 그들 중 에데사의 백작 조슬랭 2세는 잡혀와 알레포 성채에 감금되어 이곳에서 사망했고, 르노 드 샤티용과 예루살렘 왕 보두앵 2세도 이곳에 감금되어 있었다. (2008년 1월 김능우 촬영)

상관없이 살육했다. 아마도 이렇게 표현할 수 있을 것이다. "그들은 과부와 이방인을 죽였고 고아와 젊은이와 처녀를 살육했고, 노인들도 살해했다." 그리하여 도시는 함락되어 적들의 검에 내맡겨졌다.

신중하고 경험이 많은 시민들은 도시에 있는 성채로 도망갔다. 이들은 잠시 동안만 도망가 있으면 적어도 자신과 아내, 그리고 아이들의 목숨은 건질 수 있을 것으로 생각했다. 성채의 문으로 사람들이 너무도 많이 몰려들어서 밀어붙이는 바람에 많은 사람들이 질식하거나 비참하게 죽었다. 이렇게 죽은 사람들 중에는 이 도시의 대주교 위그(Hugue)[14]도 있었다. 그는 다른 성직자들과 더불어 이렇게 죽어갔다. 사람들은 주교가 그렇게 비참하게 죽은 것은 주교 자신에게 책임이 있다고 비난했다. 그가 너무 많은 돈을 징수했다는 비난이었다. 만약 그가 그 돈을 군대를 위해서 썼다면 도시에 큰 도움이 되었을 텐데, 실제 그는 죽어가는 사람들을 위하기보다는 구두쇠처럼 재물을 축적하는 데 여념이 없었다. 그러므로 그는 사람들과 함께 죽음으로써 자신의 탐욕에 대한 죗값을 치렀던 것이다.

안티오크 제후가 어리석은 증오심에 사로잡혀 자신의 형제들에게 해야 할 원조를 늦추고 있는 동안, 그리고 백작이 외부로부터의 원조를 기다리는 동안, 사도 다대오(Thaddeus)[15]의 설교와 말씀으로 불신자들의 박해에서 해방되고 사도의 시대 이후 기독교에 봉헌되었던 고도(古都) 에데사는 부적절하게도 노예상태로 전락하고 말았다.

## 장기가 에데사를 점령하다(이븐 알깔라니시)[16] 이슬람

☞ 장기는 에데사의 영주가 군대를 이끌고 성 밖으로 나간 틈을 이용해 그곳을 점령했다. 다음 사료는 장기의 군대가 에데사성을 공략하는 방법을 보여

---

14 원래 플랑드르 지방 출신으로 1120년부터 에데사 대주교를 맡았다.

15 에데사의 다대오(Thaddeus of Edessa). 시리아어로는 아다이(Addai)라고도 한다. 전설에 따르면 아다이는 그리스도의 제자 중 한 사람으로서 사도 도마에 의하여 에데사로 파견되었다. 이곳에서 왕이었던 아브가르(Abgar, 또는 아크바르 Acbar)를 개종시켰다고 한다.

16 출전: ابن القلانسي، ذيل تاريخ دمشق، ص 279-280؛ حسين أحمد أمين، الحروب الصليبية في كتابات المؤرخين العرب المعاصرين لها، ص 81-82.

주고 있다. 무슬림들은 성벽 밑으로 터널을 뚫고 불을 놓아 성벽을 무너뜨려 성 안으로 진입하는 데 성공했다. 장기의 군대는 도시 점령 직후 프랑크인 주민들을 상대로 약탈 행위를 벌였으나, 장기의 명령으로 중지되었다.

그해(539/1144년)에, 아미르 이마드 알딘 아타벡이 무력으로, 난공불락의 철옹성이었던 에데사시를 정복했다는 소식이 북쪽 방면으로부터 도착했다. 그 도시는 공격자들의 접근이 어려웠고, 점령하려는 대군의 공격으로부터 방어력을 갖추고 있었다. 그곳을 아미르 이마드 알딘 아타벡이 정복한 것이다. 계속 에데사를 점령하려는 욕구가 있었던 그는 그곳을 공격할 기회를 엿보고 있었다. 에데사를 향한 염원이 끊임없이 그의 마음속에 맴돌고 있었고, 그곳 문제는 그의 뇌리에 자리잡고 있었다. 그러다가 이마드 알딘은, 에데사의 영주인 조슬랭(Joscelin Ⅱ)이 외부의 요청에 따라 대다수 병사와 수비대 및 전사들을 이끌고 에데사에서 나갔음을 알게 되었다. 어떤 이유로 해서 조슬랭은 에데사로부터 멀리 가게 되었는데[17] 그것은 정해진 섭리와 내려진 운명에 따른 것이었다. 이마드 알딘은 그 점을 확인하고 나서 에데사로 향했다. 그는 대군을 동원해 서둘러 도시를 공격하고 옥죄어 그 안에 있는 사람들을 봉쇄하려 했다. 그는 투르크멘족 군소 무리들에 서신을 보내 에데사 공격

17 "1144년 장기가 도시(에데사)의 남쪽에서 조슬랭의 부하들 가운데 한 사람을 공격했다는 소식이 에데사에 전해졌다. 그것은 무시하고 넘어갈 수 없는 도전이었으므로 에데사의 백작은 구원군을 이끌고 출발했다. 그러나 그것은 단지 장기가 조슬랭을 밖으로 끌어내려고 유인한 것이었다. 조슬랭이 그렇게 정신을 다른 곳에 쏟는 동안 장기는 자신의 원래 목표인 에데사로 향했다." W. B. 바틀릿, 앞의 책, 233쪽.

을 위한 지원을 요청하고 지하드의 의무를 수행해 줄 것을 요청했다. 투르크멘인들로 구성된 대규모 군대가 그에게 도착했다. 병사들은 사방에서 에데사를 에워싸고, 도시로 도착하는 보급품과 식량을 차단했다. 정신을 바짝 차린 채 도시를 협공하는 공격 부대가 쏘는 화살에 새들도 목숨을 잃을까 두려워 그곳에 다가가지 못했다. 성벽 맞은편에는 투석기를 세워 계속해서 도시에 돌을 퍼부었고, 그곳 주민들을 상대로 끈질긴 전투가 벌어졌다.

도시 안으로 들어가기 위해 터널을 뚫을 지점을 잘 아는 쿠라산인들과 알레포인들이 동원되었다. 그들은 유리하거나 불리한 지점을 잘 알고 있었기에 미리 파악해 놓은 몇 군데에 터널을 뚫었다. 그들은 계속해서 깊이 터널을 뚫으며 땅속으로 들어갔고, 그러다가 마침내 성탑(城塔)의 초석 하단부에 도달했다. 그들은 터널을 단단한 목재와 특수도구로 지지해 두었다. 터널 공사를 마치고 나자 이제 남은 일은 불을 놓는 것뿐이었다. 그들은 그 일을 위해 이마드 알딘 아타벡에게 허락을 구했다. 그는 터널 안으로 들어가 내부의 상태를 보고 그 구조에 감탄하면서 그들에게 작업을 허락했다. 터널 구조물에 불을 놓자 목재 지지대가 화염에 싸였고, 그 즉시 성벽이 무너졌다. 성벽이 무너져 양측에 많은 인명 피해가 생긴 가운데 무슬림들이 도시를 공격했다. 프랑크인들과 아르메니아인들이 패했고 그 결과 사상자들이 생겼다. 이마드는 주마다 둘째 달 26일(1144년 12월 23일), 토요일 새벽에 무력으로 도시를 점령했다. 약탈과 살해, 포획, 생포, 강탈이 벌어져 무슬림들의 손에는 재물과 가구, 가축, 전리품, 노예가 가득했고, 그들은 빼앗은 많은 물건들로 크게 기뻐했다. 이마드 알딘 아타벡은 칼로 약탈 행위를 중지시키는 명령을 내린 뒤 파괴된 건물을 재건하고 붕괴된 시설을 보수하게 했다. 그는 도시를 정비, 보존하고 그곳의 공익을 위해 일할 사람들을 임명했다. 그는 도시 주민들에게 선정을 베풀 것과 모든 지역에 걸쳐 정의를 펼칠 것을 약속했다. 그는 에데사를 떠나 사루즈로 향했다. 이미 프랑크인들은 사루즈에서 도망쳤고 그는 그곳을 점령했다. 그가 지나가면서 공격한 지역이나 요새는 즉시 그의 수중에 넘어왔다.

## 장기가 에데사와 알자지라 지역 등을 점령하다(이븐 알아시르)[18] 이슬람

☞ 장기가 조슬랭이 통치하는 에데사와 북부 메소포타미아 지역을 점령한 사건을 다룬다. 에데사를 점령하기 위해 장기가 성내의 적군을 밖으로 유인하는 전략을 썼으며 그것이 주효했음을 알 수 있다. 또한 장기가 군 지휘관들의 용기를 시험하는 일화도 흥미 있게 소개되고 있다. 아울러 점령 후에 적의 도시였지만 파괴와 약탈을 자제하고 그곳을 보존하려는 장기의 정치술도 엿볼 수 있다. 또한 장기의 에데사 점령을 예언한 이슬람 성자의 이야기는 이 승전에 신화적 요소를 가미해 이슬람의 승리를 드높이고 있다.

그해에 주마다 둘째 달 6일,[19] 아타벡 이마드 알딘 장기 이븐 아끄순끄르가 프랑크인들에게서 에데사를 빼앗아 점령했고, 알자지라 지역에 있는 그들의 성채들도 점령했다. 이전에 프랑크인들의

18 출전: ابن الأثير، المصدر السابق، المجلد 11، ص 98-100؛ حسين أحمد أمين، المرجع السابق، ص 83-85.

19 앞의 이븐 알깔라니시의 자료에 따르면 같은 달 26일.

해악은 알자지라 지역에 퍼졌고, 그들의 사악함이 그 지역에 만연했었다. 프랑크인들은 그 지역의 여러 곳을 침공하여 아미드, 누싸이빈, 라으스 아인, 알락까에 이르렀었다.

이 지역에서 그들의 왕국은 인근의 마르딘에서 유프라테스강까지 이르러 에데사, 사루즈, 알비라, 신느 이븐 우따이르, 자말린, 알무왓자르, 알꾸라디 등의 도시를 포함했다. 이 구역들과 그 밖의 구역들은 조슬랭의 수중에 있는 유프라테스강 서부에 있는 지역에 속했었다. 조슬랭은 용맹함과 수완을 지닌 자로, 프랑크인들을 이끄는 지략가이며 군 지휘관이었다.

아타벡은, 자신이 에데사를 봉쇄하려고 하면 프랑크인들이 방어를 위해 도시에 집결하여 단단히 방비하기 때문에 그곳을 점령하는 게 불가능하리라는 것을 알고 있었다. 그래서 그는 프랑크인들에게 자신이 그들의 지역에 몰두하지 않고 있다는 인상을 주기 위해 디야르 바크르[20] 일로 바쁜 척했다.[21] 프랑크인들은, 아타벡이 바크르 구역의 아르투끄조 왕들을 비롯한 여러 왕들과 전쟁을 벌이느라 그 왕들과의 문제를 손놓을 수 없음을 알고는 안심했다. 조슬랭은 에데사를 떠나 유프라테스강을 건너 서부 지역으로 갔다.

---

20 디야르 바크르(ديار بكر): '바크르 부족의 거주 지역'이라는 의미로, 알자지라(메소포타미아 북부)의 북부 지역을 가리킴. EIS-2, 'Diyar Bakr'.

21 "538/1143~1144년, (셀주크조) 술탄 마스우드는 자신의 영토 내 불안정한 상황이 장기 때문인 것으로 보고, 지나치게 강대해진 그를 다시 제거하고자 했다. 그러나 장기는 술탄과 합의하여 배상을 약속했다. 장기는 아르투끄조의 디야르 바크르에 주의를 기울였고, 조슬랭 2세가 자신의 수도(에데사)에 없는 틈을 타 28일간 포위한 끝에, 539년 주마다 둘째 달 26일, 토요일(1144년 12월 23일) 에데사를 함락했다." EIS-11, 'Zangi'.

아타벡의 밀정(密偵)이 와서 소식을 전했다. 아타벡은 소리쳐 군대에게 출발을 알리면서, 내일 병사들은 모두 에데사에 가 있을 것이라고 말했다. 그는 휘하의 아미르들을 소집했다. 그는 음식을 차리게 한 뒤 "내일 나와 함께 에데사의 성문을 칼로 공격하는 자만이 이 식탁에서 나와 함께 음식을 먹을 수 있다"라고 말했다. 그러자 미천한 신분의 젊은 아미르 한 명이 아타벡에게로 나왔다. 그들이 알고 있기로 그 청년은 전투에서 어느 누구도 견줄 수 없을 만큼 대담하고 용감한 자였다. 다른 아미르가 그 청년에게 "어느 안전이라고 네가 나서느냐?"라고 말하자, 아타벡은 "그를 그냥 두시오. 참으로, 나는 전쟁에서 나를 내버려 두지 않을 사람을 보고 있소"라고 말했다.

아타벡이 이끄는 군대는 행군하여 에데사에 도착했다. 아타벡은 그 청년과 함께 프랑크인들을 공격하는 데 앞장섰다. 프랑크인 기병대의 한 기병이 길을 막고 아타벡을 공격하자 그 청년 아미르가 기병을 저지하여 칼로 죽인 덕분에 아타벡[22]은 무사했다. 아타벡은 도시를 공격해 18일간 전투를 벌이면서 여러 차례에 걸쳐 도시로 진격했다. 그는 갱부들을 투입해 도시의 성벽에 터널을 뚫게 했다. 아타벡은 다른 지역의 프랑크인들이 집결하여 에데사를 구하러 올 것을 우려하면서도 계속 전투를 벌였다. 갱부들이 뚫은 구조물이 무너졌고, 아타벡은 무력과 강압으로 도시를 점령했다. 그는 도시의 성채를 포위해 점령했다. 무슬림들은 재물을 약탈했고 어린 자

22 원문에서는 아타벡 이마드 알딘 장기 대신 '샤히드(الشهيد 순교자)'라는 단어로 나옴.

식들을 노예로 잡았으며 남자들을 살해했다.

아타벡은 도시를 보고 경탄했다. 그는 그런 도시를 파괴하는 것은 정치적으로 허용되지 않는다고 판단했다. 그는 포로로 잡은 남자들과 여자들, 아이들을 그들의 집으로 돌려보내고, 군대가 노획한 가구와 물품을 돌려주라는 명령을 내렸다. 군대는 모든 사람들을 남김없이 돌려보냈고, 그들 중 어느 한 사람도 실종되지 않았다. 다만 직접 포로를 잡은 자가 포로를 데리고 이미 군영을 떠난 것처럼 아주 드문 경우만이 예외였다. 도시는 원래의 상태로 돌아왔다. 아타벡은 도시를 지킬 군부대를 주둔시켰다. 그는 사루즈와, 유프라테스강 동부의 프랑크인들 수중에 있던 모든 지역을 접수했다. 단, 유프라테스강 연안에 위치한 난공불락의 지역인 알비라는 예외였다. 아타벡은 알비라로 가서 포위했지만 프랑크인들은 이미 그곳에 보급물자와 병력을 증강해 놓고 있었다. 아타벡은 계속 포위하다가 그곳을 떠났다. 이에 대해서는 다시 언급하겠다.

계보학자이자 역사학자인 어떤 사람이 다음과 같이 말했다는 이야기가 있다.

> 시칠리아섬의 영주는 해상을 통해 서쪽의(북아프리카의) 트리폴리와 그 구역들로 군대를 보내 그곳에서 약탈과 살인을 저지르게 했다. 시칠리아에는 한 무슬림 학자가 있었는데, 그는 성자(聖者)의 반열에 속하는 사람이었다. 시칠리아의 영주는 그를 정중히 대하고 존중해 주면서, 그의 조언을 참고했으며, 그를 자신에 속한 (기독교) 성직자나 수도사보다 우위에 두었다. 영주가 다스리는 지역의 사람들은, 이런 이유로 영주가 무슬림이라고 말하기도 했다. 어느 날 영주

가 바다가 내려다보이는 장소에 앉아 있는데 멋진 배 한 척이 항구로 들어왔다. 배에 탄 사람은 자신의 군대가 이슬람 지역에 침입해 약탈한 뒤 승리를 거두고 왔다고 영주에게 통보했다. 무슬림 학자는 영주 옆에서 졸고 있었다. 왕(영주)이 그에게 '이보시오. 저들이 한 말을 들었소?'라고 묻자, 그는 '아뇨'라고 답했다. 영주는 '저들이 이러쿵저러쿵하는 소식을 전했소. 무함마드(예언자)는 그 지역(트리폴리)과 주민들을 지키지 못하고 대체 무엇을 했소?'라고 말했다. 무슬림 학자가 영주에게 말했다.

'그(무함마드)는 그곳에 계시지 않았습니다. 그분은 무슬림들이 점령한 에데사에 계셨습니다.'

그곳에 있던 프랑크인들은 그를 보고 웃었다. 그러자 왕이 '웃지들 마시오. 참으로 그는 진실만을 말하는 사람이오'라고 말했다. 며칠 후, 시리아 지역의 프랑크인들로부터 에데사가 점령당했다는 소식이 도착했다.

이슬람 성현들 무리가 내게 다음과 같은 말을 했다. 한 성자가 꿈에서 아타벡을 보았다. 성자는 그에게 "알라께서 당신을 어떻게 대하셨습니까?"라고 묻자, 그는 "알라께서는 제가 에데사를 점령한 것을 들어 저를 용서하셨습니다"라고 말했다.

## 3. 장기의 죽음(1146년)

### 장기의 죽음과 그의 행적[23] 이슬람

☞ 시리아와 북부 메소포타미아 지역의 강자로 자리잡으며 십자군을 저지한 장기였지만 불운하게도 그는 자신의 노예들에 의해 피살되고 말았다. 그가 목숨을 애원하며 숨을 거두는 마지막 장면은 처절하기까지 하다. 장기는 치세 중에 다양한 업적을 이루었으며, 특히 선정을 베풀었고, 십자군을 공격했으며, 주변 세력과 영토 전쟁에서 적극적인 자세를 보였다.

그해 라비으 둘째달 닷샛날(1146년 9월 14일), 모술과 시리아의 영주로, 아타벡이자 순교자인 이마드 알딘 장기 이븐 아끄순끄르가 피살되었다. 앞에서 언급했듯이 그는 자으바르 요새를 포위하고 있던 중이었다. 그에게 속한 노예들 한 무리는 밤에 그를 암살하고는 자으바르 요새로 도주했다. 요새에 있던 주민 중 일부가 (포위하고 있던 장기의) 군대에게 장기가 피살되었다고 소리쳐 알리며 기쁨을 나타냈다. 그래서 장기의 부하들이 처소로 들어가 그에게 갔을 때 그는 마지막 숨을 쉬고 있었다.

나의 부친은 장기의 측근 중 한 사람 말을 인용해, 그가 다음과 같이 말했다고 내게 얘기해 주었다.

"내가 즉시 장기의 처소로 갔을 때 그는 살아 있었습니다. 그는 나를 보자 내가 그를 죽이려는 것으로 오해해 둘째손가락으로 나

---

23 출전: ابن الأثير، المصدر السابق، المجلد 11، ص 110-112.

를 가리키며 내게 애원했습니다. 나는 그에 대한 두려움에 멈춰섰지요. 나는 '주군. 대체 당신께 누가 이런 짓을 했습니까?'라고 물었으나 그는 말을 할 수 없었고, 곧 숨을 거두었습니다. 알라의 자비가 그에게 있기를."

부친이 말했다.

"장기는 출중한 용모에 갈색 피부와 멋진 눈을 갖고 있었고, 머리는 백발이었어. 그의 나이는 이미 60을 넘겼는데, 그것은 앞서 언급한 대로 그의 부친이 피살되었을 당시 장기가 어렸었다는 것에서 알 수 있어.[24] 장기는 피살되어 알락까에 안장되었지."

장기는 자신의 군대와 백성에게 매우 위엄있는 자였고, 정치에 탁월해서 그의 치세 중에는 강자가 약자를 억압할 수 없었다. 장기는 자신이 통치하기 전에 압제와 총독들의 빈번한 교체, 이웃한 프랑크인들로 인해 폐허와 같았던 지역을 번성하게 하여 많은 주민들이 살 수 있는 곳으로 만들었다.

나의 부친은 나와 얘기하면서 다음과 같이 말했다.

"내가 모술을 보았을 때 그 지역 대부분은 폐허였어. 그곳에서 누군가 마할라 알땁발린[25] 가까이에 서면 낡은 사원과 공터, 술탄의 거처를 바라볼 수 있는데 그것은 그 중간에 세워진 건물이라고는 없었기 때문이야. 그자는 자신과 주민들이 사는 거주지 간의 거

24 장기의 부친 아끄순끄르는 487/1094년 피살되었고 당시 장기는 10살가량이었다. Athīr-1, p. 382.

25 마할라 알땁발린(محلة الطبالين): '북치는 자들의 거처'라는 의미. 모술의 일부 구역. Athīr-1, p. 382.

리가 멀어서 그를 지켜주는 사람 없이는 낡은 사원까지 갈 수 없었어. 지금 그곳에는 건물이 들어서는 중인데 앞서 말한 이 지역을 통틀어 이제는 텅 빈 채 남아있는 넓은 땅이라고는 찾아볼 수 없어."

부친이 내게 말했다.

"장기가 어느 해 겨울, 알자지라[26]에 도착했어. 장기의 고위급 아미르들 중 한 명으로, 아미르 잇즈 알딘 알두바이시라는 자가 있었는데 그의 봉토 안에 다꾸까가 포함되어 있었어. 알두바이시는 (다꾸까시로) 들어가서 한 유대인의 집에 머물렀어. 그 유대인이 아타벡에게 도움을 청하며 자신의 문제를 알려주었지. 장기가 알두바이시를 응시하자 그는 물러나와 도시로 들어가 (유대인의 집에서) 자신의 짐을 실은 낙타와 천막을 가지고 나왔어."

부친이 말했다.

"나는 장기의 종들이 습지에 천막을 세우는 것을 보았어. 그들은 진흙이 몸에 묻지 않게 짚을 땅에 깔았지. 그리고 장기가 와서는 그 천막에 머물렀어. 장기의 권위는 그 정도로 대단했지."

당시 모술은 알라에 속한 지역들 중에서 과일 생산이 가장 적은 곳이었다. 그런데 장기가 통치한 시절과 그 이후로 그곳은 유실수와 운향목(芸香目) 등의 나무가 가장 많은 지역이 되었다.

장기는 또한 여성을 지키는 데, 특히 병사의 아내들을 보호하는

---

26 여기서는 '자지라 이븐 오마르(جزيرة بن عمر)' 지역을 의도함. Athīr-1, p. 383; 투르크어로 Cizre. 오늘날 시리아와 터키 사이의 국경 지역으로 티그리스강 연안에 위치한다. 지명은 이곳에 수로를 만든 하산 이븐 오마르 이븐 알캇땁[2대 칼리프 오마르의 아들인 하산] 이름을 따서 지어진 것으로 알려져 있다. EIS-2, 'Ibn Umar, Djazirat'.

데 매우 엄격했다. 그는 "우리가 병사들의 아내를 엄히 지키지 않으면, 아내들은 남편들이 출정하느라 빈번하게 집을 비우기 때문에 타락하고 만다"라고 말하곤 했다.

그는 알라가 창조한 가장 용감한 인물이었다. 그가 일대를 점령하기 이전에 관해서는 그가 모술의 영주인 아미르 마우두드와 함께 (당시) 프랑크인들에 속한 티베리아스시에 왔던 것을 언급하는 것으로 충분하다. 장기의 예봉은 그 도시의 문에 이르렀고 그곳을 압박했다. 또한 그는 높은 산에 위치한 아끄르 알하미디야 요새를 공격했던바, 그의 예봉은 그 요새의 성벽과 그 외 여러 곳에 이르렀다.

그가 일대를 점령한 후 적들은 그의 영토를 호시탐탐 넘보고 있었으며, 적들 모두 그곳으로 가서 차지하려고 했다. 장기는 영토를 지키는 데에 만족하지 않았다. 그는 적들의 영토 중 일부라도 정복하지 않고서 한 해를 그냥 보낸 적이 없었을 정도였다. 칼리프 알무스타르쉬드 빌라는 타크리트 방향에서 장기와 이웃하고 있었기에 모술로 가서 그곳을 포위했다. 그 외에 샤흐라주르 방향과 다른 방향에 술탄 마스우드가 있었다. 그리고 킬라뜨의 영주 이븐 수끄만, 히쓴 카이파의 영주 다우드 이븐 수끄만, 아미드와 마리딘의 영주, 그리고 마리딘과 이웃하고 다마스쿠스에 이르는 지역의 프랑크인들, 다마스쿠스의 영주들이 있었다. 이러한 지역들은 사방에서 장기의 영토를 에워싸고 있었다. 그는 한 번은 이곳을, 다른 한 번은 저곳으로 향해 어떤 곳은 무력으로 점령했고 어떤 곳은 매수했다. 그러다가 결국 그는 자신의 영토와 닿아 있는 모든 지역의 일부를 점령하기에 이르렀다. 우리는 장기의 나라와 그 자손들 나라의 역사에 관한 (책) 『알바히르(*al-Bahir*)』[27]에서 그의 업적을 언급했으니 그 책을 참고하면 될 것이다.

## 4. 십자군의 다마스쿠스 포위(1148년)

### 프랑크 군대가 다마스쿠스를 포위하다(이븐 알깔라니시)[28]

이슬람

☞ 장기의 에데사 점령 후 유럽에서 파견된 2차 십자군은 1148년 다마스쿠스로 진격하여 포위했으나 그곳의 통치자인 부리조의 무인 알딘이 지도력을 발휘하고 다른 이슬람 지역의 군 지원을 받아 십자군을 격퇴하는 데 성공했다. 다음 기록은 양측 간에 전개된 전투 양상을 비교적 자세히 알려주고 있다.

543/1148년 초, 앞서 언급한 프랑크 선박들이 해안에 도착하여, 프랑크인들이 티레와 아크레 같은 해안 지역의 항구들에 상륙했고, 그곳에 있던 프랑크인들과 합류했다는 소식이 각지에서 전해졌다. 들리는 바로는, 그들은 피살되고 병들거나 기아로 사망한 자들이 있음에도 그 수가 대략 10만 명 정도였다고 한다. 그들은 예루살렘으로 가서 자신들의 순례 의무를 행한 뒤, 그중 일부는 해상으로 자

---

27 역사가 이븐 알아시르가 장기조에 대한 찬양을 목적으로 집필한 모노그래프 『아타벡 국가의 찬란한 역사(*al-Tarikh al-bahir fi al-dawla al-atabakiyya*)』를 가리킨다. 이 책은 609~615/1212~1218의 기간에 쓰여진 것으로 보이며, 이야기는 607년 라잡달(1211년 1월) 누르 알딘 아르슬란의 죽음으로 끝맺고 있다. Athīr-1, pp. 2-3.

28 출전: ابن القلانسي، المصدر السابق،ص 297-300؛ حسين أحمد أمين، المرجع السابق، ص 89-92.

신들의 나라로 돌아갔다. 그들 중 많은 수가 죽거나 병들었으며, 그들의 왕들 중에도 죽은 이가 있었다. 그들의 왕들 중 최고 왕인 독일의 왕[29]과 그보다 낮은 지위의 군주들은 계속 잔류했다. 이슬람 지역과 시리아 지역에 대한 공격 감행 문제를 놓고 프랑크인들 간에 의견이 분분했다가 마침내 다마스쿠스를 공격하자는 결론에 이르렀다. 그들의 사악한 마음이 도시를 점령하라고 부추긴 결과, 그들은 그곳의 영토와 구역을 차지하기로 합의했다.

그것에 관한 소식이 이어졌다. 다마스쿠스 통치자인 아미르 무인 알딘 우누르는 프랑크인들에 맞서 전쟁을 하여 그들의 악을 제거할 준비 태세에 돌입했다. 그는 우려되는 취약한 지역을 보강하고, 길과 통로에 병력을 배치했다. 또한 프랑크인들의 주둔지로 연결되는 보급물자 경로를 차단하고, 우물물을 막고 연못을 없애 버렸다. 대규모의 무장한 프랑크인들이 무리를 지어 다마스쿠스 방향으로 말의 고삐를 돌렸다. 그 수는 기병과 보병을 합해 대략 5만 정도였으며, 또한 그들은 많은 수의 낙타와 소를 몰아가고 있었다. 그들은 도시에 다가가 마나질 알아사키르(군영지)로 알려진 장소에 이르렀으나 그곳에 물이 없고 물길이 차단되어 있음을 알았다. 그래서 그들은 알밋자 방면으로 갔는데, 근방에 물이 있음을 알고 거기에 천막을 쳤다. 기병과 보병들로 구성된 프랑크 군대는 도시로 진격했다. 543년 라비으 첫 달 6일(1148년 7월 24일) 토요일, 무슬림들은 프랑크 군대에 맞섰고 양측 간에 전쟁이 벌어졌다. 프랑크인

29 콘라트 3세(The Emperor Conrad III, 1138~1152 재위)

들을 상대로 무슬림 측의 군대와 투르크 전사들, 도시의 청년들, 자원병 등 대규모 병력이 집결했다. 양측 간에 전투가 벌어졌고, 불신자들은 대규모 병력과 장비로 무슬림들을 압도했다. 프랑크인들은 물을 차지했고 (도시 주변의) 정원 지대에 넓게 흩어져 진을 쳤다. 프랑크인들은 도시에 접근하여, 예전이나 최근에 그 어느 군대도 차지하지 못했던 도시의 한 부분을 점령했다. 이날 말리키파 이슬람 법리학자인 이맘 유수프 알핀달라위—알라의 자비가 있기를—가, 코란에 적힌 지고하신 알라의 명을 받들어 프랑크 군대와 정면으로 맞서 물러서지 않다가 알라브와의 강가에서 순교했다. 경건한 압둘라흐만 알훌훌리—알라의 자비가 있기를— 역시 같은 길을 따랐다.

프랑크인들은 나무를 잘라 그것으로 방비를 강화했으며, 교각을 허물었다. 그날 밤 내내 그들은 그런 작업을 수행했다. 다마스쿠스 사람들은 그날 낮에 목격한 전투 광경에 두려움과 경악을 금치 못했고 기세가 약해졌다. 그러나 무슬림 군대는 다음 날인 일요일 아침 일찍, 프랑크인들을 향해 나아가 공격했고 양측 간에 전투가 벌어졌다. 무슬림들이 적군을 압도해서 많은 수의 프랑크인들이 죽거나 다쳤다. 아미르 무인 알딘은 전투에서 뛰어난 활약을 했다. 그가 보여준 용기와 인내, 대담성은 그 외의 다른 사람에게서는 볼 수 없는 것이었다. 그는 지치지 않고 적군을 몰아냈고 식지 않는 열의로 적군을 상대로 지하드를 전개했다. 양측 간에 전투가 계속되었다. 불신자들의 기병대는 공격 기회가 올 때까지, 그들의 특이한 방식의 공격을 멈추고 있었다. 그러나 해가 저물어 밤이 되어 병사들이 휴식을 원하자, 양측은 각자의 진영으로 돌아갔다. 무슬림 군대는 프랑크인들을 앞에 두고 밤을 보냈다. 도시 주민들은 성벽 위에서 가까이 있는 적군의 동태를 살피며 경계했다.

이슬람 지역의 통치자들에게 군사 지원을 요청하는 서신이 보내졌다. 투르크멘인 기병들과 여러 지역의 병사들이 속속 당도했다. 무슬림들은 프랑크인들에 대해 선제 공격을 했고, 사기가 높아졌으며, 두려움은 사라졌다. 무슬림들이 적군에 맞서 쏜 화살은 적군의 천막과 병사, 군마, 기병, 낙타에 떨어졌다.

이날 알비까으와 그 외 지역으로부터 많은 궁수들이 당도하여 병력이 증강되었고, 장비가 배가되었다. 이날 양측 병력은 각자의 주둔지에 머물러 있었다. 무슬림들은 다음 날인 화요일, 적군을 선제 공격했다. 그들은 산악 지역의 자고새를 노리는 독수리 같았고, 메추라기 둥지를 덮치는 송골매 같았다. 무슬림들은 적군의 천막과 숙영지 주변을 에워쌌다. 프랑크인들은 숲의 나무들을 이용해 방어하면서 나무를 잘라 던졌고 돌도 집어던졌다. 프랑크인들은 두려워서 밖으로 나오지 않았고 싸우려 들지도 않았다. 그들 중 어느 한 명도 나타나지 않자, 행여 무슬림들은 프랑크인들이 계략을 꾸며 속임수를 쓰는 것이 아닌가 여기기도 했다. 프랑크인들 중에는 습격과 소규모 전투 임무를 맡은 일부 보병과 기병만 모습을 드러내 공격할 기회를 찾거나 도망칠 궁리를 하고 있었다. 그들 중 접근해 오는 자는 화살에 맞거나 칼에 찔려 쓰러졌다. 많은 무슬림 청년들은 길에서 매복한 채 준비하고 있다가 적을 공격해 죽였다. 청년들은 적군의 잘린 목을 가져와 상금을 요구하기도 했다. 이렇게 해서 많은 수의 머리가 모아졌다.

이슬람 군대가 서둘러 프랑크군을 상대로 지하드를 벌여 그들을 전멸하려 한다는 소식이 프랑크인들에게 전해졌다. 그들은 자신들의 죽음과 파멸을 확신했고, 서로 의견을 나누었으나 이미 걸려든 함정과 스스로 빠져든 수렁에서 빠져나갈 방도를 찾지 못했다. 남은 방도라곤 다음 날인 수요일 새벽에 소스라친 상태로 그곳을 떠나는 것, 즉 패잔병 신세로 도주하는 것밖에 없었다. 무슬림들은 그것을 알아챘다. 프랑크인들이 떠나간 흔적이 보이자 무슬림들은 그날 아침 적군을 뒤따라갔다. 무슬림들은 적군을 향해 화살을 쏘아 배후에 있던 많은 병사들과 군마와 가축들을 죽였다. 적군이 머물던 곳과 다니던 길에는 죽은 적들이 감춰두었던 재물과 뛰어난 군마가 셀 수 없을 만큼 많았다. 적군 시체에서 풍기는 지독한 악취로 새들이 공중에서 떨어질 정도였다. 무슬림들은 그날 밤 알라브와와 알꿉바 알맘두다 지역을 불태웠다. 사람들은 알라께서 내려주신 이 은혜에 기뻐했고, 이 시련의 며칠 동안 그들이 쉼 없이 행했던 기도에 화답해 주신 지고하신 알라께 큰 감사를 드렸다. 그 은혜에 대한 찬미와 감사를 알라께 드리니.

## 십자군의 다마스쿠스 공략과 실패(1148)(기욤 드 티레)[30] 유럽

☞ 1148년 프랑스 왕 루이 7세가 시메온 항에 도착하여 안티오크 공작으로부터 환대를 받았다. 그리고 예루살렘으로 향했다. 그곳에서 독일 황제 콘라트를 만나서 대규모 군대를 형성했다. 1148년 6월 24일 예루살렘 왕국의 제후들이 아크레에 모여서 다마스쿠스 공격을 결정했다. 이 공격에 프랑스 왕과

30 출전: Guillaume de Tyr, *Historia rerum in partibus transmarinis gestarum*, Lib. XVII, ch. 3-6, RHC, t.1, pp. 761-768.

독일 황제의 군대를 비롯하여 예루살렘 왕 보두앵 3세, 그리고 템플 기사단과 병원 기사단까지 합세했다. 실로 엄청난 규모였으나 성벽을 공격해 보지도 못하고 철수를 결정했다.

다마스쿠스는 소(小)시리아(minor Syria)[31]에서 가장 큰 도시이며 그 지역의 수도이다. 그래서 "다마스쿠스는 시리아의 머리"[32]라고 하며, 달리 말하면 레바논의 페니키아이다. 그 도시를 발견했다고 전해지는 아브라함의 한 하인의 이름[33]을 따서 지은 도시이다. 그 이름은 "피" 또는 "피가 낭자하는"이라는 뜻이다. 척박하고 건조한 평원지대에서 이곳에만 옛날부터 수로를 통하여 물을 댈 수 있었다. 강물이 그 지역에서는 높은 곳인 산마루에서 흘러내려와 저지대를 통과하며 황량한 들판을 비옥하게 만든다.

물이 풍부하므로 넘치는 물이 강 양쪽에 있는 과수원에서도 사용된다. 강물은 도시의 동쪽 벽을 따라 흐른다. 왕[34]이 다마스쿠스 근처의 다리아(Daria)라고 하는 곳에 다다랐을 때, 전열을 정비하며 군단별로 전투 태세를 갖추었다. 어지러운 형태로 전진하다가는 자신들 사이에서 다툼이 벌어져서 전체의 임무를 수행하는 데 방해가 되기 때문이었다.

---

31 소시리아는 남부 시리아를 말한다.

32 이사야서 7장 8절. "시리아의 수도는 다마스쿠스요, 다마스쿠스의 우두머리는 고작 르신(Rezin)이다…"

33 이 하인의 이름이 다마스(Damas)였다고 한다. 라틴어-불어 대역판 중 불어판만 이 종의 이름이 다마스임을 언급하고 있다. "…qui estoit apelez Damas…", RHC., t.1, p. 761.

34 보두앵 3세.

공작의 결정에 따라 예루살렘 왕과 그 부하들이 그 지역에 익숙하다는 이유로 앞장서 갔다. 그들은 뒤따르는 무리에게 길을 터주는 셈이었다. 프랑스 국왕과 원정대는 그 뒤, 즉 중앙에 배치되었고, 필요하다면 앞서가는 사람들을 돕도록 했다. 같은 이유로 독일 황제는 세 번째, 즉 마지막에 배치되었는데, 이들은 혹시라도 있을지 모를 배후로부터의 공격에 대비하도록 했다. 즉 황제는 앞장서 가는 군대를 뒤에서 안전하게 지키는 역할을 했다. 이렇게 세 부대가 적절한 체계를 갖추고 진영을 이동시켜서 도시에 접근했다.

우리 군대는 다마스쿠스의 서쪽 방향에서 접근했다. 북쪽은 빽빽한 나무와 울창한 숲과 같은 과수원들이 넓게 자리 잡고 도시를 막고 있었다. 이 과수원들은 진흙 벽돌로 담장이 쳐져 있어서 이들의 소유권은 확실히 보장되고 다른 사람들이 드나들 수 없었다. 도로와 공도(公道)는 좁기는 했지만 지나다닐 수 있어서 과수원 관리인들과 정원사들이 시내로 가는 길로 이용하고 있었다. 이 과수원은 도시의 거대한 방어벽 구실을 하고 있었다. 워낙 빽빽하게 많은 나무가 있었고 길이 좁았으므로 이쪽 방면에서 다마스쿠스 시내로 접근하는 것은 어렵거나 거의 불가능해 보였다.

그러나 처음부터 공작은 군대를 이끌고 이 지역을 통과하여 시내로 들어갈 것을 결정했다. 여기에는 두 가지 이유가 있었다. 우선 다마스쿠스의 기독교도 구역들 중 안전한 지역 대부분이 점령되어서 남은 방법 중에서 쉽고 수행 가능한 것이 그 방법이었기 때문이다. 다른 한편 이 길로 접근하는 것이 식량과 물을 확보하면서 접근하는 방법이었기 때문이다. 예루살렘 왕은 먼저 전투부대를 좁은 길로 보냈다. 군대는 거의 전진하지 못하거나 전진하더라도 조금

밖에 할 수 없었다. 길이 좁아서이기도 했고, 적군이 매복해 있었기 때문이기도 했으며, 길을 가로막고 공격하는 적들과 싸워야 했기 때문이기도 했다.

모든 다마스쿠스 시민들이 몰려와서 과수원이 있는 쪽으로 내려왔고, 군대가 가는 것을 정면에서 공격하거나 기습공격을 해서 막았다. 게다가 과수원에는 벽과 크고 높은 집들이 도로변을 가로막고 있었다. 이 집들은 주변에 살고 있던 군인들이 방어하고 있었다. 이 군인들은 화살과 다른 투척기구를 이용하여 과수원의 담장을 방어하고 어느 누구도 접근할 수 없게 막고 있었다. 높은 곳에서 화살이 쏟아졌으므로 과수원 옆길을 지나는 것은 극도로 위험했다. 우리 군대는 오직 한쪽에서만 어려움에 직면해 있는 것이 아니었다. 갑작스럽고 예상치 못한 죽음에 이를 수 있는 위험은 사방에 도사리고 있었다. 게다가 담장 안쪽에는 창을 가진 사람들이 매복해 있었다. 이 사람들이 우리 군대가 지나가려 하면 벽에 뚫린 구멍으로 창을 통과시켜 군인들을 찔러댔다. 이 구멍은 그러한 목적으로 만들어진 것이었으므로 안쪽에 숨어 있는 사람을 거의 볼 수 없었다. 그날 그 길에서 많은 사람이 그렇게 비참하게 죽었다고 한다. 그 좁은 길을 통과하려 했던 다른 사람들도 여러 가지 위험에 직면했다.

우리 군인들은 이러한 사실을 알고 더 용맹스럽게 싸웠다. 과수원 방어벽을 부수고 맹렬히 점령해 나갔다. 담장 안이나 집에 있던 자들을 칼로 찌르거나 쇠사슬로 묶어서 포로로 만들었다. 과수원을 방어하기 위해 나왔던 시민들은 이 소식을 듣고 다른 사람들과 마찬가지로 자신들도 죽을까 봐 두려워했다. 시민들은 과수원을 버리고 시내로 돌아왔다. 이렇듯 과수원을 지키고 있던 사람들은 죽임을 당하거나 도망을 쳤다. 그리하여 안전한 길이 우리 군대 앞에 놓이게 되었다.

도시민과 그들을 도우러 온 사람들로 구성된 기사 군대는 우리 군대가 도시를 점령하기 위해 과수원을 지나서 오고 있다는 것을 알았다. 이 기사 군대는 활과 쇠뇌로 우리를 공격하기 위해 성벽 아래로 흐르는 강변에 자리를 잡았다. 이들은 우리 군대가 오랜 행군에 지쳐 목이 마를 것을 예상하고 강가에 접근하는 것을 막았다. 우리 군대는 강 가까이에 왔다는 것을 알고 갈증을 해소하기 위해 서둘렀다. 우리 군대는 힘든 전투와 군대와 말이 일으키는 먼지 구름으로 인해 갈증이 최고조에 달한 상태였다. 우리 군대는 강가에 엄청난 수의 적이 있는 것을 보고 잠시 멈췄다. 그렇지만 용기를 냈다. 갈증이 이들에게 힘과 용기를 주었다. 강가에 도달하려고 연거푸 시도했으나 모두 실패했다. 예루살렘 왕과 그의 군대가 헛되이 시도하고 있는 동안, 후방의 군대를 지휘하던 황제는 왜 군대가 전진하지 못하는지 알아보라고 명령했다. 적들이 강을 점령하고 있어서 전진이 어렵다는 말을 들은 황제는 화가 나서 자신의 부하들을 데리고 빠른 속도로 전진하여 프랑스 왕의 군대를 지나 강을 둘러싼 전투가 벌어지는 곳에 도달했다. 독일 기사들이 전세가 불리해지면 흔히 그러듯이 말에서 내려 보병처럼 싸웠다. 손에 방패를 들고 적과 백병전을 벌였다. 그때까지 강력하게 저항하던 적들은 그 공격을 막아낼 수 없었다. 적들은 강둑을 버리고 시내로 전속력으로 도망쳤다.

이 전투에서 황제는 오래도록 기억될 승리를 거두었다. 한 적군 병사가 용감무쌍하게 저항하자, 황제는 단칼에 이 적군의 머리를 내리쳤다. 그러자 이 적군이 갑옷을 입고 있었음에도 머리와 목, 왼쪽 어깨와 왼쪽 팔, 그리고 옆구리 일부가 한꺼번에 떨어져 나갔다고 한다. 이것을 직접 보거나 전해 들은 사람들은 공포에 사로잡혀 저항할 엄두를 내지 못하고 살기는 틀렸다고 생각했다.

기독교 군대는 강을 점령하고 도로를 확보한 다음, 도시 성벽 아래 이곳저곳에 주둔지를 세웠다. 이제 그들이 주인이 된 과수원과 강을 잘 활용할 수 있었다. 도시민들은 우리 군대의 많은 수효와 용맹함에 놀랐다. 그들은 자신들의 군대를 믿지 못하게 되었고 우리를 막아낼 수 있을지 확신하지 못하게 되었다. 그들은 우리의 기습공격을 두려워했고 그 전날 전투에서 본 우리 군인들의 모습으로 미루어 볼 때 아무리 해도 안전하지 않다고 여겼다. 그들은 모여서 논의했고, 불행과 불운에 빠진 사람들이 대개 그러하듯이, 극단적인 조치를 취했다. 우리 군대가 진을 치고 있는 곳에 인접한 모든 도로를 거대한 기둥으로 막았다. 그들은 기독교 군대가 이 장애물을 치우는 동안 자신들의 처자식을 데리고 반대편으로 도망갈 수 있으리라 기대했던 것이다. 우리 군대가 보기에 신의 가호가 우리와 함께한다면 도시는 곧 기독교 군대에게 점령당하리라는 것이 확실했다. 그러나 하느님께는 달리 보였던 모양이다. "하느님께서는 인간의 아들들에게 엄청나고 두려운 일들을 하신다"[35]라고 하시

35 시편 66장 5절 "오라, 와서 보아라. 하느님 하신 일들을, 인간에게는 엄청나고 두려운 일들을(venite et videte opera Dei terribilia consilia super filiis hominum)." 기욤 드 티레의 원문은 «qui terribilis est in consiliis super filios hominum».

지 않으셨던가! 이미 말했듯이 도시는 절망에 빠져 있었고 시민들은 저항하거나 구조받을 희망이 없었고, 차라리 짐을 싸서 도시를 떠날 준비를 하고 있었다. 이때, 우리의 죄로 인하여, 시민들은 우리 군대의 탐욕에 호소했다. 시민들은 돈을 이용하여 몸으로 이길 수 없는 사람들을 마음으로 이기려고 했다. 그들은 능숙한 거짓말로 우리 제후들 중 몇몇에게 여러 가지 제안을 했고, 엄청난 액수의 돈을 약속하고 가져다주었다. 그리하여 제후들은 포위를 거두게 되었다. 그들은 이 제후들에게 배신자 유다의 역할을 하도록 설득했던 것이다. 뇌물과 추가적인 뇌물 약속으로 타락하고 악의 근원인 탐욕에 눈이 어두워, 제후들은 죄에 빠졌다. 국왕과 순례 지도자들[36]의 굳은 신앙과 능력을 믿었건만, 그들은 시민들이 내민 불경스러운 제안에 따라 군대를 과수원에서 도시 반대편으로 이동시켰다. 시민들은 이들을 속여서 다마스쿠스의 반대 측면, 즉 남서쪽에는 도시의 방어를 강화해 주는 과수원이나 성벽으로의 접근을 방해하는 해자나 강이 없다고 우겨댔다. 그들에 따르면 그쪽 성벽은 낮고 햇빛에 구운 벽돌로 만들어져 있으므로 단 한 번의 공격으로도 무너질 것이라고 했다. 계속해서 시민들이 주장하기를, 거기서는 공성장비나 강력한 군대가 필요 없다고 했다. 첫 번째 공격에서 성벽이 곧바로 무너질 수 있으며 도시로 뚫고 들어가는 것도 어렵지 않을 것이라고도 했다. 시민들이 이러한 제안을 한 목적은 자신들의 지역에서는 우리 군대를 더 이상 격퇴할 수 없게 되자 우리를

36 십자군 지도자들을 의미한다.

떠나게 하려는 것이었고, 그 이외에 다른 목적은 없었다. 그들은 우리 군대가 반대편으로는 도저히 성벽을 뚫고 시내로 들어가거나 포위를 지속할 수 없다는 것을 알면서도 떠날 것을 제안했다.

국왕과 제후들은 이러한 조언을 믿었다. 그리하여 자신들이 얼마 전에 엄청난 노력과 많은 희생을 치러가며 얻은 지역을 포기했다. 그들은 모든 부대를 이동시켜서 배신자들의 지휘 아래 도시의 반대편에 주둔지를 마련했다. 그러나 자신들이 이전과는 달리 물과 농산물로부터 멀리 떨어지게 되고 모든 필수품으로부터 멀어지게 되었다는 것을 알게 되자, 속은 것이 아닌가라는 의심을 하게 되었고 더 좋은 위치를 떠났음을 후회했으나, 이미 때는 늦었다.

주둔지에 대한 식량공급은 고갈되기 시작했다. 원정을 떠나기 전, 도시가 손쉽게 점령될 것이라는 말을 믿었던 그들은 단 며칠분의 식량만을 가져왔다. 특히 순례자들이 그러했는데, 그도 그럴 것이 그들은 이 지역에 익숙지 않았기 때문이었다. 그들은 또한 단 한 번의 공격으로 도시가 점령될 것이라는 말을 믿었고, 설사 다른 식량이 바닥난다고 하더라도 그동안은 공짜로 얻을 수 있는 과일들을 군대에 지급하면 된다고 믿었다. 이러한 새로운 상황에서 기독교도들은 어찌해야 할 바를 모르고, 공적 · 사적으로 대책을 논의했다. 그들이 보기에 원래의 지역으로 돌아가는 것은 매우 어려운 일일 뿐만 아니라, 불가능해 보였다. 왜냐하면 우리 군대가 떠나는 것을 보고, 적들은 방어를 더 튼튼하게 하고 우리 군대가 지나가는 길을 그 이전보다 더 튼튼하게 막아 놓았기 때문이었다. 시민들은 도로를 기둥과 커다란 바위로 막고 많은 궁수를 배치하여 우리 군대가 통과하는 것을 불가능하게 했다. 다른 한편, 현재 주둔해 있는 지역에서 도시를 공격하는 것은 곧바로 이루어질 수 없었다. 식량이 부족했으므로 어떤 일도 할 수 없었다.

제후들은 서로서로 의견을 물었다. 자신들을 믿고 영혼의 구제를 위해 따라온 사람들이 명백히 좋지 않은 상황에 처해 있으므로 더는 전진할 수 없음을 알고서, 이들은 자신들을 속인 자들을 경멸하며 원래의 자리로 되돌아가기로 결정했다. 그리하여 국왕들과 제후들은 전례 없이 하나의 무리를 형성했고, 혼돈과 두려움으로 가득 차서 우리의 죄에 대한 징벌이라 생각하며 자신들의 임무를 완성하지 못한 채 왔던 길을 거쳐서 왕국으로 되돌아갔다.

그들은 거기서 멈추지 않고 그 이후에도, 심지어 동방을 떠난 이후에도, 자기 주군들이 했던 행동을 경멸했다. 그것은 명백히 타당한 일이다. 그들은 덫이라도 감추어져 있다는 듯이 주군들의 제안을 물리치며 왕국이 하는 일에 어떤 관심도 보이지 않았다. 심지어 자신의 고향으로 돌아간 다음에도 그들이 겪었던 어려움과 우리 제후들의 사악함을 경멸했다. 그것은 그들 자신에 그치지 않았다. 왜냐하면 그들은 그곳에 없었던 다른 사람들로 하여금 왕국의 일에 무관심하도록 만들었다. 그리하여 순례자들은 점점 그 수가 줄어들고 열기도 점점 더 식어 갔다. 심지어 오늘날 순례를 오는 사람들은 함정에 빠지지 않도록 조심하며 가능한 한 빨리 고향으로 돌아가려고 한다.

# III.

# 살라딘과 3차 십자군
(1189~1192)

살라딘의 등장으로 예루살렘 왕국은 위축되었다. 사실 1차 십자군 당시 기독교인들이 예루살렘을 점령하게 된 것은 이슬람 세력의 분열에 힘입은 바가 컸다. 그런데 이제 살라딘이 등장하여 이슬람 세력을 하나로 통합함으로써 예루살렘 왕국은 위험에 처하게 되었다. 살라딘은 이슬람 세력의 영웅으로서 오늘날에도 칭송받고 있다. 따라서 당대인의 입을 통하여 그의 인물됨과 업적에 대해 들어보는 것은 유용한 일이다. 한편 하나로 뭉쳐 살라딘에 대항해도 모자랄 터인데, 예루살렘 왕국은 분열의 조짐이 있었다. 오래전에 유럽에서 건너와서 정착한 토착세력과 새롭게 건너온 신진세력 사이에 내분이 있었던 것이다. 한마디로 1차 십자군과는 정반대의 양상이었던 것이다. 따라서 이슬람을 통합한 인물과 예루살렘 왕국의 분열상을 담고 있는 사료를 선정하여 여기에 실었다.

당시의 이러한 상황은 기독교 세력에게는 결정적으로 불리하게 작용했다. 그리하여 하틴 전투에서 살라딘에게 대패하게 되는데, 이때도 단합하지 못한 채 감행한 무모한 원정이 패인 중 하나였다. 이 여세를 몰아 살라딘은 예루살렘을 함락시켰다.

예루살렘 함락 소식은 3차 십자군을 불러일으켰다. 예루살렘에서 빠져나온 십자군은 지중해의 항구로 집결했고, 유럽에서는 프랑스, 영국, 독일의 군주들이 십자군을 이끌고 출발했다. 다만 이들조차도 단일한 지휘체계를 갖지 못하고 분열된 양상을 보여주었다. 그리하여 독일 황제가 먼저 출발했고, 프랑스 왕이 그다음에 출발했으며, 마지막으로 잉글랜드 왕 리차드가 출발했다. 독일 황제는 소아시아 지역에서 이슬람 세력을 격파하는 성과를 거두었으나 강을 건너는 도중에 죽음으로써, 십자군의 약화를 가져왔다. 프랑스 왕과 영국 왕은 나중에야 아크레에 도착했다. 특히 아크레 이전에 이미 키프로스를 점령한 영국 왕 리차드는 이슬람 세력에게는 공포심을 주기에 충분한 인물이었다. 이 두 왕은 합심하여 아크레를 포위하고 결국 항복을 받아냈다. 이로써 십자군은 예루살렘을 탈환할 수 있다는 희망을 갖게 되었다. 그러나 곧바로 프랑스 왕은 본국으로 돌아가 버렸고, 홀로 남은 리차드와 그의 군대는 지중해 해변을 타고 남쪽으로 내려오면서 살라딘과 전투를 벌였으나 실패하여 결국 휴전협상을 벌이게 되었다. 결국 3차 십자군은 예루살렘을 탈환하지 못하고 아크레를 탈환한 것으로 끝을 맺었다.

따라서 3차 십자군은 아크레 포위와 점령을 중심으로 살펴보아야 한다. 이를 위해 유럽 각국의 군주들이 언제 어떻게 시리아에 도착했고 어떤 영향을 미쳤는가, 그리고 아크레 전투의 양상은 어떠했는가, 마지막으로 휴전협상이 어떻게 진행되었는가에 대한 사료를 선정했다. 특기할 만한 사실은 이슬람 측의 사료에도 리차드를 훌륭한 인물로 묘사하고 있다는 점이다.

# 1. 살라딘에 관한 기록

## 살라딘(1137~1193)의 인품에 관한 기술[1] 이슬람

☞ 다음 자료는 살라딘의 왕조에서 공직을 맡았던 바하 알딘 이븐 샷다드의 저서 『술탄에 관한 이야기와 유수프의 미덕』에서 발췌한 것이다. 술탄 살라딘에 관한 전기로서, 비록 칭송 일색이기는 하지만 술탄을 보필하며 곁에서 지냈던 이븐 샷다드가 직접 관찰하고 들은 술탄의 언행 등을 생생하게 기록한 사료이다. 이를 통해 살라딘의 성향과 인품 등의 일면을 살펴볼 수 있다.

### 살라딘의 신앙과 경건성

'알하디스 알싸히흐(الحديث الصحيح)'[2]에 예언자(무함마드)—알라의 축복과 평안이 있기를—에 관해 다음과 같이 기록되었다. 예언자께서 말씀하셨다.

"이슬람은 다섯 가지를 기초로 하여 세워졌다. 그것은 '알라 외에 신은 없다'라는 신앙고백, 그리고 예배 수행, 헌금 납부, 라마단 단식, 알라의 성스러운 신전으로의 순례이다."

살라딘—알라의 자비가 있기를—은 교리에 밝았고, 열성을 다해 지고하신 알라를 염송했다. 그는 이슬람 학문 원로와 피끄흐[3]학 대가들과 공부함으로써 교리 지식의 지침을 얻었고, 이를 통해 필요

1 출전: بهاء الدين بن شداد، النوادر السلطانية والمحاسن اليوسفية، ص 33-71؛ حسين أحمد أمين، المرجع السابق، ص 121-146.

2 인증된 하디스(예언자 무함마드의 언행록).

3 이슬람 법리.

한 부분을 이해했다. 살라딘의 앞에서 토론이 진행되면 그는 비록 피끄흐 학자들의 표현법을 쓰지는 않더라도 주제에 관해 뛰어난 발언을 했다. 이렇게 해서 그는 모호하지 않고 분명한 교리 지식을 얻을 수 있었다. 교리에 대한 그의 시각은 그릇됨이나 왜곡됨에 빠지지 않았으며, 그의 교리 지식은 올바른 방식을 따르고 진실된 견해의 기준에 일치하여 대학자들이 보기에도 만족스러웠다.

살라딘을 위해 원로 학자인 이맘 꾸뜹 알딘 알니사부리—알라의 자비가 있기를—는, 이 분야에서 살라딘이 필요로 하는 모든 교리 내용을 집성한 적이 있었다. 교리에 대한 열의가 컸던 살라딘은 자신의 어린 자식들에게 그것을 가르침으로써 어릴 적부터 그들의 뇌리에 심어주려 했다. 나는 그가 앞에 있는 자식들에게 자신이 암기한 부분을 읽어 주면서 그들에게 교리를 전해 주는 것을 본 적이 있다. 알라여, 그에게 자비를 베푸소서.

예배와 관련해 말하자면, 살라딘은 함께 모여서 예배를 드리는 데 전념했다. 언젠가 한번 그는 자신이 여러 해 동안 오직 사람들과 함께 행하는 예배만을 드려 왔다고 언급하기까지 했다. 그는 병중에도 이맘을 불러온 뒤 스스로 자리에서 일어나 함께 예배를 드렸다. 그는 추가 예배를 드리는 데에도 전념했다. 그는 밤에 자다가 일어나면 일정한 라크아[4] 예배를 수행했다. 그리하지 않은 경우 아침 예배 전에 그것을 행했다. 그는 정신이 깨어 있는 한 예배를 떠나지 않았다. 나는 그—알라여, 그의 영혼을 거룩하게 하소서—가, 결국

4 정규 예배 중에 행하는 코란 구절의 낭송과 몸동작의 완전한 일순(一巡).

사망에 이른 병환 중에도 일어나서 예배 드리는 것을 보았다. 그는 의식이 사라진 3일간을 제외하고는 예배를 등한시한 적이 없었다. 그는 길을 가다가 예배 시간이 되면 말에서 내려 예배를 드렸다.

헌금과 관련해 말하자면, 살라딘은 사망했던 당시, 헌금으로 내야 할 아무런 재물도 소유하고 있지 않았다. 그는 추가 보시(布施)를 하느라 갖고 있던 모든 재물을 써버렸다. 그는 생전에는 모든 것을 소유했지만 죽었을 때 그의 금고에는 47나씨리 디르함[5]과 1쑤리 디나르[6] 외에 남은 금화나 은화가 없었다. 그는 재물과 가옥, 소유지, 정원, 마을, 농장, 그 밖의 어떤 재산도 남기지 않았다.

라마단 단식과 관련해 말하자면, 그는 여러 차례 라마단 달에 병에 걸렸기 때문에 파와이트[7]를 수행했으며, 탁월한 까디(재판관)가 보충 일수를 정해 주었다. 살라딘은 사망한 그해에 예루살렘에서 파와이트 수행을 시작했다. 그는 한 달이 넘는 기간 동안 단식 수행에 몰두했다. 그에게는 두 번의 라마단 달에 대한 파와이트가 정해져 있었다. 그는 병중이었고 지하드를 수행하느라 파와이트를 행할 수 없었다. 단식은 그의 몸 상태로 보아 무리였으나, 지고하신 알라께서 그에게 파와이트를 행하라는 계시를 주셨다. 그는 단식을 했고, 까디가 부재중이어서 내가 그의 단식 일수를 정해 주었다. 의사가 그에게 주의를 주었지만 그는 듣지 않으며, "내가 어찌되든

---

5 살라딘의 공식 명칭인 '알말리크 알나씨르(al-Malik al-Nasir 신앙의 승리를 거둔 왕)'의 문구가 새겨진 화폐. Francesco Gabrieli, *Arab Historians of the Crusades*, University of California Press, p. 88.

6 시리아 지역 '쑤르[티레(Tyre)]에서 주조된' 화폐를 가리킨다.

7 파와이트(فوائت): 지나쳐 버린 단식을 보충함.

나는 알지 못하오"라고 말했다. 마치 그는 양심상의 책무를 행하라는 계시를 받은 듯했다. 그는 단식을 계속함으로써 주어진 의무를 수행했다.

순례에 관해 말하자면, 그는 계속 순례를 염두에 두었고 언젠가 반드시 그것을 행하려 마음먹고 있었으며, 그가 사망한 해에도 그러했다. 그는 순례하기로 결심하고 여행 채비를 명했다. 식량이 마련되었고 이제 떠나기만 하면 되었다. 그런데 시간이 부족하고 그처럼 높은 분에게 걸맞은 여행 자금이 부족하여 순례를 행할 수 없게 되었다. 그는 다음해로 순례를 연기했다. 알라께서는 뜻하신 대로 정하셨으니, 이 점은 개인이나 공인 모두 공통적으로 알고 있는 바이다.

### 지하드에 대한 관심

찬양받으실 지고하신 알라께서는 "우리를 위해 지하드를 행하는 자들, 그들에게 우리는 바른 길을 인도하리라. 알라께서는 선행을 행하는 자들과 함께하시니"[8]라고 말씀하셨다. 이슬람 교리서들에 지하드에 관한 본문은 많이 있다.

살라딘은 지하드에 전념했고 큰 관심을 가졌다. 살라딘이 지하드를 위해 출정한 후 1디나르나 1디르함이라도 지하드나 헌금하는 경우가 아니면 쓰지 않았다고 어떤 사람이 단언했다면, 그는 바른 말을 한 것이고 그의 진술은 정확한 것이다. 그가 지하드에 기울인

8 코란, 29: 69.

애정과 열정은 그의 마음과 온몸에 배어 있었다. 그는 오직 지하드에 대해서만 말했고, 지하드를 위한 무기만 보았으며, 지하드 용사들에게만 관심을 두었고, 지하드를 언급하고 지하드를 고취하는 자만 언급했다. 그는 알라를 위한 지하드에 애정을 가짐으로써 가족, 자식들, 고향, 거처, 모든 휴식처를 버렸다. 그는 세상에서 바람이 좌우로 불어대는 천막 그늘에서 사는 것에 만족했다. 아크레의 평원에서 바람이 부는 밤에 천막이 쓰러졌다. 만일 우연히 그가 탑에 가 있지 않았다면 그는 천막에 깔려 죽었을 것이다. 그 일이 계기가 되어 지하드에 대한 그의 갈망과 인내심과 관심은 더 커졌다.

어느 사람이라도 살라딘의 환심을 사고자 한다면 그에게 지하드를 권유하거나 지하드에 관한 소식을 언급하면 되었다. 그를 위해 지하드에 관한 여러 권의 책이 집필되기도 했다. 나도 그를 위해 그런 책을 쓴 사람들 중 한 명이다. 나는 그 책에 지하드 규정, 지하드에 관한 코란의 모든 절, 지하드에 관해 전해진 모든 하디스 구절을 모으고 그중 생소한 내용을 설명했다. 살라딘은 그 책을 자주 읽었고 그의 아들인 알말리크 알아프달도 그에게서 그 책을 전해 받았다.

우리는 아크레 탈환을 위해 살라딘을 보좌해 해안 지역에서 행군한 적이 있다. 추운 겨울이었다. 바다는 크게 요동쳐 지고하신 알라께서 말씀하셨듯이 파도는 산과 같았다. 나는 최근에서야 바다를 보았다. 바다는 엄청난 것이어서 나는 이런 상상도 해보았다. 즉 어느 사람이 내게 "만일 당신이 바다에서 1마일을 갈 수 있다면 내가 당신께 세상을 갖게 해 주겠소"라고 말한다 해도 나는 그렇게 하지 못할 것이다. 나는 1디나르나 1디르함을 벌려고 항해한 사람을

오늘날 시리아의 수도 다마스쿠스 시내에 있는 살라딘의 동상(2008년 1월 김능우 촬영)

어리석은 자로 보았고, 항해하기를 수락하지 않는 자야말로 제대로 판단하는 자로 여겨 왔다.

나의 이러한 발상은 내가 요동치는 바다와 파도를 보고 크게 두려움을 느껴서 나온 것이었다. 내가 그러고 있는데 살라딘께서 나를 보며 "그대에게 한 가지 얘기해 줄까?"라고 말했다. 나는 그러시라고 했다. 그는 말했다.

"내 심정은 이러하다네. 나머지 해안 지역을 점령하여 지고하신 알라를 기쁘게 할 수 있을 때가 되면 나는 영토를 분할해 대리자에게 통치를 맡긴 뒤 다시 나설 것이네. 이 바다를 건너 프랑크인들의 섬들로 가서 그들을 추격할 거고 그래서 지상에 알라를 믿지 않는 자들을 남겨두지 않을 걸세. 내가 죽는 한이 있더라도."

이 말은 내 생각과 정반대였기에 내게 큰 감명을 주었다. 나는 그에게 말했다.

"지상에서 주군보다 정신적으로 더 용감한 자는 없습니다. 또한 지고하신 알라의 종교를 지원(支援)하는 데 주군보다 의지가 더 강한 자도 없습니다."

그가 "왜 그러한가?"라고 물었다. 나는 답했다.

"용감함으로 말하자면 주군께서는 이 가공할 바다도 두려워하지 않으십니다. 그리고 알라의 종교를 지원하는 일로 말하자면 주군께서는 지상의 일정 지역에서 알라의 적을 발본하는 데 만족하지 않으시고 전 지상에서 그들을 없애 정화하고자 하십니다."

나는 거친 바다에 대해 생각했던 바를 아뢰겠다고 그에게 양해를 구했고 그는 허락했다. 나는 그 이야기를 한 뒤 말했다.

"그것은 참으로 훌륭한 의도이십니다. 그러나 주군께서는 바다로 군대를 보내려 하십니다. 전하는 적으로부터 이슬람을 지키시는 성벽 같으신 분입니다. 주군께서는 목숨을 거는 일을 하시면 안 됩니다."

그가 말했다.

"내가 그대에게 의견을 구하리다. 가장 숭고한 죽음은 무엇이오?"

나는 "알라를 위한 죽음입니다"라고 답했다. 그는 "나의 궁극적인 목표는 가장 숭고한 죽음을 맞는 것이오"라고 말했다.

### 인자(仁慈)함과 관용(寬容)

찬양받으실 지고하신 알라께서는 "사람들을 용서하는 자들. 알라께서는 선행하는 자들을 사랑하신다"[9]라고 말씀하셨다. 살라딘은 인자했고 웬만한 일은 너그럽게 보아 넘겼으며, 화를 내는 데 더디었다.

프랑크인들이 아크레—알라여, 그곳의 탈환을 용이하게 해주소서—로 출정하기 전에 나는 우윤 평원에서 살라딘을 보좌하고 있었다. 그는 습관대로 승마 시간에 말을 탔고 내려서는 마련된 음식을 사람들과 함께 먹었고, 그런 다음 자신의 전용 천막으로 가서 잠을 잤다. 그는 잠에서 일어나 예배를 드렸고 내가 보필하는 가운데 혼자 앉아 있었다. 그는 나와 함께 하디스나 피끄흐 책을 읽었다. 그는 피끄흐의 네 부문을 포함하는 술라임 알라지의 요약서를 내게 읽어 주었다.

하루는 평소처럼 그가 말에서 내리자 앞에 음식이 마련되었다. 식사 후에 그는 자리에서 일어났다. 그때 "예배 시간이 가까워졌습니다"라는 말을 듣고 그는 다시 자리에 앉으며 "예배를 드리고 나서 잠을 잡시다"라고 말했다. 그는 자리에 앉아 피로한 상태에서 대화를 나누었다. 그는 필요한 사람들을 제외하고 그곳에서 물러가게 했다. 그때 그의 수하에 있는 나이 많고 사람들로부터 존경받는 한 맘룩(노예 병사)이 그에게 와서 한 지하드 전사의 청원서를 제시했다. 살라딘은 맘룩에게 "지금 나는 지쳐 있으니 조금 있다가 보여주게"라고 말했다. 맘룩은 지시를 따르지 않고 직접 살라딘의 용안 가까이 청원서를 가져다가 그것을 펼쳐서 술탄이 읽을 수 있도록

9 코란, 3: 134.

했다. 술탄은 글 상단에 적힌 지하드 전사의 이름을 읽고 알아보고는 "훌륭한 사람이군"이라고 말했다. 맘룩은 "주군께서 서명을 해 주십시오"라고 말하자 살라딘은 "지금은 잉크병이 준비되어 있지 않네"라고 답했다. 살라딘은 천막 문 옆에 앉아 있어서 어느 누구도 그 안에 들어갈 수 없었다. 잉크병은 그 커다란 천막의 안쪽에 있었다. 대화하던 맘룩은 술탄에게 "천막 안에 잉크병이 있습니다"라고 말했다. 이는 다름 아니라, 그가 술탄에게 잉크병을 가져와 달라는 것을 의미했다. 살라딘은 둘러보더니 잉크병을 발견하고는 "정말 그렇군"이라고 말했다. 살라딘은 왼손을 바닥에 대고 기댄 채 오른손을 뻗어 잉크병을 집은 뒤 서명을 했다. 나는 말했다.

"알라께서는 예언자에게 '그대는 뛰어난 덕성을 갖추었다'[10]라고 말씀하셨는데 나는 주군께서도 예언자와 더불어 그러한 성품을 지니고 계심을 봅니다."

살라딘은 "그건 우리에게 수고스러운 일이 아니오. 우리는 그에게 필요한 일을 해주었고 그는 보상을 얻은 것이오"라고 말했다.

이런 일이 어느 다른 사람에게 있었다면 그 자는 노발대발했을 것이다. 그 어느 누가 이처럼 자신의 부하와 대화를 나눌 수 있단 말인가? 이는 지극히 선하고 인자한 사람의 행동이다. 알라께서는 선행을 행하는 자가 보상을 잃게 하시지 않나니.

10 코란, 68: 4.

## 남자다움[11]

(예화1)[12] 예언자—알라의 축복과 평안이 있기를—께서는 "나는 도덕성을 완성하기 위해 보내졌도다"라고 말씀하셨다. 예언자께서는 한 남자와 악수할 때면 그 자가 먼저 손을 놓을 때까지 먼저 손을 놓지 않으셨다.

술탄은 남자다움이 넘치고, 인정이 많고, 겸허하며 자신을 찾아온 손님을 반갑게 대하셨다. 그는 손님에게 음식을 대접하지 않고서 그냥 보내는 법이 없었고, 손님이 원하는 바가 있으면 청을 들어주었다. 술탄은 찾아오는 자에 대해서는 설령 그가 불신자라고 해도 대접했다. 588년 샤왈 월(1192년 11월)에 협정이 체결된 후 안티오크의 영주인 공작(보에몽 3세, 1148~1201)이 술탄에게 온 적이 있다. 공작은 술탄의 천막 입구에 갑자기 모습을 나타냈다. 그때 술탄은 예루살렘을 떠나 다마스쿠스로 돌아가던 중이었다. 공작이 여행 중에 있는 술탄에게 간청을 하자, 술탄은 해안 지역을 점령한 584/1188~1189년에 탈환했던 알움끄 지역을 그에게 내주었다. 그리고 내가 보았던 일로, 시돈(Sidon)의 영주가 나사렛(Nazareth) 지역에 있는 술탄에게 온 적이 있었다. 술탄은 그를 정중히 환대하면서 함께 음식을 먹었다. 그러면서 술탄은 그에게 이슬람을 소개하면서 이

---

11 아랍어로 '무루아(مروءة 또는 무루와مروة)'. '남자다움'을 의미하고, 아랍의 이상적 남성성에 관계되는 말이다. 그 요소로서 세 가지가 강조된다. 첫째, 전투와 역경에서 나타나는 용기, 둘째, 약속은 반드시 지키는 성실함, 셋째, 감정에 격해지지 않고 물건을 아까워하지 않고 대접하는 관대함이 그것이다. 김정위 편, 앞의 책, '무루와', 309쪽.

12 이하 '예화1~4'는 역자가 편의상 붙인 것이다.

슬람의 장점을 언급하고 이슬람을 믿으라고 권했다. 술탄은 자신을 찾아오는 셰이크,[13] 학식과 고귀한 인품의 소유자, 신망 받는 자들을 환대했다. 술탄은 우리의 천막을 지나가는 저명한 셰이크들을 소홀히 대하지 말라고 충고했고, 그런 셰이크들을 안으로 들어오게 해 극진히 대접했다.

584/1188~1189년, 학식과 수피사상[14]을 겸비한 한 남자가 우리 지역을 지나간 적이 있다. 그는 탁월한 역량을 갖춘 자로, 그의 부친은 투리즈의 영주였다. 그는 부친의 직업을 이어받지 않고 지식을 구하고 선행 실천에 힘썼으며 순례를 했고 예루살렘을 방문했다. 그곳에서 용무를 마친 뒤 그는 그곳에서 술탄의 업적을 알게 되어 술탄을 뵙고 싶어했다. 그는 우리의 군 진영에 당도하여 내가 있는 천막 안으로 들어왔다. 나는 그를 반갑게 맞이했다. 그의 방문 목적을 묻자, 그는 술탄이 이룩한 훌륭한 업적을 보고 술탄을 뵙고 싶어 왔다고 내게 말했다. 그날 밤 나는 술탄에게 이 남자가 방문한 사실을 알려드렸다. 술탄은 그를 불러와 그에게서 하디스에 관해 들었다. 술탄은 이슬람에 관해 말해준 그에게 감사했고 앞으로도 선행에 힘써달라고 청했다. 그런 뒤 우리는 함께 나왔고, 그는 나의 천막에서 밤을 보냈다. 아침 예배를 드리고 난 뒤 그는 우리에게 작별을 고했다. 나는 술탄께 작별 인사를 하지 않고 떠나면 무례를 범하는 것이라고 말했지만 그는 내 말을 귀담아 들으려 하지 않았다.

13 이슬람 종교 지도자나 부족장 등의 지위에 있는 자 또는 학자 등에 대한 경칭. 나이 많고 존경할 만한 사람에게 붙이기도 한다.

14 수피사상(sufism): 이슬람 신비주의.

그는 "저는 목적한 바를 끝냈습니다. 술탄을 찾아뵙고자 한 것 외에 다른 용무는 없었습니다"라고 말했다. 그는 즉시 떠나 버렸다. 그러고 나서 며칠이 지났다. 술탄이 그 남자에 대해 묻자 나는 그가 떠난 사실을 알려드렸다. 술탄의 표정에 질책의 기색이 역력했다. 왜 그가 떠나 버린 일에 대해 자신에게 알리지 않았느냐는 표정이었다. 술탄은 "그런 인물이 우리를 찾아왔다가 우리에게서 대접도 받지 못한 채 떠나는 게 대체 말이 되는가?"라고 말했다. 술탄은 나를 크게 질책했다. 나는 다마스쿠스의 까디인 무히 알딘에게 편지를 보내 그 사람을 수소문해 줄 것과 그에게 이 편지에 동봉한 내 편지를 전해 줄 것을 청했다. 편지에서 나는 그가 술탄을 뵙지 않고 떠난 것에 술탄이 서운해 한다고 알리며, 그가 돌아오면 좋겠다고, 우리 사이의 우정을 생각해 그가 돌아올 것으로 믿는다고 말했다. 그 후 그 남자가 갑자기 돌아왔다. 나는 술탄에게 그 소식을 전하는 편지를 썼다. 술탄은 내게 "그분을 모시고 오라"고 답장을 보냈다. 나는 그렇게 했고 술탄은 그 사람을 반갑게 맞이했고 기뻐하며 회포를 나누었다. 술탄은 그를 며칠간 묵게 하고, 명예의 의상을 수여했으며, 적당한 말[馬]을 내주었고, 그의 가족과 하인과 이웃들에게 줄 많은 옷, 그리고 그가 쓸 여비를 주었다.

(예화2) 나는 술탄 앞에 프랑크인 포로 한 사람이 있는 것을 본 적이 있다. 포로는 얼굴에 두려워하는 기색이 역력할 정도로 술탄을 무서워했다. 통역관이 "그대는 무엇을 두려워하는가?"라는 말을 전하자, 통역관을 통해 포로가 "저는 술탄의 용안을 보기 전에 두려웠습니다. 그러나 여기에서 술탄을 뵙고 난 후, 나는 술탄의 선한

모습을 보았음을 확신하게 되었습니다"라고 말했다. 술탄은 그를 동정해 그에게 방면의 은혜를 베풀었다.

(예화3) 어느날 나는 프랑크 진영을 마주보는 곳에서 술탄과 함께 말을 타고 임무를 수행하고 있었다. 보초병이 몹시 속이 타있는 여자를 데리고 왔다. 그녀는 소리 내어 울면서 자신의 가슴팍을 연신 두들기고 있었다. 보초병이 "이 여자는 프랑크 진영에서 왔는데, 전하를 뵙고자 해서 이렇게 데리고 왔습니다"라고 말했다. 술탄이 통역관을 시켜 그녀에게 어떤 문제가 있는지 묻자 그녀가 말했다.

"어제 무슬림 도적들이 저의 천막으로 들어와 제 딸을 잡아갔습니다. 저는 어제부터 오늘 아침까지 도움을 청하러 다녔습니다. 그러다 저는 사람들로부터 '무슬림 왕께서는 자비로우신 분이십니다. 우리가 당신을 왕께 데리고 가겠으니 당신 딸을 찾아달라고 간청해 보시오'라는 말을 들었습니다. 그들은 저를 전하께 데려다 주었습니다. 저는 전하를 통하지 않고서는 제 딸을 찾을 길이 없습니다."

술탄은 그녀를 동정하며 눈물을 흘렸으며 그의 관대한 성품이 움직였다. 술탄은 부하를 시켜 군영 내에 있는 시장에 가서 여자 아이에 대해 알아보라고, 즉 누가 그 아이를 샀는지를 물어보아 아이의 값을 지불하고 데려오라고 명했다. 명을 받은 부하는 그날 아침부터 아이의 행방을 수소문했다. 1시간이 지나 그 기병이 어깨에 아이를 태우고 도착했다. 여자는 딸을 보고는 땅바닥에 엎드려 자신의 얼굴을 흙에 대었다. 사람들은 그녀의 모습을 보고 울었다. 여자는 하늘을 바라보며 우리가 알 수 없는 말을 했다. 그녀는 딸아이를 건네받고 자신의 군영으로 돌아갔다.

(예화4) 알카락의 영주인 알브린스 아르나뜨와 해안 지역 프랑크인들의 왕은 583/1187년 힛띤 전투 후에 포로가 되었다. 그 전투는 유명하며 그것을 다룰 부분에서 설명할 것이다.[15] 술탄의 명에 따라 둘은 함께 술탄 앞으로 나오게 되었다. 이 저주받아 마땅한 아르나뜨는 포악하기 이를 데 없는 불신자였다. 당시 무슬림과 프랑크인들 간에는 평화협정이 체결되어 있었다. 이집트에서 오는 대상(隊商)이 아르나뜨의 영토를 지나갔을 때 그는 협정을 어기고 대상을 공격해 붙잡았다. 그는 포로들을 학대하고 고문한 뒤 그들을 지하실과 좁은 감옥에 가두었다. 포로들이 그에게 협정을 상기시키면 그는 "당신들의 무함마드에게 구해 달라고 하지 그래"라고 말했다.

그 소식이 전해지자 술탄은 알라의 도움으로 아르나뜨를 잡게 되는 날 자신의 손으로 그를 죽이겠노라고 맹세했다. 그날 알라께서 일을 성사시켜 주셨다. 술탄은 맹세한 바를 지켜 그를 죽일 결심을 다졌다. 술탄은 해안 지역 프랑크인들의 왕과 함께 아르나뜨를 데려오게 했다. 왕이 갈증을 호소하자 술탄은 물 한 잔을 가져오라고 했다. 왕은 물을 마시고 그릇을 아르나뜨에게 건넸다. 그러나 술탄이 통역관에게 말했다.

"왕에게 전하라. '내가 물을 권한 사람은 당신이오. 나는 저자에게 내 물을 주지도 내 음식을 권하지도 않겠소'라고."

술탄이 의도한 바는, 곧 '남자다움의 덕목에 따라 내 음식을 먹는 자는 해치지 않겠다'라는 것이다. 그런 다음 술탄은 맹세를 지키

15 본서 201-219쪽 참조.

려 직접 아르나뜨의 목을 칼로 내리쳤다. 술탄은 아크레를 탈환하여 포로로 잡혀 있던 사람들을 구해 주었는데 그 수가 약 4천 명이었다. 술탄은 그들 각자에게 고향과 가족에게 돌아갈 수 있는 비용을 주었다. 나는 그 전투 현장에 있지는 않았지만 이렇게 여러 사람들의 입을 통해 그 소식을 들었다.

## 살라딘에 대한 십자군 측의 기록[16] 유럽

☞ 이 인용문은 리차드 왕의 십자군 원정에 대한 연대기에 실려 있는 글이다. 여기서 살라딘에 대해 간략하게 언급하고 있는데, 당연하게도 서방의 시각은 살라딘에 대해 그다지 호의적이지 않다. 특히 매춘으로 돈을 벌었다거나 돈으로 사람들의 환심을 샀다는 점, 그리고 누르 엣딘의 미망인과 결혼했다는 점 등 살라딘의 부정적 측면만을 강조하고 있다.

### 살라딘의 조상과 기원에 대하여

수많은 기독교도를 박해한 자를 후세에 널리 알리기 위해 먼저 그 박해자의 출신에 관한 몇 가지 사항을 가능한 한 짧게 말하겠다. 그는 미르무라이니(Mirmuraeni)[17] 종족 출신이며, 그의 조상들은 고귀한 출신도 아니고 낮은 신분의 평범한 출신도 확실히 아니었다. 그의 아버지는 욥(Job, 아이윱 Ayyub)이며 박해자 자신은 요세프(Joseph,

---

16 출전: *Itinerarium Peregrinorum et Gesta Regis Ricardi*, ed. William Stubbs, Rolls Series, London: Longman, 1864-1865, vol. 1, pp. 8-10.

17 마이르무라이니(Mairmuraeni)라고 표기된 사본도 있다. 그런데 이는 쿠르드 계통의 종족이라고 한다.

유수프 Yusuf)이다. 그 당시에는 아이들이 할례를 받을 때 히브리인들의 이름을 붙여주는 것이 여러 부족들 사이에서 유행하고 있던 의례였으며, 무함마드의 전통에 따르는 것이기도 했다. 사실 제후들은 자신의 이름에서 무함마드 계율의 강건한 수호자를 떠올리게 하기 위해 무함마드 계율에 등장하는 이름을 빌려온다. 그 부족의 언어로 법을 하딘(Hadin)이라고 하는데, 이로부터 그의 이름은 살라하딘(Salahadin, 살라딘)이라고 했으며, 그것은 '평화의 옹호자' 또는 '법률의 개혁자'라는 뜻이다. 우리 서방의 군주들이 황제나 왕으로 불리듯이 그들도 제후들 가운데 탁월한 자를 솔단(soldan 술탄)이라고 한다. 그 단어는 마치 '홀로 지배한다(soli dominantes)'는 것처럼 들린다.

### 그의 출신

살라딘이 처음으로 권력을 행사하게 된 때는 다마스쿠스의 술탄 누르 엣딘 치세였다. 살라딘은 다마스쿠스의 매춘여성들로부터 이득을 챙겨서 악명이 높았다. 그 여성들은 먼저 대가를 지불하고 욕정의 직업에 대한 그의 허락을 받아야만 매춘을 할 수 있었다. 그러나 그는 이러한 포주 노릇으로 받은 돈이 얼마가 되었든 이것을 아낌없이 되돌려 주었다. 그리고 그는 사람들에게 호화로운 선물을 함으로써 돈에 관심이 있는 대중들의 욕심을 채워 주었다. 그는 시리아의 한 예언자에게서 자신이 왕이 될 수 있다는 희망의 말을 들었다. 그 예언자는 살라딘에게 그가 다마스쿠스와 바빌론의 지배자가 될 것이라고 말해 주었다. 그리하여 그는 마음속에 야망을 품게 되었고, 지금은 비록 자신의 영향력이 몇몇 소유지를 넘어서지는 못하고 있지만, 왕국보다 더 큰 꿈을 갖기 시작했다. 시간이 흘러 그가 장성하게 되자 그는 군대의 장교가 되려고 했고, 이를 위해 팔레스타인의 유명한 제후인 토론의 험프리(Enfridum de Turone)에게 가서 그에게서 프랑크인들의 의식 절차에 따라 기사의 허리띠를 받았다.

## 살라딘의 이집트 왕국, 다마스쿠스, 인디아 그리고 다른 지역 점령

그 당시 이집트를 통치하던 샤와르(Sawarius, Abu Shuja ibn Mujir Shawar)라는 자가 '주인'이라는 뜻의 이름을 가진 몰란(Molan)의 휘하에서 전 이집트를 통치하고 있었다. 예루살렘 왕인 아말릭(Amaricus)은 샤와르에게 조공을 바칠 것을 요구했다. 당시 몰란은 백성들로부터 경배를 받기 위해 일 년에 세 차례 백성들 앞에 모습을 나타냈다. 그의 백성들은 그가 강력한 힘을 지니고 있어서 나일강의 범람이 그의 명령으로 이루어진다고 믿었다. 게다가 몰란은 종교적 계율에 따라 일 년 365일의 숫자만큼 첩을 둘 수 있었다. 그리하여 그는 왕국의 통치를 샤와르에게 맡기고 여자들 틈바구니에서 방탕한 생활을 했다. 그 당시 살라딘은 그의 삼촌 사라쿤(Saracun)[18]과 함께 이집트 군대에 있었다. 그는 이 존경받지 못하는 인물(몰란)을 배신하여 죽이고 이집트의 지배권을 확보했다. 그 뒤 얼마 지나지 않아 누르 엣딘이 죽었다. 살라딘은 누르 엣딘의 미망인과 결혼하고 그의 상속자를 추방했다. 그리고 다마스쿠스 왕국의 지배자가 되었다. 1174년의 일이다.

---

18 살라딘의 삼촌은 쉬르쿠흐(Shirkuh)인데, 아마도 저자의 오기인 듯하다. 동일한 사료의 다른 판본에는 사라쿠르(Saracur)로 되어 있다.

## 2. 라틴 왕국 내 세력 다툼(1180년)

### 트리폴리 백작과 국왕 보두앵 4세가 소원해짐(기욤 드 티레)[19]

유럽

☞ 1174년 보두앵 4세는 13세의 나이로 왕위에 올랐다. 그런데 이 왕은 나병에 걸려 있었으므로, 왕국의 통치가 쉽지 않아 도움을 필요로 했다. 그 당시 왕국에는 두 부류의 유럽인이 있었다. 하나는 유럽에서 온 지 얼마 되지 않은 자들로서 동방의 관습을 잘 몰랐고, 다른 한 부류는 동방에 거주한 지 오래되어서 그곳에 적응한 사람들이었다. 이 두 세력, 즉 새로 온 이주세력과 토착세력 사이에 갈등이 있었다. 특히 국왕이 미성년이었을 때에는 섭정을 한 트리폴리 백작 레몽 3세를 중심으로 한 토착세력의 힘이 강했으나, 보두앵이 성년이 된 1177년부터 그의 누이였던 시빌(또는 시빌라 Sybilla)과 새롭게 프랑스에서 건너온 기 드 뤼지냥을 중심으로 한 이주세력이 세력을 잡았다. 결국 이슬람 세력은 점차 통합되고 있는 반면, 예루살렘 왕국은 점차 분열되고 있었던 것이다.

아래 문헌은 1180년에 국왕을 둘러싸고 벌어진 두 세력 간의 다툼을 보여주고 있다. 이러한 분열상은 이슬람에도 알려져 있어서, 이슬람 문헌에도 당시의 상황이 기록되어 있다. 뒤이어 인용된 이슬람 사료는 트리폴리 백작이 이주세력에 반대하여 살라딘에 협조하는 과정을 보여준다.

앞서 말했듯이 살라딘과 예루살렘 왕 사이에 평화가 맺어졌으므로 왕국은 평온한 상태를 유지했다. 그 당시 왕국에는 사악한 마

19 출전: Guillaume de Tyr, *Historia rerum in partibus transmarinis gestarum*, XXII, 9, RHC., t.1, pp. 1077-1079.

음을 가진, 행실이 나쁜 자들[20]이 몇몇 있었다. 그들은 왕국 내에 불안감을 불러일으켰고 사악한 의도를 가지고 왕국을 괴롭혔다.

트리폴리 백작은 거의 2년 동안 트리폴리 인근의 당면한 수많은 문제들을 해결하느라, 예루살렘 왕국 내의 왕령지로 들어온 적이 없었다. 그러나 자기 부인이 티베리아스시의 상속자였으므로 왕령지로 들어올 준비를 했다. 모든 여장을 갖추고, 비블리움(Byblium)[21]까지 왔을 때, 위에서 말한 사악한 자들[22]이 순진한 왕에게 사악한 제안을 들고왔다. 앞서 말한 백작이 비밀리에 왕국을 쓰러뜨리려는 나쁜 의도를 가지고 왕령지로 들어오려고 한다고 속였다. 이리하여 국왕은 감언이설에 속아, 무모하게도 특사를 파견하여 백작 일행이 왕국으로 들어오는 것을 막았다.

일이 이렇게 되자, 그러한 대접을 모욕으로 느낀 백작은 매우 혼란스러워했고 분개했다. 할 수 없이 백작은 계획을 포기하고 돈만 낭비한 채 트리폴리로 되돌아갔다. 앞서 말한 사악한 자들은 백작이 성실한데다가 모든 주변 상황을 통찰하는 사람이었으므로, 그가 없어야 왕의 정사를 자기들 마음대로 주무르고 왕의 허약함

---

20 원문에는 "filii Belial"이라고 되어 있다. '벨리알의 아들'이라는 말은 불한당, 불량한 자, 불경스러운 자라는 의미로 사용된다. 사무엘기 상 2장 12절에도 "엘리의 아들들은 불량한 자들로서 주님을 알아 모시지 않았고"라는 구절이 있다. 또한 벨리알 또는 벨리아르는 불신자를 대표하는 뜻으로 사용되기도 하는데, 이러한 용례는 코린토 2서 6장 15절 "그리스도께서 어떻게 벨리아르와 화합하실 수 있겠습니까? 신자와 불신자가 어떻게 한몫을 나눌 수 있겠습니까?"라는 구절에 나와 있다. 중세 불어판에서는 "unes malicieuse gent"라는 일반적인 표현을 사용하고 있다.

21 오늘날 레바논의 비블로스(Byblos), 아랍어로는 주바일(Jubayl جبيل)이라고 함. 트리폴리에서 남쪽으로 약 50km 떨어져 있다.

22 벨리알의 아들을 말함. 앞의 주 20 참조.

을 자신들에게 유리하게 이용할 수 있다고 생각했다. 그들 중에는 왕의 어머니가 있었는데, 그녀는 하느님을 싫어하는 탐욕스러운 여자였다. 또한 그들 중에는 왕의 사령관이자 왕의 외삼촌도 있었고, 그들을 따르는 몇몇 무리도 포함되어 있었다. 이 불경스러운 자들이 국왕으로 하여금 이러한 무례한 행위를 하도록 강요했다.

이러한 사정이 나중에 왕국 내의 제후들에게 알려졌을 때, 소심한 일부 제후들은 안절부절못하며 불안해했다. 왜냐하면 어느 불경스러운 제후가 왕에 대한 지지를 철회하지 않을까, 그리고 하느님의 말씀처럼 "내부의 분열이 있다면, 그로 인하여 더 이상 견디지 못하지"[23] 않을까 두려워했다. 특히 제후들은 왕의 병세가 점점 더 심해지고 몸이 더 약해졌기 때문에 왕국의 정사를 돌보기 힘들어지는 것을 걱정했다. 그리하여 왕이 더 이상 지탱할 수 없게 되고 모든 것이 무너져 내리지 않을까 걱정했다.

왕국의 지도자들은 앞서 말한 사건 이후에 위험이 점점 더 확실해지고 있음을 알았다. 지도자들은 백작을 다시 불러서 그를 달래기 위해 노력했다. 마침내 수많은 회합과 제안이 오고 간 끝에, 국왕은 마지못해 백작이 왕국 내로 들어오는 것을 허락했다. 앞서 말한 지체 높은 인물[24]은 자신이 당한 부당한 대우를 가볍게 보아 넘기고 왕과 자신 사이의 평화를 회복했다.

---

23 마태오 복음서 12장 25절 "예수님께서 그들의 생각을 아시고 이렇게 말씀하셨다. '어느 나라든지 서로 갈라서면 망하고, 어느 고을이나 집안도 서로 갈라서면 버티지 못한다.'"

24 트리폴리 백작을 말한다.

## 트리폴리 백작이 살라딘 편에 서다[25] 이슬람

☞ 트리폴리의 영주 레몽 3세는 기회를 틈타 예루살렘 왕위를 노렸다가 계획이 좌절되자 프랑크인 무리에서 이탈하여 살라딘의 편에 서기도 했다. 살라딘은 이슬람 영토 회복을 위한 전략으로 이러한 적진의 내분을 이용했다. 십자군은 초기의 종교적 열정을 상실했고, 프랑크인 귀족층은 내부에서 권력을 차지하기 위한 분열상을 보였다.

트리폴리의 영주로, 레이몬드 알싼질리의 아들 레이몬드(레몽 3세)라는 이름의 백작은 티베리아스의 영주인 여백작[26]과 결혼했다. 그는 그녀에게로 옮겨와 티베리아스에 있는 그녀의 거처에 머물렀다. 그 무렵 시리아의 프랑크 왕[27]이 사망했다. 한센병자였던 그 왕은, 왕권을 그의 누이의 어린 아들에게 넘겨주었다. 레이몬드 3세 백작은 어린 왕의 보호자로서 왕을 대신해 섭정했고 왕국의 통치를 수행했는데, 그것은 당시 프랑크인들에게 그 백작보다 더 위엄 있고, 용감하며, 탁월한 식견을 갖춘 인물이 없었기 때문이다. 그는 왕이 어렸기에 왕권에 대한 야욕을 품고 있었다. 때마침 어린 왕이 사망하여 왕권이 그 모친에게로 이양되자 백작이 마음속에 지녔던 꿈은 물거품이 되었다.

그런데 이 여왕[28]은 '기'[29]라는 이름의, 서양에서 시리아로 온

---

25 출전: ابن الأثير، المصدر السابق، المجلد 11، ص 526-527؛ حسين أحمد أمين، المرجع السابق، ص 147-149.

26 에쉬바(Eschiva, Countess of Bures).

27 보두앵 4세(1174~1185 재위).

프랑크인 남자를 사랑해 그와 결혼했다. 그래서 왕권은 기에게로 넘어가 그가 왕관을 쓰게 되었다. 여왕은 귀족들, 성직자들, 수도사들, 병원 기사단, 템플 기사단, 남작(男爵)들을 불러서, 그들에게 자신은 왕권을 기에게 넘겼다고 알리고, 그들로 하여금 그 사실의 증인이 되도록 했다. 그들은 기에게 충성과 복종을 서약했다.

레이몬드 3세 백작에게 그 일은 심각한 문제였다. 그가 어린 왕의 후원자로 있는 동안 그가 징수한 돈을 정산하라는 요구가 있자, 그는 어린 왕을 위해 그 돈을 썼다고 주장했다. 그런 요구에 대해 큰 반감을 갖게 된 나머지 백작은 공공연히 프랑크인들에게서 이탈하고 그들과 결별할 것을 선언했다. 그는 살라딘에게 서신으로 연락하여 그의 편이 되었다. 그는 살라딘에게 의지했고, 프랑크인들 내에서 자신의 목표를 이루기 위해 살라딘의 도움을 요청했다. 살라딘과 무슬림들은 그 일로 기뻐했다. 살라딘은 백작이 원하는 모든 것을 위해 최대한 지원하겠다고 약속했고, 그가 프랑크인들 전체의 유일(唯一)한 왕이 되도록 도와주겠다는 보장도 해주었다. 살라딘에게는 포로로 데리고 있던 백작의 기병들이 있었는데 그들을 풀어 줌으로써 백작에게 큰 힘을 실어 주었다. 그는 살라딘에게 복종의 의사를 표했으며, 일단의 프랑크인들도 백작이 한 바에 대해 동의했다. 프랑크인들 내에 의견이 엇갈렸고 그들은 분열되었다. 이 점은 프랑크인들의 지역을 점령하고, 그들의 수중에서 예루살렘을 구원하는 당위성의 주요 근거가 되었다. 그것에 대해서는

---

28 시빌(Sibylla). 보두앵 4세의 누이이자 보두앵 5세의 어머니.

29 기 드 뤼지냥(Guy de Lusignan).

이후에 언급하겠다.

살라딘이 티베리아스 방면에서 보낸 공격 부대가 프랑크 지역을 공격했고, 전리품을 얻은 뒤 무사히 그곳에서 빠져나왔다. 그것으로 프랑크인들은 약화되고 무력해진 반면, 무슬림들은 적에 맞설 용기를 얻고 적을 격퇴할 의욕을 갖게 되었다.

## 3. 살라딘의 알카락성 포위(1187년)

### 알카락성 영주의 협정 위반[30] 이슬람

☞ 알카락성의 영주 아르나뜨(안티오크 영주 르노 드 샤티용)는 협정을 어기고 무슬림 대상들을 공격해 재물을 빼앗고 포로로 잡는 등 만행을 저질렀다. 자신에게 불리하면 협정을 요구하고, 재물이 탐나면 협정을 어기는 아르나뜨에게 살라딘은 크게 분노했다. 살라딘이 1187년 힛띤 전투에서 십자군에 승리한 후, 생포한 아르나뜨를 어떻게 대했는지에 관해서는 본서의 209-210쪽을 참고하기를 바란다.

알카락의 영주인 알브린스 아르나뜨는 프랑크인들 중 가장 사악한 자로, 무슬림들에게 극도로 적대적이며, 큰 피해를 입힌 자였다. 살라딘은 그자의 그런 면을 알고 나서 여러 차례에 걸쳐 그의 성을 포위 공격했다. 아르나뜨는 이에 굴복하여 살라딘에게 휴전

30 출전: ابن الأثير، المصدر السابق، المجلد 11، ص 527-528؛ حسين أحمد أمين، المرجع السابق، ص 149.

협정을 요청했다. 살라딘은 요청에 응해 그와 휴전하고 동맹 조약을 맺었다. 당시 무슬림 대상들은 시리아와 이집트 사이를 오갔다. 이해(582/1186~1187년)에 많은 남자들이 동행하고, 한 무리의 수행 병사들을 포함한 대규모 대상이 많은 양의 재물을 갖고 아르나뜨의 영토를 지나가게 되었다. 그런데 그 저주받을 자가 협정을 어기고 상인들을 공격해 그들을 모조리 잡아 그들의 재물과 가축, 무기를 빼앗았으며, 그들을 포로로 잡아가서 감옥에 가두었다. 살라딘은 그에게 사절을 보내 그를 비난하고, 그의 배신 행위를 힐책하면서 만일 포로들과 재물을 돌려주지 않으면 공격하겠다고 그를 위협했다. 아르나뜨는 이에 응하지 않았고, 완강하게 요구를 거절했다. 살라딘은 만일 그를 잡으면 죽이겠다고 맹세했다. 이에 대해서는 이후에 언급하겠다.

## 살라딘이 알카락성을 포위하다[31] 이슬람

☞ 살라딘은 대규모 병력을 동원하고 그 병력을 효과적으로 분산 배치하여 프랑크인들을 위협하고 기동력을 약화시키는 전략을 구사한다. 사악한 아르나뜨를 경계하여 그의 계획을 사전에 차단하고 그의 영토를 공략함으로써 다시는 강탈 행위를 할 엄두를 내지 못하게 하는 한편, 각지의 무슬림 군대를 집결시켜 프랑크인들을 두려움에 휩싸이게 하는 심리전을 전개한다.

이해(583/1187년)에 살라딘은 무슬림들에게 지하드를 촉구하는

31 출전: ابن الأثير، المصدر السابق، المجلد 11، ص 529-530؛ حسين أحمد أمين، المرجع السابق، ص 150.

서신을 보냈다. 그는 모술, 알자지라[상(上) 메소포타미아] 지역, 이르빌 등의 동부 지역, 그리고 이집트, 시리아 전역으로 서신을 보내 사람들에게 지하드 참여를 촉구하고 권유했으며, 최대한 지하드를 위한 준비 태세를 갖출 것을 명했다. 그런 뒤 그는 무하람 달(1187년 4월) 말, 군대를 이끌고 다마스쿠스에서 나와 라으스 알마로 진군했고 시리아 군대가 그와 합류했다. 병력이 모이자 그는 아들인 알말리크 알아프달 알리(الملك الأفضل علي)[32]로 하여금 군을 통솔하게 하여, 도착 병력이 알아프달의 지휘하에 집결하도록 했다. 그런 뒤 살라딘은 분견대를 이끌고 부쓰라로 향했다. 그가 그곳으로 진군한 이유는, 알카락의 영주인 알브린스 아르나뜨가 무슬림 순례자들을 노려 길에서 공격하려 한다는 소식을 접했기 때문이다. 아르나뜨는 먼저 순례자들을 잡아들이고, 그런 다음 이집트 군대가 오는 길로 돌아가서 그 병력이 살라딘에게 도착하지 못하게 하려고 했다. 살라딘은 알브린스 아르나뜨가 순례자들을 잡으려는 것을 막기 위해, 그리고 그자로 하여금 살라딘이 두려워 자신의 영토에 머물러 있도록 하기 위해 부쓰라로 진군했던 것이다. 순례자들 중에는 살라딘의 생질인 무함마드 이븐 라진 등을 포함한 그의 친척들이 있었다. 아르나뜨는 살라딘이 자신의 영토에 가까이 왔다는 말을 듣고 그곳을 떠나지 않았고 계획한 일도 포기했다. 순례자들은 무사히

32 알리, 알말리크 알아프달 누르 알딘 이븐 유수프 살라딘 이븐 아이윱(علي الملك الأفضل نور الدين بن يوسف صلاح الدين بن أيوب 1171~1225년): 부친 살라딘의 사망 후 알말리크 알아프달은 다마스쿠스에서 독립된 왕국을 통치했고, 그 후 이집트로 돌아가 칼리프 알만쑤르를 도와 국정을 맡기도 했다. .الزركلي، المرجع السابق، المجلد 5، ص 33

목적지에 도착했다. 그들의 도착으로 걱정이 없어지자 살라딘은 알카락으로 진군하여 그곳을 포위하고 압박을 가하면서 이집트 군대의 도착을 기다렸다. 군대가 알카락에 있는 살라딘에게 도착했다. 살라딘은 그곳에서 자신의 부대를 알카락과 알샤우박 등지로 파견해 그 지역들을 약탈, 파괴하고 불태웠다. 알브린스 아르나뜨는 한곳에서 옴짝달싹 못한 채 자신의 영토를 지키지 못했으며, 프랑크인들 모두 살라딘의 아들 알아프달의 군대를 두려워하며 자신들의 영토에 머물러 있었다. 살라딘은 적군을 움직이지 못하게 한 채 약탈, 파괴하고 불살랐다. 이것이 살라딘이 실행한 바였다.

## 4. 살라딘의 힛띤 전투 승리(1187년)

### 살라딘이 티베리아스를 점령하다[33] 이슬람

☞ 살라딘의 이슬람 군대는 힛띤 전투가 있기 이틀 전인 1187년 7월 2일 티베리아스를 공격해 점령했다. 트리폴리의 영주 레몽 3세 백작은 자신의 아내인 티베리아스의 영주 에쉬바(Eschiva)가 성채에 피신해 있음을 알고 걱정하는 기색이 역력하다. 레몽 3세가 살라딘의 군대를 두려워하는 가운데 프랑크군은 이슬람군과 힛띤에서 일전을 겨루기 위해 나서지만 전투 전부터 식수가 부족해 사기가 저하되었다. 반면, 이슬람군은 전투 의욕이 충만해 있어 승리를 자신한다.

---

33 출전: ابن الأثير، المصدر السابق، المجلد 11، ص 532-534؛ حسين أحمد أمين، المرجع السابق، ص 153-155.

프랑크인들이 집결해 사푸리야로 진군하자 살라딘은 아미르들과 와지르들을 소집해 일을 상의했다. 그들 대부분은 술탄에게 (프랑크 군대와의) 일전을 피할 것, 그 대신 프랑크인들을 급습하여 적을 약화시킬 것, 그리고 여러 번에 걸쳐 적의 속주들을 파괴하자는 제안을 했다. 그들 중 한 아미르가 술탄에게 말했다.

“제 생각은 이렇습니다. 우리가 프랑크인들의 지역을 정탐하여 약탈, 파괴, 방화하고 (무슬림들을 포함한) 주민들을 포로로 잡는 것입니다. 그러다가 프랑크 군대의 일부 병력이 우리 앞에 나설 때 그들과 교전을 벌이면 됩니다. 동부 지역(바그다드 압바스조) 사람들은 우리를 비난할 것이고, ‘그(술탄 살라딘)가 불신자들과의 싸움을 저버렸다, 그가 무슬림들과 싸우려 든다’라고 말할 것입니다. 우리가 명분을 내세울 만한 행동을 취하고, 사람들이 우리에 관해 아무 말 못하게 하면 된다는 것이 제 의견입니다.”

그러자 살라딘이 말했다.

“나는 우리가 무슬림 군대를 이끌고 불신자 군대를 상대로 일전을 벌여야 한다고 생각한다. 만사는 인간의 판단에 의해 진행되지 않는다. 우리는 우리의 남은 수명이 얼마인지 알지 못한다. 우리는 아군 병력을 총집결시킨 만큼 반드시 지하드에 매진하고 난 뒤 병력을 해산할 것이다.”

그런 뒤 술탄은, 우리가 알우끄후와나에 머문 지 닷새째 되는 날인 라비으 둘째 달 23일(1187년 7월 2일), 그곳을 떠났다. 술탄은 진군했고, 마침내 티베리아스를 등 뒤로 하고 티베리아스산에 올랐다. 술탄은 전진하여 프랑크인들에게 접근했으나 적군은 한 명도 모습을 드러내지 않은 채 그들의 천막을 떠나지 않았다. 술탄은 그

자리에 멈춰선 뒤 군대에게 진을 치라는 명령을 내렸다. 밤이 되자 술탄은 프랑크인들의 맞은편에 병력을 두어 적군이 싸움을 걸어오지 못하게 했다. 술탄은 전위대와 함께 티베리아스를 공격해 전투를 벌이면서, 그곳의 성탑에 터널을 뚫어 하룻밤 새에 그 도시를 무력 점령했다. 도시 안에 있던 프랑크인들은 그 안에 있는 성채로 피신하여 방어 태세를 취했다. 성채 안에는 영주(에쉬바)와 그녀의 아이들이 있었다. 술탄은 도시를 약탈하고 불태웠다.

프랑크인들은 살라딘이 티베리아스를 공격해 점령 · 약탈했고, 도시 안에 있는 물건 중에 들고 갈 수 없는 것들은 모조리 불태웠다는 소식을 전해 듣자, 사태를 의논하기 위해 회의를 열었다. 그들 중 일부는 무슬림 군대에게로 진격해 전투를 벌여 무슬림들이 티베리아스를 점령하지 못하게 하자는 의견을 냈다. 백작(레몽 3세)이 말했다.

"티베리아스는 저와 제 아내의 것입니다. 살라딘은 그 도시를 공격해, 이전부터 해오던 식으로 일을 저질렀습니다. 성채는 남아 있고 그 안에는 제 아내가 있습니다. 저는, 살라딘이 성채를 차지한 뒤 제 아내를 데리고, 그리고 성채 안의 재화를 가지고 돌아간다면 오히려 좋겠습니다. 정말로, 나는 오래전에도, 최근에도 이슬람 군대를 보아왔지만 수적으로나 그 위력 면에서 살라딘의 군대만한 경우는 보지 못했습니다. 그는 티베리아스를 점령한 뒤 그곳에 머물지 않을 것입니다. 그가 그 도시를 떠나 돌아가면 우리는 다시 그곳을 되찾을 수 있습니다. 그가 그곳에 머문다 해도 그는 자신의 모든 병력과 함께 있는 경우에만 그곳에 주둔할 수 있을 것입니다. 그는 오랜 기간 자신의 고향과 가족을 떠나 있는 것을 견디지 못할 것이므로 어쩔 수 없이 그곳을 떠날 것이며, 그렇게 되면 우리는 몸값을 내고 포로로 잡힌 우리 편 사람들을 구할 수 있을 겁니다."

그러자 알카락의 영주인 알브린스 아르나뜨가 말했다.

"당신은 내내 우리로 하여금 무슬림들을 두려워하게 하고 있소. 당신이 그들에게 뭔가를 바라고 있고 그들 편을 들려고 하고 있음은 의심할 나위 없소. 그렇지 않고서야 어찌 그런 말을 할 수 있겠소? 당신은 그들 수가 많다고 말하는데, 장작이 많으면 불은 더 잘 타오를 것이오."

그러자 백작이 말했다.

"나는 당신들 편이오. 당신들이 전진하면 나도 전진하고, 당신들이 후퇴하면 나도 그렇게 하겠소. 앞으로 일이 진행되는 것을 보면 알 것이오."

프랑크인들은 무슬림 군대에게로 진격하여 싸움을 벌이자고 굳게 결의했다. 그들은 자신들이 머물던 군영을 떠나 무슬림 군대에 접근했다. 살라딘은 그 소식을 듣자 티베리아스로부터 자신의 군대로 돌아왔다. 그는 군대에서 가까이 있었다. 그가 티베리아스를 포위한 의도는, 프랑크 병사들이 자신들의 진지를 떠나 무슬림 군대와 전투를 벌이게 하기 위해서였다. 때는 한여름이어서 몹시 더웠다. 무슬림 군대는 먼저 호숫가에 머물렀다. 프랑크인들은 갈증이 났지만 무슬림 군대가 있어서 물가에 도달할 수 없었다. 프랑크 군대는 이미 그 지역 내 저수지의 물을 다 써버렸고, 무슬림 군대가 두려워 되돌아갈 수도 없었다. 그들은 그 상태로 다음날인 토요일까지 있었다. 갈증이 그들을 엄습했다.

무슬림들은 적군과 싸울 의욕이 충만했다. 무슬림들은 이전에는 프랑크인들을 무서워했는데 이제는 서로 격려하면서 승리의 기운을 감지했다. 무슬림들은 프랑크인들이 평소와는 달리 의기소침해 있는 모습을 본 뒤 더욱 열의와 용기가 생겨서 밤 동안 '알라는 가장 위대하시다', '알라 외에 신은 없다'라는 문구를 수차례 외쳤다. 그날 밤 술탄은 전위대를 편성하고 그들에게 화살을 나누어 지급했다.

## 힛띤에서 프랑크인들이 패하다[34] 이슬람

☞ 힛띤 전투에서 무슬림 군대는 십자군에 대승을 거두었으며, 예루살렘 왕 기 드 뤼지냥과 다수의 적군을 포로로 잡았다. 힛띤에서의 승전은 이슬람사에 기록되는 중요한 사건으로, 곧이어 살라딘이 예루살렘을 탈환하는 데 결정적인 발판이 되었다. 다음 글을 보면 이 전투에서 십자군은 더위 속에 마실 물이 없어 전력이 약화되고 무슬림들의 맹공으로 패색이 짙은 가운데, 살기 위해 마지막 안간힘을 다하는 모습을 볼 수 있다. 또한 전투 후, 살라딘이 그토록 증오하고 복수를 별러 왔던 알카락의 영주 아르나뜨를 직접 칼로 처단하는 장면은 강한 인상을 남긴다.

라비으 둘째 달 24일, 토요일(1187년 7월 4일) 아침, 살라딘과 무슬림 군대는 군마를 타고 프랑크인들에게 나아갔다. 프랑크인들도 군마를 탔고 양 진영은 서로 접근했다. 그런데 프랑크인들은 갈증이 심해져 무력해졌다. 양측 간 전투가 벌어졌다. 싸움이 격렬해지

34 출전: ابن الأثير، المصدر السابق، المجلد 11، ص 534-538؛ حسين أحمد أمين، المرجع السابق، ص 155-158.

는 가운데 양측 병사들은 인내했다. 무슬림 궁수 부대는 널리 퍼져 있는 메뚜기 떼 같은 적에게 화살을 쏘아 프랑크인들의 많은 말을 죽였다. 기병들 간에 전투가 벌어지고 있는 사이, 프랑크 보병대는 전열을 가다듬고 티베리아스로 향해 가면서 전투를 벌였다. 아마도 그들은 물을 찾는 듯했다. 살라딘은 적의 행선지를 파악하여 적의 행군을 가로막고 군대를 동원해 적군 앞에 멈춰섰다. 그는 친히 무슬림 병사들의 주변을 돌면서 격려하고 병사들이 할 일과, 피해를 입지 않기 위해 하지 말아야 할 일에 대해 지시를 내렸다. 병사들은 그의 명령에 따라 공격했고, 금지한 바에 따라 멈추었다. 그의 젊은 노예들 중 한 명이 프랑크군 대열을 상대로 저돌적인 공격을 감행했다. 그는 병사들이 감탄할 만큼 맹렬히 싸웠다. 그러자 프랑크인 병사 여럿이 달려들어 그를 죽였다. 그가 죽임을 당하자 무슬림들은 거센 공격을 감행해 불신자들을 파멸시키고 그들 중 많은 수를 죽였다. 백작[35]은 사태의 심각성으로 보아 자신들이 무슬림 군대에 대적할 수 없음을 깨달았다. 그는 자신의 군대와 투합하여 가까이에 있는 자를 공격했다. 그 방향에 있던 무슬림 군대의 지휘관은 살라딘의 조카인 타끼 알딘 오마르였다. 타끼 알딘은 프랑크 군대의 필사적인 공격을 본 뒤 그들을 저지할 수 없다고 판단했다. 그는 무슬림 병사들에게 프랑크 군대가 나가도록 길을 열어 주라는 명령을 내렸고, 병사들은 그렇게 했다. 백작과 그의 병사들은 빠져나가 대열을 정비했다.

35 트리폴리의 영주인 레몽 3세 백작.

일부 무슬림 자원병들은 그곳 땅에 불을 놓았는데 풀이 많아 활활 타올랐다. 바람은 프랑크인들 쪽으로 불어 화염의 열기와 연기가 그들에게로 갔다. 갈증과 계절의 더위, 화염의 열기와 연기, 전투의 격렬한 기운이 프랑크인들에게 몰려왔다. 백작이 도망치자 그의 군대는 사기를 잃고 항복할 지경에 이르렀다. 프랑크인들은 필사적으로 달려드는 것 외에 죽음에서 살아날 길이 없음을 알았다. 그래서 그들은 연속 공격을 감행했다. 만일 알라께서 무슬림들을 돌보시지 않았다면, 무슬림 군대는 수적으로 많더라도, 하마터면 적군에 의해 진지에서 내몰릴 뻔했다. 그러나 프랑크인들은 공격 후 퇴각하다가 죽임을 당했다. 적군은 크게 약화되었다. 무슬림들은 적군을 원형으로 에워쌌다. 남은 프랑크 병력은 힛띤 지역에 있는 한 언덕 위로 올라갔다. 그들은 거기에 천막을 세워 방어전을 전개하려 했다. 사방에서 프랑크인들을 상대로 전투가 벌어졌고 무슬림 군대는 프랑크인들의 계획을 차단했다. 프랑크인들은 자신들의 왕을 위한 막사 외에 다른 막사를 세울 수 없었다. 무슬림들은 적군의 성 십자가를 빼앗았다. 그것은 저들이 '예수의 십자가(صليب الصلبوت the True Cross)'라고 부르는 것으로, 저들의 주장에 따르면 그 십자가에는 그리스도—그분께 평온이 있기를—가 십자가형을 당했을 때 사용된 목재의 조각 하나가 들어 있다고 한다. 프랑크인들에게서 그 십자가를 빼앗은 것은 저들에게 가장 큰 재난으로, 그들은 그것을 빼앗긴 뒤 자신들의 죽음과 파멸을 확신했다. 프랑크 기병들과 보병들은 죽거나 포로로 잡혔다. 프랑크 왕은 언덕에서 150명가량의 탁월하고 용감한 기병들과 함께 남아 있었다.

나는 살라딘의 아들 알말리크 알아프달로부터 이야기를 들었다. 그가 말했다.

"나는 전투에서 부친 곁에 있었습니다. 그것은 내가 목격한 최초의 전투였습니다. 프랑크 왕은 기병들 무리와 함께 언덕에 남게 되자 자신들과 교전하는 무슬림들에 처절하게 맞서 공격을 가했고, 결국 무슬림 군대는 부친에 합류하게 되었습니다. 그때 내가 바라본 부친의 표정은 어두웠고 안색은 침울해 보였습니다. 부친은 자신의 턱수염을 잡고, 앞으로 나서며 '사탄이 거짓임을 보이자'라고 소리쳤습니다. 무슬림 군대는 프랑크인들에게로 되돌아가 다시 언덕을 올라갔습니다. 나는 무슬림들이 도주하는 프랑크인들을 추격하는 광경을 보고 기뻐서 '우리가 적군을 물리쳤다!'라고 외쳤습니다. 그러자 프랑크인들이 다시 먼젓번처럼 두 번째 공격을 했고 무슬림 군대는 다시 부친에게 합류했습니다. 부친은 앞서 하셨던 것처럼 이번에도 그렇게 하셨습니다. 무슬림들은 반격하여 프랑크인들을 언덕으로 밀어붙였습니다. 내가 다시 '우리가 적군을 물리쳤다!'라고 소리치자 부친께서 나를 보시면서 '조용히 있거라. 저 막사가 함락될 때까지는 적군을 패배시킨 게 아니다'라고 말씀하셨습니다. 부친이 말하고 있던 그때 적진의 막사가 쓰러졌습니다. 술탄은 말에서 내려 지고하신 알라께 감사하며 엎드리셨고 기쁨의 눈물을 흘리셨습니다."

적의 막사가 쓰러진 이유는 이렇다. 프랑크인들은 공격을 하면서 심한 갈증을 느꼈다. 그들은 그렇게 몇 차례 공격하는 중에 자신들의 갈급증을 해소하고자 했다. 그들은 해소 방안을 찾지 못하자 타고 있던 말에서 내려 땅바닥에 앉았고, 그때 무슬림들이 프랑크인들이 있는 곳으로 올라와 왕의 막사를 넘어뜨렸다. 무슬림들은 프랑크인들을 모조리 사로잡았다. 그들 중에는 기 드 뤼지냥 왕과 그의 형제, 알카락의 영주인 알브린스 아르나뜨가 있었다. 아르나뜨는 프랑크인들 중에서 무슬림들에게 가장 적대적이던 자였다. 또한 주바일의 영주, 험프리의 아들,[36] 그리고 프랑크인들 내에서 중요한 인물인 템플 기사단의 단장이 포로가 되었으며, 템플 기사단과 병원 기사단도 사로잡혔다. 살해되고 포로가 된 프랑크인들의 수가 많았다. 혹시 어느 사람이 그때 죽은 프랑크인들을 보았다면 그는 무슬림들이 한 명도 포로로 잡지 않았다고 생각했을 것이며, 또한 포로로 잡힌 프랑크인들을 보았다면 그는 무슬림들이 한 명도 죽이지 않았다고 생각했을 것이다. 프랑크인들은 491/1098년 팔레스타인 지역으로 진출한 이래 지금까지 이 같은 공격을 당한 적이 없었다.

무슬림들이 프랑크인들의 일을 마무리하자 살라딘은 자신의 막사에 머물렀다. 프랑크인들의 왕과 알카락의 영주 알브린스가 살라딘의 거처로 끌려왔다. 술탄은 프랑크왕을 자신의 옆에 앉게 했다. 왕은 심한 갈증을 느꼈다. 술탄은 왕에게 찬물을 내주었고, 다시 왕은 알카락의 영주인 알브린스에게 호의를 베풀어 그도 물을 마시게 해주었다. 그러자 살라딘이 말했다.

"이 저주받을 자는 내 허락도 없이 물을 마셨으므로 나에게서 안전을 보장받지 못할 것이다."

술탄은 알브린스에게 말하면서 책망했고 그의 협정 위반 사실

---

36 토론의 험프리(Humphrey of Toron).

힛띤 전투 후 살라딘 앞에 잡혀온 예루살렘 왕 기 드 뤼지냥과 십자군 지휘관들

을 열거했다. 술탄은 직접 그에게 다가가서 칼로 그의 목을 쳤다. 술탄은 말했다.

“나는 그를 잡게 되면 죽이겠다고 두 번 서약한 바 있다. 한 번은 그가 메카와 메디나로 행군하려 했을 때이고, 다른 한 번은 그가 협정을 어기고 대상(隊商)을 공격했을 때였다.”

죽임을 당한 알브린스의 시신이 밖으로 끌어내어지자 왕은 잔뜩 겁에 질렸다. 술탄은 불안해하는 왕을 진정시키고 그에게 안전을 보장했다.

트리폴리의 영주인 백작은 앞에서 말한 바처럼 전쟁에서 살아남아 티레에 도착했고, 이어 트리폴리로 갔다. 그리고 며칠 지나지 않아 그는 부분적으로는 프랑크인들이, 또한 전체적으로는 기독교가 당한 일로 분개하여 화가 치밀어오르는 바람에 죽고 말았다.

## 하틴 전투(익명2)[37] 유럽

☞ 동방의 제후들 사이에 반목과 질시가 심해졌다. 레몽 3세는 예루살렘 왕에 반대하여 트리폴리를 보호해 주겠다는 살라딘과 제휴했다. 그러나 다른 제후들의 압력에 못 이겨 기독교 군대와 더불어 성지를 보호하기로 했다. 그러나 이러한 뒤늦은 결합도 이들 사이의 불신을 없애지는 못한 상태였다. 1187년 6월 말, 예루살렘 왕은 살라딘의 위협에 직면하여 군대를 소집했다.

1187년 시리아 왕 살라딘은 유대의 땅을 공격하기 위해 바닷가의 모래만큼이나 많은 군대를 소집했다. 그는 요르단강을 건너 자울란(Jaulan)으로 가서 진을 쳤다.

예루살렘 왕 기 드 뤼지냥 역시 유대와 사마리아로부터 군대를 소집했다. 이들은 사푸리야(Saffuriyah)에 있는 샘 근처에 진을 쳤다. 템플 기사단과 병원 기사단(Hospitalier) 역시 자신들의 군대를 소집하여 진을 쳤다. 트리폴리 백작 레몽 3세 역시 트리폴리와 갈릴리(Galilee)로부터 소집한 많은 사람들을 데리고 진영에 합류했다. 르노 드 샤티용(르노 드 몽레알 Renaud de Montreal) 공작도 군대를 이끌고 왔다. 또한 나폴리의 발리안(이벨린의 발리안), 시돈의 르노(르노 가르니

37 출전: *De Expugnatione Terrae Sanctae Saladinum* [The Capture of the Holy Land by Saladin], ed. Miles Christi, Creat Space Independent Publishing, 2009, pp. 12-22.

에), 그리고 팔레스타인에 있는 카이사레아 영주 고티에 가르니에 역시 자신들의 군대를 이끌고 왔다. 전쟁을 치를 수 있는 단 한 사람까지도 도시와 시내, 혹은 성채에 남아 있었고, 국왕의 명령 없이는 그곳을 떠나지 않았다. 이 군대는 충분한 보급을 받지 못했다. 그리하여 영국 왕의 금고가 열렸고[38] 활과 창을 가진 모든 병사들에게 급료가 지급되었다. 군대는 매우 큰 규모였다. 기사가 1,200명이었으며, 투르코폴로스 병사는 셀 수 없이 많았고, 보병은 1만 8,000명 이상이었다. 많은 수의 군대, 말의 빛나는 장식물, 갑옷, 투구, 창, 금장식 방패 등 그들은 장관을 이루고 있었다. 그러나 그들은 신을 믿지 않았고 이스라엘의 보호자이자 구원자인 하느님이 구원해 주시기를 바라지도 않았다. 오히려 그들은 자신에 대한 생각에만 사로잡혀 쓸모없는 사람이 되어갔다.

그들은 예루살렘으로 사람을 보내 대주교가 성십자가를 가지고 자신들의 막사로 오기를 원했다.

그 사이 시리아인들은 요르단강을 건넜다. 그리고 크레손 샘물 근처 지역, 티베리아스로부터 베타니(Bethany)에 이르는 지역, 나사렛(Nazareth)에 이르는 지역, 그리고 타보르(Tabor)산 근교 지역을 초토화시켰다. 그 지역은 이미 시리아인에 대한 두려움으로 사람들이 떠나고 황폐해 있었으므로, 시리아인들은 곡식을 쌓아둔 곳에 불을 질렀고 다른 물건들도 모두 불태웠다. 전 지역이 그들 앞에서 불덩이처럼 타올랐다. 그들은 여기에 만족하지 못하고 성산에 올

38 몇 년 전 영국 왕 헨리 2세가 성지 수호에 써달라며 거금을 기부했다.

라갔다. 그곳은 모세와 엘리야가 나타난 이후 우리 구세주께서 베드로, 야곱, 요한에게 앞으로 있을 부활의 영광을 주님의 현용(transfiguratio)으로 보여주신 곳이다. 사라센인들이 이곳을 더럽혔다.

선발대가 파괴한 이후 살라딘과 그의 본진은 강을 건넜다. 살라딘은 티베리아스로 진격하여 포위하라고 명령했다. 7월 2일 목요일 티베리아스는 궁수들로 에워싸였고 전투가 벌어졌다. 레몽 3세의 아내인 에쉬바 백작부인과 갈릴리인들은 도시가 무방비 상태였으므로 백작과 왕에게 소식을 전했다. "투르크인들이 도시를 포위했습니다. 전투에서 그들은 성벽을 뚫고 들어왔으며 이제는 우리 목전에 와 있습니다. 즉시 도와주십시오. 그러지 않으면 우리는 포로가 될 것입니다."

시리아인들은 전투에서 승리를 거두었다. 갈릴리인들은 더는 버틸 수 없게 되자 성채와 도시를 넘겨주었다. 그들은 이교도들이 성채 안으로 들어오기 전에 도망갔다. 도시는 함락되어 불탔다. 그러나 이집트 왕(살라딘)은 기독교 군대가 자신들에게 접근하고 있다는 것을 듣고서 성채를 포위하고 있을 수 없었다. 그는 말했다. "그렇다면 좋아. 그들을 포로로 만들어 주지."

7월 2일 목요일 저녁, 예루살렘 왕은 갈릴리인들의 편지를 받고 난 후, 군대 지휘관들을 소집해서 앞으로 취해야 할 행동에 대해 조언을 구했다. 그들 모두는 새벽에 성 십자가를 들고 적들과의 전투 준비를 한 채, 전투 대형으로 정렬하여 행군을 시작해야 한다고 조언했다. 그렇게 해야 티베리아스를 구할 수 있을 것이라고 했다. 트리폴리 백작은 이 말을 듣고 이렇게 말했다. "티베리아스는 나의 도시이며 내 부인이 그곳에 있소. 당신들 중 누구도 나보다 더 그 도시와 관련이 있는 사람은 없을 것이오. 물론 기독교와의 관련성을 제외하고 말이오. 당신들 중 누구도 나보다 더 티베리아스를 돕고자 하는 사람은 없을 것이오. 그러나 우리와 국왕 모두 물, 음식, 다른 생필품으로부터 멀리 떨어져서는 안 되오. 만약 멀리 있게 된다면, 수많은 사람들이 고독, 배고픔, 갈증, 타는 듯한 열기에 따른 죽음에 이르게 될 수 있소. 여러분이 잘 알고 있다시피, 더위는 혹독하며 사람들의 숫자는 많기 때문에, 그들은 막대한 양의 물을 공급받지 못한다면 반나절도 견디기 힘들 것이오. 게다가 물이 부족하여 사람과 동물이 죽게 된다면 적들에게 가까이 갈 수조차 없을 것이오. 그러므로 음식과 물이 있는 곳 가까이에 머물러야 하오. 틀림없이 사라센인들은 사기가 충천하여 도시를 차지하고 나면 오른쪽이든 왼쪽이든 벗어나지 않고 똑바로 우리를 공격할 것이오. 그러면 우리 병사들은 휴식을 취하며 빵과 물로 배를 채운 뒤 막사에서 즐겁게 전장으로 출발하면 되는 것이오. 우리와 우리의 말들은 원기를 회복한 상태일 것이오. 우리는 성 십자가의 도움과 보호를 받을 것이오. 그러면 쉬지도 못한 채 갈증으로 지쳐 있는 불신자들과 격렬하게 싸워서 이길 수 있을 것이오. 예수 그리스도의 영광이 우리와 함께 있다면 그리스도 십자가의 적들은 바다나 강으로 되돌아가기 전에 생포되거나 칼이나 창에, 또는 갈증 때문에 죽게 될 것이오. 그럴 리야 없겠지만, 상황이 우리의 뜻에 어긋나게 전개된다면 우리는 이곳 성채로 도망올 수 있을 것이오." 그러나 "남의 말 잘 듣는 사람이 왕이 되어 신하들이 아침부터 잔치판을 벌이게 되면 그 나라는 망한다"[39]라고 했다. 우리의 젊은 왕은 젊은 사람들의 조언을 따랐고, 반목과 질시에 가득 찬 우리의 신하들은 이웃을 갉아

먹기에 바빴다. 그들은 자신과 다른 사람들을 구할 수 있는 조언을 저버렸다. 그들은 자신들의 어리석음과 단순함 때문에 땅과 백성과 자신을 잃어버린 것이다.

그리하여 7월 3일 금요일 그들은 군대 단위로 생필품을 남겨놓은 채 행군을 시작했다. 트리폴리 백작은 지위에 걸맞게 선두 열에서 있었고 다른 사람들은 관례에 따라 그의 좌우편으로 뒤따랐다. 국왕 대대와 성 십자가 대대가 뒤를 따랐고 지형에 따라 군대의 배후 보호를 맡은 템플 기사단이 맨 뒤를 따랐다.

그들은 사푸리야를 향해 행군했는데 이는 앞서 말했듯이 티베리아스로 가기 위함이었다. 도시에서 3마일쯤 떨어진 곳에 마레스칼리아(Marescallia)라는 마을이 있었다. 이곳에서 그들은 적의 공격으로 고립되었고 갈증 때문에 더는 전진하지 못했다.

그들은 1마일 정도 떨어진 갈릴리 호수로 가기 위해 좁고 험준한 지역을 통과했다. 이러한 이유로 백작은 왕에게 이렇게 전했다. "우리는 서둘러 이 지역을 벗어나야 합니다. 그래야 물에 안전하게 접근할 수 있습니다. 그러지 못한다면, 우리는 물이 없는 곳에 막사를 쳐야 할 위험이 있습니다." 이에 대해 국왕은 이렇게 대답했다. "우리는 즉시 통과할 것이다."

그동안 투르크인들은 군대의 배후를 공격했고, 템플 기사단과 후미의 군대는 거의 저항할 수 없었다. 갑자기 국왕은 막사를 설치하라고 했다. 그것은 우리를 죽음에 이르게 하는 것이었다. 백작은

39 공동번역 성서, 전도서 10장 16절.

뒤돌아서 막사가 설치되는 것을 보더니 이렇게 외쳤다. "오, 하느님, 전투는 끝났습니다! 우리는 배신당하여 죽음에 이르렀습니다. 왕국은 끝났습니다."

그리고 그들은 슬픔과 분노에 싸여서 밤새 건조한 지역에 막사를 설치했고, 그곳에는 물보다 더 많은 피가 흘렀다. 무슬림 군대인 에사우의 아들들은 하느님의 백성(십자군)을 에워쌌고 주변의 건조한 덤불에 불을 놓았다. 밤새 쏟아지는 화살과 불꽃의 열기와 화염은 배고프고 목마른 사람들의 고통을 배가시켰다.

그날 밤 하느님은 그들에게 눈물이라는 빵과 죄책감이라는 포도주를 주셨다. 마침내 죽음의 먹구름이 걷히고 슬픔과 고난, 비탄과 파괴의 날이 밝았다. 날이 밝았을 때, 시리아 왕은 티베리아스를 떠나 군대를 이끌고 기독교도와 전투를 벌이기 위해 기독교 진영으로 향했다. 그는 우리를 공격할 준비를 갖추었다. 우리 군대는 전투대형을 갖춘 채, 이 지역을 서둘러 빠져 나가서 물이 있는 지역에 당도한 뒤 원기를 회복하면, 적들과 다시 힘차게 싸울 수 있을 것으로 생각했다. 백작은 물이 있는 곳을 장악하기 위해 재빨리 움직였으나, 이미 투르크인들이 그곳으로 접근하고 있었다. 우리 군대가 전투 대형으로 배치되고 보병이 적의 화살에 맞서도록 명령을 받았다. 기사들은 창으로 적들의 공격으로부터 보병을 보호했다. 그리하여 서로가 서로를 보호하게 됨으로써 보병과 기사 모두 안전했다.

이때 사라센인들은 이미 도착해 있었다. 보병은 하나의 쐐기 모양으로 대형을 이루어 산꼭대기로 빠른 속도로 올라갔다. 이들은 운명에 맡겨두는 수밖에 없었다. 국왕, 주교, 그리고 다른 사람들은 성 십자가와 순교자들의 유산과 하느님의 군대, 그리고 자기 자신들을 보호하러 되돌아오라고 소리쳤다. 그러나 군대는 "우리는 갈증으로 죽을 지경이어서 더 이상 싸울 수 없으므로 돌아갈 수 없다"라고 대답했다. 다시 한 번 명령이 떨어졌지만, 그들 역시 다시 한 번 거부했다.

그동안 템플 기사단, 병원 기사단, 그리고 투르코풀로스들은 배후에서 군대를 보호하기 위해 치열하게 싸우고 있었다. 그러나 그들은 이길 수 없었다. 왜냐하면 적들이 사방에서 달려들었고 화살이 빗발쳤기 때문이다. 기독교도들은 부상당했다. 그들은 조금 전진하여 국왕에게 큰 소리로 도움을 요청했다. 국왕과 그 측근들은 보병이 돌아오지 않은 상태에서 보조원도 없이 스스로 투르크인들의 화살을 버텨낼 수 없다고 생각했다. 성 십자가의 은총으로 그들은 막사를 세워서 사라센인들의 화살을 막아 보려고 했으며 그리하여 좀 더 쉽게 버티고 있었다. 그리하여 전투대형은 무너졌다. 각 단위부대는 성 십자가 주변으로 모여들었고, 그 주변은 온통 혼란에 휩싸였다. 트리폴리 백작과 함께 선두 대형에 있던 병사들은 국왕, 병원 기사단, 템플 기사단, 그리고 다른 사람들이 투르크인들과 서로 엉켜 있는 것을 보았다. 그들은 자신들과 국왕 사이에 엄청난 수의 야만인들이 있는 것을 보았고, 그래서 그들은 성 십자가로 되돌아갈 수 없었다. 그들은 이렇게 소리쳤다. "돌파할 수 있는 사람은 가보아라, 전투는 우리에게 유리하게 전개되고 있지 않다. 우리는 도망갈 기회조차 잃어버렸다." 그동안 엄청난 수의 시리아인들이 활을 쏘며 기독교인들을 공격하여 죽였다.

그때 성 십자가를 지키고 있던 아크레 주교가 심각한 부상을 당했다. 그는 십자가를 지키는 임무를 리다(Lydda) 주교에게 넘겼다. 수많은 이교도들은 언덕의 경사면을 따라 도망가던 보병을 공격하여 언덕에서 밀어냈다. 이교도들은 남은 사람들을 쓰러뜨렸고 몇몇을 포로로 잡았으며, 나머지는 죽였다.

이를 본 백작과 부하들은 말을 달려 전진하다가, 나폴리의 발리안, 르노 드 샤티용, 그리고 다른 사람들과 함께 되돌아왔다. 좁은 지역에서 그들이 말을 달려왔으므로 기독교도들을 쓰러뜨리며 일종의 다리를 만들었고 기병에게는 길을 터 준 셈이었다. 이러한 방법으로 그 좁은 지역에서 아군과 투르크인을 뚫고 십자가를 넘어서 빠져 나올 수 있었다. 그들은 오직 목숨만 건져 나왔다.

사라센인들은 하느님의 나무 십자가, 국왕, 나머지 사람들, 그리고 부서진 교회 주위에 모였다. 더 말해 무엇하랴? 사라센인들은 기독교인에 대해 승리를 거두었고, 이에 매우 만족해했다. 나도 할 말이 없다. 눈물을 흘리거나 통곡하는 것이 말로 하는 것보다 낫다. 아! 우리 구세주이신 하느님의 십자가가 저 저주받은 자들의 손에 들어가는 과정을 어찌 이 불경스러운 입으로 이야기할 수 있단 말인가? 나처럼 미천한 사람이 삶에서 그런 일을 목도해야 한다는 것이 한스러울 뿐이다!

다음날 르노 드 몽레알(르노 드 샤티용) 공작이 처형되었다. 템플 기사단과 병원 기사단은 석방금을 내고 풀려났고 다른 투르코폴로스들은 처형당했다. 살라딘은 백작부인과 티베리아스 성채에 있던 사람들이 성채에 남아 있도록 하고, 원한다면 안전하게 원하는 곳으로 갈 수 있게 하라고 명령했다. 그렇게 끝이 났다. 도시는 넘어갔다. 살라딘이 들어왔다. 성채의 방어가 강화된 뒤 그는 사푸리야로 갔다. 예전에 기독교인들이 막사를 만들었던 그곳에 시리아 왕이 그의 막사를 만들었다. 그는 그곳에 며칠 더 남아 있으면서 승리를 축하했다. 그는 십자군의 유산을 그 상속자들이 아니라 태수와 지도자들에게 적절히 분배했다.

## 5. 살라딘의 예루살렘 함락(1187년)

### 살라딘이 예루살렘을 점령하다(이븐 알아시르)[40] 이슬람

☞ 살라딘은 힛띤(하틴) 전투에서 승리를 거둔 후 해안 일대를 점령하고 이슬람 진영의 숙원과제인 예루살렘 탈환에 전념했다. 예루살렘의 프랑크인들은 남은 병력을 총동원해 무슬림군의 공격을 막아보려 했지만 패색이 짙어지자 자신들의 안전 보장을 조건으로 투항해 왔다. 1099년 십자군이 예루살렘을 점령했을 때 약탈과 살육을 저질렀던 것과 대조적으로 살라딘은 프랑크인 포로들을 몸값을 받고 풀어 주었다. 반면, 일부 무슬림 영주들은 점령 시기의 혼란을 틈타 프랑크인 주민들로부터 거둔 몸값을 착복하는 등 부정 행위를 서슴지 않았다.

전술한 바처럼, 살라딘은 아스칼론과 그 인근 지역을 점령하고 난 뒤 이집트에 있던 함대를 출발시켰다. 함대의 전투 병력을 이끄는 지휘관은 후삼 알딘 루으루으 알하집으로 그는 용맹과 대담함,

40 출전: ابن الأثير، المصدر السابق، المجلد 11، ص 546-553؛ حسين أحمد أمين، المرجع السابق، ص 173-179.

낙관적인 성격으로 알려져 있었다. 함대 병력은 바다에 머물면서 프랑크인들의 항로를 차단했다. 함대는 프랑크인들의 선박을 보기만 하면 붙잡았고 갤리선도 나포했다. 함대가 도착해 그 일대에 대한 우려가 가시자 살라딘은 아스칼론에서 예루살렘으로 떠났다. 예루살렘에는 프랑크인들의 고위 주교가 있었는데 그의 위세는 왕보다 높았다. 그곳에는 또한 라믈라의 영주인, 바르잔의 아들 발리안[41]이 있었는데 프랑크인들에게 그의 지위는 왕의 지위에 가까웠다. 또한 힛띤에서 살아남은 기병들이 그곳에 도착해 집결해 있었고, 아스칼론과 그 밖의 지역에서 온 사람들도 모여 있었다. 그곳에 모여든 많은 사람들은 무슬림들이 예루살렘을 점유하고 탈환하느니 차라리 자신들이 죽는 게 더 나을 거라고 생각했다. 그들은 자신들의 목숨과 재산, 자식들을 희생해서라도 예루살렘을 지킬 의무가 있다고 여겼다. 그들은 며칠 동안 모든 방법을 동원해 그곳을 방비했다. 그들은 칼과 쇠로 된 무기를 들고 예루살렘 성벽 위로 올라가 최대한 노력을 기울여 그곳을 사수하기로 합의했고, 할 수 있는 한 싸우겠다는 결의를 보였다. 그들은 성벽 위에 투석기를 설치해 그곳에 접근하려는 자를 막으려 했다.

살라딘이 예루살렘에 접근해 갔을 때 한 아미르가 자신의 부하들을 이끌고 주의를 기울이지 않은 채 선두에 나섰다. 그때 예루살렘에서 정찰하러 밖으로 나온 프랑크인 무리가 그와 마주쳤다. 그들은 아미르와 전투를 벌여 그를 죽이고 그와 함께 있던 병사들도

41 Baliaan son of Barzaan. 이벨린의 발리안.

죽였다. 무슬림들은 그의 죽음으로 근심했고 그를 잃은 것에 괴로워했다. 무슬림들은 진군하여 마침내 라잡 월(1187년 9월) 보름에 예루살렘에 당도했다. 그곳에 도착한 무슬림들은 성벽 위에 두려움이 들 만큼 많은 남자들이 있는 것을 보았다. 또한 도시 안에서 울려오는 사람들의 큰 소리를 들었는데 그것은 그 안에 많은 사람들이 있음을 말하는 것이었다. 살라딘은 5일간 도시 주변을 돌아보면서 어느 쪽에서 공격할지를 살폈다. 성은 난공불락이라 할 만큼 견고했다. 그는 바브 아무다(باب عمودا)와 시온 교회 방향인 북쪽 외에는 공격할 지점이 없음을 알아냈다. 그는 라잡 월 20일에 그 방향으로 이동해 머물렀고, 그날 밤 투석기를 설치하기 시작해 다음날 아침에 설치를 마치고 투석 공격에 들어갔다.

프랑크인들은 도시 성벽 위에 세운 투석기로 공격했다. 유례가 없을 만큼 극도로 격렬한 전투가 벌어졌다. 양측 병사들은 자신들의 종교를 위해 당연하다는 듯 결연한 자세로 임했다. 강제로 시킬 필요도 없었고 자제시키려 해도 그들은 아랑곳하지 않았다. 매일같이 프랑크 기병들은 성 밖으로 나와 전투에 참여했다. 양측 병사들이 죽었다. 무슬림들 중 순교한 자 중에는 아미르 잇즈 알딘 이사 이븐 말리크가 있는데 그는 상급 아미르로, 그의 부친은 자으바르 성채의 영주였다. 잇즈 알딘은 매일 몸소 전투에 나갔다가 결국 전사해 지고하신 알라께서 주시는 자비의 은총을 입게 되었다. 그는 상류층과 일반인 모두가 좋아한 자였다. 무슬림들은 그의 사망 소식을 접하자 큰 충격을 받고 슬퍼했다. 무슬림들은 하나가 되어 공격해서 프랑크인들을 몰아붙여 다시 성 안으로 들어가게 했다. 무슬림들은 해자에 도착한 뒤 해자를 건너 성벽에 붙어 구멍을 뚫기 시작했다. 궁수들이 와서 공병을 엄호했고 투석기는 돌을 쏘아서 프랑크인들을 성벽에서 제거함으로써 무슬림 공병들이 구멍을 낼 수 있도록 했다. 공병들은 구멍을 뚫은 뒤, 늘 하던 대로 그 안에 폭약을 넣었다.

프랑크인들은 무슬림들이 격렬하게 싸우는 모습과 투석기의 연속 공격, 그리고 공병들이 성벽에 구멍 뚫는 것을 보고는 자신들의 파멸이 다가왔음을 직감했다. 이에 프랑크 지휘관들은 모여서 계속 싸울 것인지 중단할 것인지에 관해 상의했다. 그들은 안전 보장을 요구하고, 예루살렘을 살라딘에게 양도하기로 합의했다. 그들은 안전 보장을 요구하러 자신들 중에서 한 무리의 고위 관리들을 파견했다. 그 대장들이 술탄에게 요구사항을 말하자 술탄은 답변을 자제하다가 말했다.

"나는 너희가 491/1099년에 그곳을 점령했을 때 그 안의 주민들에게 했던 그대로, 저지른 악행에 대해 동일한 방식으로 너희에게 행할 것이다."

사신들이 협상에 실패하여 절망한 채 돌아오자 바르잔의 아들 발리얀이 파견되었다. 그는 살라딘을 알현하여 이 문제를 상의하기 위해 일단 자신의 안전을 요구했다. 응답이 와서 그는 술탄을 뵙고 프랑크인들의 안전 보장을 간절히 요구했으나 술탄은 그 문제에 대해 답하지 않았다. 다시 발리얀은 동정과 자비를 청했지만 술탄은 거절했다. 발리얀이 실망하여 술탄에게 말했다.

"술탄이시여, 이 도시 안에는 우리 측의 많은 사람들이 있습니다. 사람들은 전투에 지친 채 안전을 요구하고 있습니다. 그들은 당신이 다른 사람들의 요구에 응하셨듯이, 자신들의 요구에도 답해 주시리라 여기고 있습니다. 그들은 죽기를 원치 않으며 살고 싶어 합니다. 만일 우리가 죽음을 피할 수 없게 된다면 진정코, 우리는 우리 자식들과 여자들을 죽이고 우리의 재산과 물건을 불태워 버릴 것입니다. 그래서 당신들이 한 푼의 디나르나 디르함도 가져가지 못하게 할 것이고 우리 중 어느 남녀라도 포로로 잡아가지 못하게 할 것입니다. 그렇게 하고 나서 우리는 바위의 돔(Dome of the Rock) 사원과 알아크사 사원, 그 외 다른 건물들을 파괴할 것입니다. 그런 뒤 우리는 우리 수중에 있는 5천 명의 무슬림 포로들을 죽일 것입니다. 또한 우리는 한 마리의 가축이나 동물도 남기지 않고 모조리 죽여 버릴 것입니다. 그런 뒤 우리는 모두 당신들에게로 나가, 필사적으로 자신의 목숨을 지키기 위해 싸울 것입니다. 전투에 임해 우리 편 남자들은 상대방을 죽이고서야 죽음을 맞이할 것입니다. 우리는 숭고하게 죽음으로써 명예를 얻을 것입니다."

살라딘은 부하들과 문제를 상의했다. 부하들은 프랑크인들이, 결과가 어떻게 나타날지 알 수 없을 정도의 무모한 행동을 하지 않도록 그들의 안전을 보장해 주기로 합의했다. (그 내용은 이러했다.) "우리는 프랑크인들을 우리 수중에 있는 포로들로 간주해 우리와 그들 간에 정해진 값으로 그들을 팔면 됩니다."

그러자 살라딘은 프랑크인들에게 안전을 보장하는 답을 주었다. 결정된 바에 따라 남자 1명은 빈부에 상관없이 10디나르, 남녀 어린이는 1명당 2디나르, 여자는 5디나르로 값이 매겨졌다. 40일 내에 그 값을 낸 사람은 구명된 반면, 40일이 경과해도 돈을 내지 못한 사람은 노예가 되었다. 바르잔의 아들 발리얀은 가난한 사람들을 위해 3만 디나르를 지불하기로 했고 그 제안은 수락되었다.

도시는 라잡 월 27일, 금요일(1187년 10월 2일)에 양도되었다. 그 날은 기억될 만한 날로, 성벽 위에는 이슬람 깃발이 게양되었다. 살라딘은 도시의 여러 대문의 구역들과 관련해, 각 구역마다 영주들 중에서 재무 담당관을 임명해 도시의 주민들로부터 정해진 바에 따른 몸값을 징수하게 했다. 그러나 재무 담당자들은 속임수를 써서, 임무를 수행하지 않고 거둔 재물을 나누어 가짐으로써 포로들로부터 거둔 돈이 사라졌다. 만일 제대로 징수되었다면 국고는 넘쳐나 백성들에게 혜택을 주었을 것이다. 도시 안에는 정확한 계산으로 기병과 보병을 포함해 6만 명의 남자가 있었고, 또한 그들에 속한 여자들과 어린아이들이 있었다. 그것은 그렇게 놀랄 만한 점은 아니다. 그 도시는 커서 아스칼론과 그 외 지역들, 그리고 알다룸이나 라믈라, 갓자 등의 마을들에서 사람들이 몰려들어와, 길이나 교회도 사람들로 가득해서 걸어다닐 수 없을 지경이었다. 그곳의 인구가 얼마나 많은지 보여주는 증거는 이러하다. 즉, 주민들 대부분이 정해진 몸값을 지불했고, 또한 바르잔의 아들 발리얀이 몸값으로 3만 디나르를 지불하여 1만 8천 명을 풀어 주었다. 그런 뒤 남은 사람들은 모두 값을 치를 돈이 없는 자들로, 남녀와 아이를 포함해 1만 6천 명이 포로로 잡혔다. 이것은 정확하게 산정된 수치이다.

그런 뒤 한 무리의 영주들은 저마다 자신의 봉토에 속한 백성들이 예루살렘에 거주하고 있다고 주장하며 일부 사람들을 풀어 주고 그들에게서 세금을 취했다. 또 다른 몇몇 영주들은 프랑크인들에게 무슬림 군대의 복장을 입히고 밖으로 빼내 주면서 그들로부터 책정한 세금을 징수했다. 또한 어떤 영주들은 살라딘에게 다수의 프랑크인을 선물로 달라고 요청해 그들을 하사받은 뒤 그들로부터 세금을 가져갔다. 전체적으로 술탄의 국고에는 적은 양의 재화만 들어왔을 뿐이다.

예루살렘에는 비잔티움 왕가 출신의 한 여자가 수녀가 되어 그곳에 머물고 있었다. 그녀에게는 시중꾼과 노예, 여종들로 이루어진 한 무리의 사람들이 있었고, 재화와 값비싼 보물도 많이 있었다. 그녀는 자신과 더불어 자신에 속한 사람들을 위한 안전보장을 요청했고 술탄은 안전을 약속하여 그들을 보내 주었다. 또한 술탄은 예루살렘 왕비[42]를 석방해 주었다. 살라딘에게 포로로 잡힌 그 왕비의 남편[43]은 그녀 덕에 프랑크인들의 왕이 되었던 자로, 그는 아내를 대신해 왕의 직책을 수행하고 있었다. 술탄은 그녀의 재화를 그대로 두었고, 그녀의 시중꾼들을 풀어 주었다. 그녀는 자신의 남편에게 가기 위해 술탄에게 허락을 구했다. 당시 그녀의 남편은 나블루스에 있는 성채에 감금되어 있었다. 술탄이 허락하여 그녀는 남편에게 가서 함께 머물렀다. 또한 알카락의 영주인 알브린스 아르나뜨의 부인이 술탄에게 왔다. 아르나뜨는 힛띤에서의 전투에서 살라딘에 의해 피살된 자이다. 그녀는 술탄의 포로로 있는 자기 아들의 석방을 청했다. 살라딘은 그녀에게 "그대가 알카락을 양도하면 아들을 풀어 주겠소"라고 말했다. 그녀는 알카락으로 갔는데 그곳의 프랑크인들은 그녀의 말을 듣지 않았고 알카락을 양도하지 않았다. 그래서 술탄은 그녀의 아들을 풀어 주지 않았지만 그녀의 재산은 돌려주고 그녀에 딸린 자들도 풀어 주었다.

---

42 시빌.

43 기 드 뤼지냥.

프랑크인들을 맡은 대주교도 성 밖으로 나갔다. 그에게는 바위의 돔과 알아크사 사원, 예수 부활 교회 등을 팔아서 생긴 재화가 있었는데, 이는 알라만이 아시는 일이었다. 그자에게는 그런 재화가 있었으나 살라딘은 그에게 주의를 기울이지 않았다. 술탄은 "그자가 가진 재물을 몰수하십시오. 그것으로 무슬림들을 지원할 수 있습니다"라는 조언을 들었지만, "나는 그자를 배신하지 않겠다"라고 말했고, 그자에게서 단 10디나르만을 받았다. 술탄은 모든 사람을, 병사들의 호위하에 티레로 가게 해주었다.

한편 바위의 돔의 꼭대기에는 금칠한 커다란 십자가가 있었다. 무슬림들이 금요일에 도시에 들어가자 그들 중 한 무리가 사원 꼭대기로 올라가 십자가를 뽑았다. 그들이 그렇게 해서 십자가가 떨어졌다. 도시와 주변 지역의 사람들은 모두 한목소리로 외쳤다. 그들은 무슬림들과 프랑크인들이었다. 무슬림들은 기뻐하며 '알라는 위대하시다'라는 구절을 외친 반면에, 프랑크인들은 슬퍼하고 괴로워하며 소리쳤다. 사람들은 큰 소리를 들었는데 그 소리가 너무도 크고 강해서 지진으로 몸이 떨리는 것 같았다.

술탄이 도시를 점령하고 불신자들이 그곳을 떠나자 살라딘은 건물들을 원상태로 복원할 것을 명했다. 예전에 템플 기사단은 알아크사 사원 서쪽에 자신들이 거주할 건물을 지었고, 그 안에 필요한 창고나 화장실 등을 만들어 놓았으며, 알아크사 사원의 일부를 자신들의 건물에 포함시켰다. 술탄의 명에 의해 알아크사 사원은 원상태로 복원되었다. 술탄은 알아크사 사원과 바위의 돔 사원을, 지난날의 오욕에서 벗어나도록 정화시킬 것을 명했으며 모두 그대로 진행되었다. 그다음 금요일, 샤으반 월 4일째(10월 9일)에 무슬림들은 예루살렘에서 금요 예배를 드렸다. 살라딘은 신도들과 함께 바위의 돔에서 예배를 드렸다. 설교가이자 이맘직을 맡게 된 자는 다마스쿠스의 까디(판사)인 무흐이 알딘 이븐 알자키였다. 또한 살라딘은 예루살렘에서 다섯 차례의 예배 의식을 맡을 설교가이자 이맘을 정해 주었고, 그를 위해 민바르(설교단)를 설치할 것을 명했다. 살라딘은 이런 말을 들었다.

"누르 알딘 마흐무드(이븐 장기)는 알레포에서 민바르를 마련했는데 그는 제작자로 하여금 최고의 솜씨를 발휘해 만들라고 지시했습니다. 누르 알딘은 '이것은 우리가 만든 것으로 예루살렘에 설치될 것이다'라고 말했습니다. 그래서 목수들은 몇 년간에 걸쳐 그것을 만들었습니다. 이슬람 역사에서 그런 민바르는 유례가 없었습니다."

술탄의 명에 따라 그것은 알레포에서 옮겨와 예루살렘에 세워졌다. 그 민바르가 제작된 시기부터 예루살렘으로 운반되기까지는 20여 년의 기간이 있었다. 이 일은 누르 알딘의 은덕과 선의에 의해 이루어진 것이다. 알라의 자비가 그에게 있기를.

살라딘은 금요 예배를 마치자 알아크사 사원의 복원을 위한 보수, 포장용 판석 공사, 문양 장식 등의 작업에 착수했다. 사람들은 견줄 데 없는 양질의 대리석, 콘스탄티노플의 금칠된 보석 등과 같이 여러 해 동안 보관해온 필요한 자재를 가져왔다. 그들은 알아크사 사원을 복원하기 시작했고, 그 건물들에 그려져 있던 그림들을 지웠다. 프랑크인들은 바위의 돔의 바위 위에 대리석을 깔아서 바위를 보이지 않게 했는데 살라딘은 바위를 드러내게 하라고 명했다. 프랑크인들이 대리석으로 덮었던 이유는, 신부들이 바위의 많은 부분을 떼어내 바다를 건너 찾아오는 프랑크인들에게 팔았기 때문이다. 프랑크인들은 축복을 기원하며 그 바위 조각을 무게로 달아 금을 주고 구입했다. 그들 중 어떤 사람은 자기 나라로 돌아갈 때 소량의 바위를 갖고 가 자신의 교회를 지으면서 그 바위 조각을 제단을 만드는 데 썼다. 몇몇 프랑크 왕들은 그 바위가 모두 없어질 것을 우려한 나머지 바위를 보존하기 위해 대리석으로 덮으라는 명을 내리기도 했다. 바위가 모습을 드러내자 살라딘은 그 사원으로 멋진 장정(裝幀)의 코란 책들과 코란 구절을 옮겨 적은 고급스러운 필사본들을 가져다 놓았고 코란 독경사들을 배치하여 그들에게 많은 직무를 맡겼다. 이슬람은 그곳에 생생하고 새로워진 모습으로 돌아왔다. 예루살렘 점령으로 비롯된 이런 위업을 이룬 자는 오마르 이븐 알캇땁—알라께서 그로 인해 기뻐하시길—이후, 살라딘 외에는 없었다. 알라의 자비가 그에게 있기를. 또한 위업으로 그에게 긍지와 명예가 더해지기를.

예루살렘 주민이었던 프랑크인들 중에는 그곳에 계속 머무는 사람들도 있었다. 그들은 들고 갈 수 없는 가재도구들과 비품, 귀중품, 그리고 실어나를 수 없는 물건을 팔았다. 그들은 그런 것을 싼값에 팔았고 군 가족 출신의 상인들이 그것을 구입했다. 프랑크인들이 아닌 예루살렘의 기독교도 주민들도 그 물건을 샀다. 프랑크인들은 살라딘에게 자신들이 살던 거처에 살게 해달라고 요구하면서, 자신들에게서 지즈야(인두세)를 받으라고 했고, 살라딘은 그들의 청을 들어주었다. 당시 주민들은 프랑크인들의 재화를 구입했다. 한편 프랑크인들은 침대, 상자, 그릇 등 팔 수 없었던 많은 물건을 남겨두었다. 또한 그들은 비할 데 없이 훌륭한 대리석, 기둥, 석판, 보석 등 많은 것을 남긴 채 떠나갔다.

## 살라딘에 의한 예루살렘 함락(익명2)[44] 유럽

☞ 하틴 전투로 인하여 예루살렘 왕국의 군대는 약화되었다. 십자군 병력은 티레(Tyre)와 같은 요새화된 해안도시로 피신했다. 7월과 8월에 걸쳐 살라딘은 예루살렘 왕국의 여러 도시와 성채를 점령했다. 그러나 티레에 대한 그의 공격은 실패로 돌아갔다. 그러자 그는 티레를 놔둔 채 예루살렘을 곧바로 공격하려고 했다.

성스러운 도시인 예루살렘은 9월 20일 포위되었다. 불신자들이 모든 방면으로 에워싸고 도처에서 화살을 쏴댔다. 그들은 엄청난 무기를 지니고 있었으며 큰 소리를 내는 나팔로 "우, 우" 하고 시끄러운 소리를 냈다. 도시는 소음과 야만인들의 소리로 진동했고 잠시 동안 사람들은 이렇게 외쳤다. "진실되며 성스러운 십자가여! 예수 그리스도의 부활이여! 예루살렘과 그 백성들을 보호하소서!"

그러고 나서 전투가 시작되었고 양측 모두 용감하게 싸웠다. 그러나 슬프게도 너무도 큰 불행이 닥쳐와서 우리는 투르크인들의 공격을 열거할 수 없다. 그들의 공격은 2주 동안이나 계속되어 기독교인들은 완전히 지쳐 쓰러졌다.

그 기간에는 신이 도시를 공격하는 듯했다. 그렇지 않다면 가격

44 출전: *De Expugatione Terrae Sanctae Saladinum* [The Capture of the Holy Land by Saladin], ed. Miles Christi, Creat Space Independent Publishing, 2009, pp. 35-44.

을 당한 사람은 죽고 부상당한 사람은 도망가는 것을 어떻게 설명할 수 있단 말인가? 화살이 비처럼 쏟아져서 성벽 위로 손가락을 올리면 명중될 정도였다. 너무나 많은 사람이 부상을 당해서, 시내의 모든 병원과 의사들은 하는 수 없이 화살을 뽑아내기만 했다. 나는 얼굴에 부상을 당했는데, 화살이 콧날을 가격했다. 화살의 나무 몸통은 뽑아냈지만, 금속 부분은 지금도 내 코 안에 남아 있다. 예루살렘 주민들은 1주일 동안 충분히 용감하게 싸운 반면, 적들은 다윗탑 건너편에 편하게 앉아 있었다.

살라딘은 시간이 지남에도 사태에 진전이 없고 도시는 전혀 피해를 입지 않고 있음을 알았다. 그리하여 살라딘과 그 동료들은 도시를 완전히 에워싸고 도시의 약점을 찾아내고자 했다. 살라딘은 기독교도들의 공격을 받지 않으면서도 공성 장치를 세울 수 있어 도시를 공격하기 쉬운 곳을 물색했다. 어느 날(9월 26일) 새벽 이집트 왕(살라딘)은 막사를 조용히 옮기라고 지시했다. 막사들은 여호세팟(Jehosephat) 계곡, 올리브산, 몽주아산, 그리고 그 지역의 언덕 위에 들어섰다. 아침이 되어 예루살렘 시민들이 눈을 뜨고 어두운 구름이 걷혔을 때, 사라센인들은 자신들의 막사를 거둬서 마치 떠나는 듯이 행동했다. 예루살렘 시민들은 크게 기뻐하며 이렇게 말했다. "시리아 왕이 도망간다. 그는 계획대로 우리 도시를 파괴할 수 없었다." 그러나 사정이 변하자 이러한 기쁨은 곧바로 탄식과 슬픔으로 변했다.

살라딘은 즉시 공성 장치를 만들고 대형투석기를 세웠다. 또한 올리브 나무와 다른 나뭇가지를 모아와서 공성 장치와 도시 사이에 쌓아 놓도록 명했다. 그날 저녁 살라딘은 군대에 무장을 지시하고 공병대에게는 쇠로 만든 장치를 전진시키라고 지시했다. 그리하여 기독교도들이 어떤 조치도 취하기 전에, 성벽 바로 앞에서 모든 준비를 마쳤다. 바로 그곳에 가장 잔인한 군대인 기병 만 명이 활과 창으로 무장한 채 도열해 있어서 시내의 군대가 기습 공격하는 것을 방지했다. 실로 만 명이 넘는 병사가 활과 화살로 무장하고 방패로 막고 있었다. 그 자신은 부관들과 함께 공성 장치 옆에 있었다.

모든 일이 이렇게 진행되고 동이 틀 무렵, 사라센인들은 탑의 모서리를 파괴하며 성벽을 공격했다. 궁수들은 화살을 쏘기 시작했고, 공성 장치에 있던 병사들은 본격적으로 바윗덩어리를 날려대기 시작했다.

시내의 병사들은 그런 무기를 가지고 있지 않았으므로 성벽의 방어를 포기했다. 그들은 지쳐서 아침까지 잤다. 하느님께서 예루살렘을 보호하지 않으셨다면, 도시를 지키려는 그들의 노력은 헛된 것이 되었을 것이다. 해가 떴을 때, 탑에서 잠자던 사람들은 야만인들의 소음에 깜짝 놀랐다. 그들은 사태를 파악하고 나서 공포에 사로잡혔다. 마치 미친 사람처럼 시내를 돌아다니며 소리를 질렀다. "예루살렘 시민들이여, 서두르시오! 어서! 도와줘요! 성벽이 이미 무너지기 시작했어요! 밖에서 적들이 들어오고 있습니다!" 그들은 할 수 있는 한 용감하게 시내를 빠르게 돌아다녔다. 그러나 창, 투창, 화살, 돌, 녹아내린 납이나 구리 등을 가지고 다마스쿠스인들(무슬림들)을 격퇴하기에는 역부족이었다.

투르크인들은 끊임없이 성벽을 바윗덩어리로 세차게 공격했다. 성벽과 외벽 사이에서 투르크인들은 바윗덩어리와 소위 그리스의 불덩이(석유에서 나오는 피치를 투석기로 쏠 수 있도록 뭉친 덩어리)

를 쏘았고, 이것들은 나무나 돌 할 것 없이 닿는 모든 것을 불태워 버렸다. 도처에서 궁수들이 엄청난 양의 화살을 끊임없이 쏘아댔다. 그 사이 다른 병사들은 성벽을 박살냈다. 예루살렘 시민들은 조언을 구했다. 말과 무기를 최대한 끌어모아서 각자가 도시를 떠나고 여호세팟에 이르는 문을 통해서 굳건하게 행군해 나가자고 결의했다. 그리하여 신이 허락하신다면 적들을 성벽으로부터 조금이라도 밀어낼 수 있기를 바랐다. 그러나 그것은 투르크인 기병에 막혔고 완전히 실패하고 말았다.

칼데아인들(살라딘과 그의 군대)은 며칠 동안 용맹하게 전투를 벌여 승리를 거두었다. 이렇게 되자 기독교도들은 낙담하여 겨우 20~30명의 병사들만이 성벽을 지키고 있었다. 시내의 어떤 사람도 밤에 방어를 맡겠다고 나설 만큼 용감하지는 못했다. 심지어 100베잔트를 준다고 해도 그런 사람을 찾을 수 없었다. 거대한 성벽과 외벽 사이에서 들려오는 소리를 내가 직접 들은 바에 따르면, 강인하고 용감한 사람 50명이 자발적으로 무기를 가지고 성벽의 허물어진 부분에서 밤새 보초를 섰으며, 이들은 5천 베잔트를 받을 것이라고 했다.

그동안 그들은 시리아 왕에게 특사를 파견하여 그가 다른 사람에게 그랬듯이 예루살렘 시민에 대해서도 적의를 거두고 동맹자로서 받아들여 줄 것을 간청했다. 살라딘은 이를 거부하고 이렇게 말했다고 한다. "나는 파키흐(al-fakih 율법학자)에게서 자주 이런 말을 들었다. 예루살렘은 기독교도의 피가 아니고서는 정화되지 않는다고. 그리고 내가 시민들에게 해주고 싶은 말도 바로 그것이다." 그리하여 특사들은 확답을 얻지 못한 채 돌아갔다. 그리고 다른 사람을 특사로 다시 보냈다. 나폴리 출신의 발리안과 라니에, 토머스 패트릭이 그들인데 10만 베잔트를 살라딘에게 제공했다. 살라딘은 그 돈을 받지 않았고, 특사들의 꿈도 산산조각이 난 채 돌아왔다. 시민들은 이들을 다른 사람들과 함께 다시 살라딘에게 보내어 그가 어떤 종류의 협상을 요구하는지 물어보도록 했다. 만약 가능한 조건이라면 따를 것이고, 그렇지 않다면 죽을 때까지 싸울 것이다.

살라딘은 충고를 받아들여 예루살렘 주민들의 석방 조건을 제시했다. 10세 이상의 남자는 각각 10베잔트를 석방금으로 낸다. 여자는 5베잔트, 7세 이하의 소년은 1베잔트를 낸다. 원하는 자는 이 조건에 따라 자유를 얻게 될 것이고 재산을 가지고 안전하게 떠날 수 있을 것이다. 예루살렘 시민 중 이 조건을 받아들이지 않는 자, 그리고 10베잔트를 가지고 있지 않은 자는 전리품 취급을 받게 될 것이고 군대의 칼에 죽임을 당할 것이다. 이 협정은 돈을 가지고 있던 총대주교와 그 측근을 기쁘게 했다.

10월 2일 금요일 이 협의가 예루살렘 거리에서 큰 소리로 낭독되었다. 모든 사람들은 40일 이내에 각자가 스스로 마련하여 살라딘에게 앞서 말한 자유에 대한 세금을 바쳐야 했다. 이것을 듣고 시내의 많은 사람들이 슬픈 목소리로 흐느꼈다. "불쌍한 백성인 우리들에게 재난이 있으라! 우리는 금도 없다! 우리가 해야 할 일은 무엇인가?" 그렇게 악독한 일이 기독교도에 의해 벌어질 것이라고 누가 생각했겠는가?

아! 그러나 기독교인들 중에서 사악한 자들의 손에 의해 예루살렘이 악마들에게 넘어갔다. 파키흐와 재판관인 카디, 그리고 사라센인들에 의해 주교나 목사로 간주되는 사악한 종교인들은 우선

기도와 종교 행위를 하기 위해 하느님의 예배당으로 갔다. 그들은 그 예배당을 베이트알라(Beithhalla)라고 불렀는데 그곳에서 구원을 받는다고 믿었다. 그들은 그 예배당을 깨끗이 했다고 믿었으나, 더럽고 소름끼치는 목소리와 오염된 입술로 무슬림의 신조를 외침으로써 그 예배당을 더럽혔다. "신은 위대하시다! 신은 위대하시다!(allahu akbar!)"

우리 기독교인들은 89년 동안 예루살렘을 가지고 있었다. 아주 짧은 순간에 살라딘은 예루살렘 왕국 거의 대부분을 정복했다. 그는 무함마드 법률의 위대함을 드높였으며 무함마드의 위대함이 기독교의 위대함을 능가한다는 것을 보여 주었다.

## 6. 예루살렘 함락 소식이 유럽에 전해지다

### 알마르키스가 바다 건너의 프랑크인들을 모으기 위해 꾸민 책략[45] 이슬람

☞ 십자군은 살라딘의 예루살렘 함락으로 큰 타격을 입었다. 이에 티레의 영주인 몬페라토의 코라도가 유럽인들에게 패배 상황을 전하고 다시 십자군을 모으는 데 앞장섰다. 코라도는 기독교 성지가 무슬림들에 의해 짓밟히는 모습을 묘사한 그림으로 유럽인들의 분노를 이끌어 냈고, 이로써 3차 십자군 원정이 준비되었다.

---

45 출전: بهاء الدين بن شداد، المصدر السابق، ص 208؛ حسين أحمد أمين، المرجع السابق، ص 235-236.

티레(Tyre)의 영주인 알마르키스[46]는 프랑크인들 가운데 가장 책략이 뛰어나고 용맹스러운 자들 중 한 사람이었다. 그자야말로 바다 건너 지역의 프랑크인들이 흥분하게 된 원인을 제공한 자였다. 그는 커다란 종이에 예루살렘의 모습을 그렸다. 그림에서 그는 프랑크인들이 순례하고 중시하는 성묘 교회를 그렸다. 그들의 주장에 따르면 그 교회에는 그리스도가 십자가형을 당한 후 묻힌 묘가 있는데 그 무덤이야말로 그들의 순례 목적지로, 그들은 매년 자신들의 축일에 그 무덤 위로 빛이 내려온다고 믿고 있었다. 그는 한 무슬림 기병이 탄 말이 그 무덤 위에 올라가 있는 장면을 그렸다. 그림에서 말은 그리스도의 무덤을 짓밟고 그 위에 오줌을 누고 있었다. 알마르키스는 바다 건너 지역에 가서 이 그림을 시장과 집회에 모인 사람들에게 보여 주었다. 머리를 뒤덮는 성직자 옷을 걸친 신부들은 그 그림을 들고 다니면서 울부짖었다. 그림은 그들의 종교에 관한 것이었기에 사람들의 마음을 움직였다. 이로 인해 셀 수 없이 많은 사람들이 흥분했는데, 그 무리 중에는 독일 왕[47]과 그의 병사들이 있었다.

46 the Marquis. 몬페라토의 코라도(Corrado del Monferato).

47 (붉은 수염 황제) 프리드리히 바르바로사(Frederick Barbarossa).

## 7. 독일 황제 프리드리히 바르바로사(Frederick I Barbarossa)의 출정과 죽음(1190년)

### 독일 왕이 시리아에 도착함, 그의 죽음[48] 이슬람

☞ 3차 십자군의 일환으로 독일 왕 프리드리히가 군대를 이끌고 콘스탄티노플을 거쳐 이슬람 영토에 도착했다. 셀주크조는 왕과 아들들 간의 권력 다툼으로 독일 왕의 십자군을 저지하지 못했지만, 독일 왕이 익사하고 십자군 내부의 분열이 생겨 그의 원정은 무위로 끝났다. 한편 3차 십자군 소식에 무슬림들이 불안해하는 가운데 살라딘은 알레포를 중심으로 대응 태세를 갖추었다. 다음 자료는 십자군의 공격에 맞서 셀주크조와 아이윱조 간에 상호 연락과 협조가 있었음을 보여준다.

이해(586/1190년)에 독일 왕과 그의 군대가 자기 나라를 떠났다. 그들은 프랑크족에 속하는데 수적으로 많고, 매우 용맹스런 무리였다. 독일 왕은 이슬람이 예루살렘을 점령한 것에 대해 심기가 불편했다. 그는 자신의 군사를 모았고 그들의 장비를 충분히 갖추게 한 뒤 자기 나라를 떠나 콘스탄티노플로 향했다. 콘스탄티노플의 로마 왕은 살라딘에게 사신을 보내 소식을 알리며, 독일 왕이 자신의 영토를 통과하지 못하게 하겠다고 약속했다.

독일 왕이 콘스탄티노플에 도착했을 때 그곳의 왕은 독일 왕 휘하의 병력이 대규모임을 알고 나자 그들이 통과하려는 것을 막을 수

---

48 출전: ابن الأثير، المصدر السابق، المجلد 12، ص 48-50؛ حسين أحمد أمين، المرجع السابق، ص 236-239.

없었다. 그러나 그는 독일 왕 군대의 식량 공급을 차단했다. 왕은 백성 중 어느 누구도 그 군대가 원하는 식량을 가져다주지 못하게 했고, 그 결과 군대는 물자와 양식이 부족해졌다. 군대는 행군하여 콘스탄티노플만(灣)을 건너 이슬람 영토에 당도했다. 그곳은 낄리즈 아르슬란 이븐 꾸틀루미쉬 이븐 셀주크(قلج أرسلان بن مسعود بن سليمان بن قتلمش بن سلجق) 왕[49]의 왕국이었다. 프랑크 군대가 왕국의 초입에 도착하자 이와즈 투르크멘인들(the Ivaj Turkomans)이 그들을 공격해 괴롭혔다. 투르크멘인들은 계속 프랑크 군대를 따라다니면서, 대열에서 이탈한 자들을 죽이고, 그들이 가진 것을 최대한 빼앗았다. 때는 겨울이어서 그 지역은 추위가 심했고, 눈이 내려 쌓였다. 프랑크 군대는 추위와 굶주림, 투르크멘인들의 공격으로 죽는 자가 속출하여 그 수가 줄어들었다.

프랑크인들이 콘야시 근방에 이르렀을 때 꾸뜹 알딘 말리크샤(قطب الدين ملكشاه بن قلج أرسلان) 왕이 나가 그들을 저지하려 했다. 그러나 그에게는 그들을 감당할 만한 군대가 없어 콘야로 되돌아왔다. 그곳에는 그의 부친(낄리즈 아르슬란)이 있었다. 앞서 언급한 아들(꾸뜹 알딘)은 부친의 권력을 빼앗았고, 다른 아들들은 나라 안에 흩어져 저마다 일정 지역을 차지하고 있었다. 꾸뜹 알딘이 나갔다가 돌아올

49 잇즈 알딘 낄리즈 아르슬란 2세(عز الدين قلج أرسلان بن مسعود 551~약 581/1156~약 1185 재위): 콘야(Iconium)의 셀주크조 술탄. 낄리즈 아르슬란 2세는 생애 말기에 왕국의 영토를 10명의 아들과 그밖의 남자 친척들에게 나누어 주었다. 그 후 왕위 계승 문제를 둘러싼 다툼과 국력 약화가 약 20년간 이어졌다. 1190년에는 독일 황제 프리드리히 바르바로사가 이끄는 십자군이 콘야를 약탈했고 낄리즈 아르슬란은 성채로 피신했다. EIS-8, 'saljuqids'.

때 프랑크군은 그의 뒤를 따라와 콘야에 대한 공성전을 벌였다. 그들은 낄리즈 아르슬란에게 선물을 보내며 "우리의 목표는 당신 나라가 아닙니다. 우리는 당신 나라를 원치 않으며, 우리의 목표는 오직 예루살렘뿐입니다"라고 말했다. 그들은 낄리즈에게, 그의 백성들로 하여금 프랑크군이 필요로 하는 식량과 물자 등을 제공하도록 허락해 줄 것을 요구했다. 낄리즈는 그것을 허용하여, 프랑크 군대는 원하는 것을 받아 넉넉히 음식을 먹고 물자를 공급받은 뒤 행군을 계속했다. 그런 뒤 그들은 꾸뜹 알딘에게, 그의 백성들에게 프랑크군을 단념하도록 명령을 내려줄 것과 자기들에게 그의 아미르들을 인질로 내줄 것을 요구했다. 그는 프랑크 군대를 두려워해 그들에게, 그가 싫어하던 20명 남짓한 아미르들을 인도했다. 프랑크 군대는 인질들을 데리고 길을 갔다. 도적떼를 비롯한 여러 무리는 프랑크 군대의 길을 가로막는 일을 멈추지 않았다. 독일 왕은 데리고 있던 아미르들에게 차꼬를 채워 놓았는데, 그들 중 일부는 포로로 있는 동안 죽었고, 일부는 몸값을 내고 석방되었다.

독일 왕은 행군하여 아르메니아 영토에 이르렀다. 그곳의 영주는 라픈(لافون بن اصطفانة بن ليون)[50]이었다. 영주는 그들에게 식량과 군마용 사료를 제공했고, 그들에게 자신의 영토에 대한 통치권을 내주면서 복종을 표했다. 프랑크 군대는 안티오크를 향해 진군하다가 도중에 강이 있어 그곳에 머물렀다. 독일 왕이 몸을 씻으러 강물에 들어갔다가, 물 깊이가 허리 높이 정도 되는 지점에서 익사하고 말았

50 Leon, son of Stephan, son of Leon.

다. 알라께서 그 자의 사악함으로부터 우리를 지켜주셨다. 독일 왕에게는 아들[51]이 있어서 그가 왕위를 계승했다. 그는 안티오크로 향했다. 그의 동행자들 간에 새 왕에 관해 이견이 분분했다. 그들 중 일부는 귀국하기를 원해 그를 둔 채 떠나갔다. 그의 형제를 왕으로 삼자는 의견으로 기울어진 자들도 있었는데, 그들 또한 귀국했다. 왕은 뜻을 같이하는 자들과 함께 진군했다. 사열한 결과 군 병사는 4만 명 남짓이었으며, 그들 중에는 전염병으로 죽는 자들도 있었다. 안티오크에 도착했을 때 그들의 모습은 마치 무덤에서 끄집어 낸 시신처럼 피골이 상접해 있었다. 안티오크의 영주는 그들을 귀찮게 여겼지만 그 군대가 아크레에 있는 프랑크인들에게 갈 수 있게 잘 대해 주었다. 그들은 자발라, 라타키아 같은 무슬림들이 차지한 영토를 지나갔다. 알레포 등지에서 무슬림 병력이 프랑크 군대를 공격해 많은 병사를 포로로 잡았는데 잡힌 자들보다 죽은 자들의 수가 더 많았다. 프랑크 군대는 트리폴리에 도착해 그곳에서 며칠간 머물렀다. 그들 중 죽은 자가 많아서 남은 사람은 약 1천 명 정도였다. 그들은 해상 경로로 배를 타고 아크레의 프랑크인들에게 갔다. 그들은 그곳에 도착해, 오는 도중에 겪었던 일들을 떠올리고, 자신들끼리 이견이 있었음을 알고 나자 귀국길에 올랐다. 그런데 그들을 실은 배들이 침몰하여 그들 중 한 명도 살아남지 못했다.

낄리즈 아르슬란 왕은 살라딘에게 편지를 보내 프랑크 군대에

51 슈바벤의 프리드리히(Frederick of Hohenstaufen, Duke of Swabia).

관해 알려주면서, 그들이 자신의 영토를 통과하지 못하게 하겠다고 살라딘에게 약속했다. 그러나 프랑크 군대가 그의 영토를 통과해 버리자 그는 사신을 파견해 그들을 저지하지 못한 데 대해 살라딘에게 사과했다. 그는 아들들이 그의 권위를 인정하지 않고 그의 권력을 장악했으며, 그의 지위를 빼앗은 뒤 그에게서 이탈하고 흩어져 그에게 복종하지 않았기 때문이라고 그 이유를 밝혔다.

살라딘은, 독일 왕이 낄리즈 왕의 영토를 통과했다는 소식을 듣자 지휘관들의 의견을 물었다. 그들 중 다수는 프랑크 군대가 아크레에 있는 자들과 연락을 취하기 전에 프랑크 군대가 오는 길로 진군해서 일전을 벌이자는 의견을 내놓았다. 살라딘은 "아니오. 적군이 우리에게 다가올 때까지 지켜보다가 그들이 오면 그때 전투를 합시다. 그렇게 해야 아크레에 있는 우리 병사들이 적에게 항복하지 않을 것이오"라고 말했다. 그러나 살라딘은 알레포와 자발라, 라타키아, 샤이자르 등지에 있는 군대를 포함하는 자신의 일부 병력을 알레포의 총독 관할 구역들에 보내어 그들로 하여금 영토의 경계 지역에서 프랑크 군대의 침범 행위로부터 영토를 지키게 했다. 무슬림들의 상황은 코란에서 강대하시고 지고하신 알라께서 말씀하신 바와 같았다. "그들은 너희의 위에서, 너희의 아래에서 너희에게 왔고, 시선들은 멍하니 움직였으며 심장들은 목구멍에 이르렀다. 너희는 분명 여러 생각을 하리라. 신도들은 시련을 당했고 심하게 동요했다."[52] 알라께서 프랑크인의 사악함으로부터 우리를 보호

52 코란, 33: 10-11. 627년 이교도 집단들이 연합하여 메디나를 포위했던 사건을 가리킨다.

해 주시기를, 그리고 그들의 심중에 있는 계략을 물리쳐 주시길 바라노라.

당시 독일 왕의 군대에 대한 무슬림들의 두려움을 보여주는 예가 있다. 살라딘의 아미르들 중 한 사람이 모술 지역 내에 한 마을을 관리하고 있었고, 나의 형제—알라의 자비가 있기를—가 그 마을을 관리하고 있었다. 그곳에 밀, 보리, 여물 등의 곡물 수확이 있어, 내 형제는 곡물을 팔기 위해 아미르에게 편지를 보냈다. 그러자 "곡물을 팔지 마시오. 우리를 위해 여물을 많이 준비해 주시오"라고 적힌 아미르의 답장이 도착했다. 그런 뒤 다시 "그 곡물을 팔아도 좋소. 우리는 그것이 필요 없게 되었소"라는 내용의 그의 편지가 도착했다. 그러고 나서 그 아미르가 모술에 왔고 우리는 그에게, 곡물 판매를 금했다가 얼마 지나지 않아 왜 곡물 판매를 허용하게 되었는지를 물었다. 그가 답했다.

"독일 왕이 도착했다는 전갈이 도착했을 때 우리가 더 이상 시리아 지역을 차지할 수 없음을 확신해서 곡물 판매를 금했던 것이오. 그렇게 해서 우리가 당신에게 올 때 그 곡물이 우리의 식량이 되게끔 말이오. 그런데 지고하신 알라께서 적군을 멸하시어 우리에게 식량이 필요 없게 하셨고, 그래서 나는 당신이 곡물을 팔아 수익을 남기라는 편지를 보낸 것이오."

## 독일 황제 프리드리히 바르바로사의 최후(익명3-프리드리히 황제 전기)53 유럽

☞ 예루살렘 함락 소식은 3차 십자군을 불러일으켰다. 유럽 각국의 군주들이

이에 동참했는데, 영국 왕과 프랑스 왕이 늑장을 부리는 사이, 독일 황제는 먼저 출발했다. 1189년 5월 독일 황제 프리드리히 바르바로사(붉은 수염이라는 뜻)는 독일을 출발하여 콘스탄티노플을 거쳐 소아시아에 이르렀다. 소아시아의 콘야에서 한 차례 전투를 치렀으나 황제가 이끄는 군대는 거의 피해 없이 행진했다. 그러나 독일 황제의 군대가 강을 건너는 도중 황제가 익사하고 말았다.

유럽의 문헌은 슬픔에 중점을 두는 반면, 이슬람 문헌은 그것을 계기로 이슬람 진영이 어떻게 대응했는지에 초점을 맞추고 있다.

(1190년) 6월 10일 선봉대가 셀레우케아 평원에 진을 쳤다. 그곳까지 성 십자가의 군대(exercitus sancte cruces 십자군)는 가난하건 부자이건, 병든 자이건 건강한 자이건 작렬하는 태양과 여름의 폭염 아래 새나 산양만이 통과할 수 있는 험난한 절벽으로 이루어진 길을 뚫고 왔다. 황제는 모든 위험을 함께해 왔고 더위를 피하고 산꼭대기를 피해 왔다. 결국 그는 유속이 빠른 셀레우케아강을 건너려고 했다. 그러나 현명한 사람들이 이야기했듯이, "강물을 거슬러 헤엄치지 말아야" 한다. 황제가 다른 분야에서는 현명했으나 어리석게도 물살에 거슬러 자신의 체력을 시험했던 것이다. 다른 사람들이 말리려 했으나 황제는 물에 들어갔고 소용돌이에 휘말려 빠졌다. 종종 커다란 위험을 빠져 나왔던 황제였으나 비참하게도 죽고 말았다. 하느님의 은밀한 심판에 대해 이야기하지 않을 수 없다. "많은 사람을 죽음에 이르게 했을 때 왜 당신은 그렇게 했는가라고 어

53 출전: *Historia de Expeditione Frederici Imperatoris*, MGH, SSRG, Scriptores Rerum Germanicarum, Nova series, Berlin, 1928, t. V, pp. 91-92.

느 누가 감히 말할 수 있는가."[54] 실로 황제는 그리스도의 기사(miles Christi)[55]였으며 그리스도의 병사였고, 하느님의 땅과 십자가를 되찾겠다는 찬양받을 과업을 떠맡았다. 비록 그를 갑자기 거두어 가셨지만, 구원받을 것이다. 우리는 틀림없이 그렇게 믿는다. 그러므로 비록 늦었더라도 주변에 있던 다른 귀족들이 그를 신속히 구하려고 했고, 그를 물에서 끌어내어 강둑까지 데려왔다.

모든 사람들은 그의 죽음으로 큰 슬픔에 휩싸여 괴로워했다. 너무나도 슬픔이 커서, 어떤 사람은 희망과 공포 사이에 왔다 갔다 하다 그와 함께 생을 마감했다. 그러나 다른 사람들은 아마도 하느님이 그들을 돌보지 않으셨음인지, 절망에 빠져 기독교 신앙을 버리고 야만인들 사이에서 이교도가 되었다. 그 군주의 죽음으로 비통함과 주체할 수 없는 슬픔이 모든 사람의 마음속에 찾아왔고, 슬퍼하며 이러한 구절을 되새겼다. "아, 우리가 죄인이다. 우리의 머리에서 면류관이 떨어졌다. 그러므로 우리의 마음은 슬픔으로 가득하다."[56]

슈바벤 공작은 매우 지체 높은 제후로서 훌륭한 아버지의 대를 이은 아들이었는데,[57] 기독교 군대의 지도자로 선택되었다. 공작은

---

54 사무엘하 16장 10절 "…주님께서 다윗을 저주하라고 하시어 저자가 저주하는 것이라면, 어느 누가 '어찌하여 네가 그런 말을 하느냐?' 하고 말할 수 있겠소?"

55 십자군을 말한다.

56 애가 5장 16-17절 "저희의 머리에서는 면류관이 떨어졌습니다. 오, 애통합니다, 저희가 죄를 지었으니! 이 때문에 저희 마음은 괴롭고 이런 것들 때문에 저희의 눈은 어두워졌습니다"

57 여기서 "슈바벤 공작"은 프리드리히 바르바로사의 아들을 말하며, "훌륭한 아버지"란 프리드리히 바르바로사를 말한다. 슈바벤 공작령은 프리드리히 바르바로

그의 아버지의 시신을 킬리키아 지방의 타르수스까지 옮겨서 내장을 땅에 묻었다.

이곳에서 군대가 나뉘었다. 어떤 사람들은 기독교 군대가 있는 트리폴리를 향해 갔고, 다른 사람들은 슈바벤 공작을 따라서 안티오크로 향해 갔다. 슈베벤 공작은 그해 6월 17일 생 시메온 항구에 도착했고, 6월 19일에는 안티오크로 가서 황제를 만나려고 기다리고 있던 레오 몬스 주교의 사절을 접견했다. 사절들은 황제의 죽음에 대해 전혀 들은 바가 없었고, 비로소 그곳에서 그 소식을 듣고서 다른 사람들보다 더 슬퍼했다. 안티오크에서 황제의 장례식이 치러졌다. 애도하는 가운데 사람들은 황제의 시신 중 나머지를 사도의 왕이신 베드로에게 봉헌된 성당에 안치했다.

## 8. 프랑스 왕 필리프 2세와 잉글랜드 왕 리차드의 도착(1191년)

### 프랑스 왕과 잉글랜드 왕이 도착하다[58] 이슬람

☞ 다음은 3차 십자군의 일환으로 프랑스 왕과 잉글랜드 왕의 도착에 관한

---

사 가문의 영지이다. 호헨슈타우펜 가문은 1079년 프리드리히 1세부터 슈바벤 공작이 되었고, 프리드리히 바르바로사는 슈바벤 공작으로 보면 프리드리히 3세이다. 그런데 1152년 신성로마제국 황제에 올랐고, 황제로서는 프리드리히 1세이다. 여기에 나오는 그의 아들은 1170년 프리드리히 5세로서 슈바벤 공작이 되었고, 1191년 아크레 포위 전투에서 사망했다.

58 출전: بهاء الدين بن شداد، المصدر السابق، ص 236-243 ؛ حسين أحمد أمين، المرجع السابق، ص 239-241.

기록이다. 살라딘에 의해 무기력해진 십자군 진영이 두 유럽 왕이 이끄는 지원군의 도착에 기뻐하며 사기가 올라 다시 이슬람 진영을 위협하고 있음을 말한다. 프랑스 왕이 가져온 새 이야기에 관한 일화도 흥미롭다. 잉글랜드 왕이 원정 도중 키프로스섬을 점령하려는 야욕을 보였음도 제시된다. 두 왕의 도착 소식에 살라딘의 이슬람 진영은 우려와 긴장 속에 전쟁 준비에 들어간다.

그때(1190년 봄)부터 바닷길이 열렸고 기후가 양호해져 양 진영의 군대가 다시 전쟁에 임할 시기가 되었다. 무슬림 군대 중 첫 번째로 도착한 자는, 알말리크 알다히르(الملك الظاهر)[59]—현재 그의 아들은 알레포의 영주이다—의 아미르들 중 한 명인 알람 알딘 술라이만 이븐 잔다르(علم الدين سليمان بن جندر)였다. 알람 알딘은 고명한 노인으로 전투 경험이 많고, 탁월한 식견을 지닌 자로 술탄은 그를 존경하고 환대해 주었으며 오랜 기간 그와 더불어 전쟁에 참여한 바 있다. 그의 뒤를 이어 바을라박의 영주인 마즈드 알딘 이븐 잇즈 알딘 파루크샤(مجد الدين بن عز الدين فروخشاه بن شاهنشاه)가 왔다. 두 사람은 587/1191년 라비으 첫 달에 당도했다. 그 후에 이슬람 군대가 각지에서 도착했다.

무기력한 적군은 프랑스 왕[60]이 도착한다고 알리면서 무슬림 군대의 정찰병들과 부근의 군대를 위협했다. 프랑크인들의 훌륭한 왕들 중 한 명인 프랑스 왕은 대담성을 지닌 위대한 인물로, 그들로

---

59 알말리크 알다히르, 가지 이븐 술탄 쌀라흐 알딘 유수프 이븐 아이윱(الملك الظاهر غازي بن السلطان صلاح الدين يوسف بن أيوب 1173~1216년): 술탄 살라딘의 셋째 아들로, 1186~1216년 알레포의 통치자였다.
الزركلي، المرجع السابق، المجلد 5، ص 113.; http://en.wikipedia.org/wiki/Az-Zahir_Ghazi, 'Az-Zahir Ghazi'.

60 필리프 2세(Philip II Augustus).

팔레스타인 해안에 도착한 프랑스 왕 필리프 2세

부터 존경을 받았다. 군 병력 모두 그의 지휘를 따르고 있어서, 그는 도착 후 모두를 통솔할 예정이었다. 적군은 계속해서 프랑스 왕의 당도 소식으로 우리를 위협했고 마침내 그 왕—알라의 저주가 있기를—이 6척의 배와 함께 도착했다. 배들은 왕과 식량, 그에게 필요한 군마와 수행자들을 싣고 왔다. 그가 도착한 때는 587년 라비으 첫 달, 23일, 토요일(1191년 4월 20일)이었다.

### 좋은 징조에 관한 일화

프랑스 왕은 자기 나라에서 오면서 개인 소유의 커다란 송골매 한 마리를 갖고 왔다. 그것은 무서운 생김새에 흰색의, 보기 드문 종류의 새였다. 왕은 그 새를 소중히 여기며 무척 좋아했다. 그러던 중 송골매가 그의 손에서 벗어나 날아갔다. 그는 새를 불렀으나 새는 답하지 않았고, 그러다가 아크레 성벽 위에 내려앉았다. 우리 편 사람들이 그 새를 잡아서 술탄—알라의 자비가 있기를—에게 보냈다.

그 새가 도착한 것은 경이로운 일이자 승리를 알리는 큰 징조였다. 나는 흰색을 띠고 빛이 나는 송골매를 보았다. 나는 이전에 그것보다 더 멋진 송골매를 본 일이 없었다. 무슬림들은 그 새를 길조로 여겼다. 프랑크인들은 1천 디나르를 주고 그것을 사려 했으나 아무런 응답을 듣지 못했다. 그 후에 플랑드르 백작[61]이 왔다. 그는 프랑크인들에게 용맹스럽고 탁월한 인물이었다. 그는 라믈라가 함락되던 해에 하마와 하림을 포위한 적이 있다.

### 잉글랜드 왕—알라의 저주가 있기를—에 관한 기록

이 잉글랜드 왕[62]은 프랑크인들에게 매우 담대하고 지극히 용맹스러우며 열의가 강한 자로 알려져 있다. 그는 큰 전투를 여러 번 경험했고 전쟁에서 담대한 자였다. 프랑크족 진영 내에서 그는 왕권과 지위에서 프랑스 왕보다 아래에 있지만 재산은 그보다 더 많고, 전쟁 경험과 용감한 점에서 더 유명했다. 그에 관한 기록은 다음과 같다.

그는 키프로스섬에 도착하자, 그 섬을 지나가기 전에 반드시 그곳을 차지해 자신의 지배하에 두려는 구상을 했다. 그는 섬 사람들을 상대로 싸움을 벌였다. 섬의 영주는 수많은 병사를 모아 잉글랜드 왕과 싸우러 나왔다. 영주는 잉글랜드 왕을 상대로 격렬한 전투

61 필리프 달사스(Philippe d'Alsace)를 가리킨다. 이름에서 짐작할 수 있듯이 필리프의 가문은 원래 로렌 공작이었으나 결혼과 상속을 통해 플랑드르 백작 작위를 물려받았다. 필리프는 1191년 십자군 원정에 참여했으나 아크레에서 전염병으로 죽었다.

62 리차드 사자심왕(Richard I King of England, Richard the Lionheart).

잉글랜드의 리차드 사자심왕

를 벌였다. 잉글랜드 왕은 아크레로 사람을 보내 자신의 계획을 이룰 수 있도록 지원군을 보내달라고 요청했다. 이에 고드프루아 왕[63]은 자신의 형제와 함께 160명의 기병을 파견했다. 프랑크인들은 양 진영 간 벌어진 전투 결과를 기다리며 아크레에 남아 있었다.

주마다 첫 달(1191년 6월 8일) 토요일, 그 저주받을 잉글랜드 왕이 키프로스섬의 영주와 협정을 맺어 그곳을 차지한 뒤 왔다. 그가 온 일은 대단히 경이로웠다. 그는 병사들과 무기, 장비를 가득 실은 25척의 갤리선을 몰고 도착했다. 프랑크인들은 그의 도착에 크게 기뻐하고 환호했다. 그들은 그날 밤 잉글랜드 왕의 도착을 기뻐하며 큰 불을 피웠다. 가공할 커다란 불길은 대규모 지원군이 왔음을 알리는 것이었다. 프랑크 왕들은 잉글랜드 왕의 도착 소식으로 우리를 위협했다. 전시 중 안전 통행권을 갖고 있어 우리 측과 접촉하던 프랑크인들은, 자신들은 그 왕이 올 때까지 무슬림 지역을 공략하려던 일을 중단하고 있다고 전했다. 잉글랜드 왕은 전쟁에 관해 판단력과 경험을 갖춘 자로, 그의 도착은 무슬림들의 심중에 우려와 두려움을 남겨 주었다. 그래

63 아랍 자료는 기(Guy) 왕 대신 고드프루아(Godfrey) 왕으로 적고 있다. Francesco Gabrieli, 앞의 책, p. 213.

서 술탄—알라의 자비가 있기를—은 그 상황을 인내와 내세에서의 보상 기대, 알라께 의탁하려는 자세로 맞이했다. 알라께 의탁하는 자는 보상이 있나니.

## 잉글랜드 왕 리차드의 아크레 도착(익명4-리차드 업적록)[64] 유럽

☞ 예루살렘을 함락당한 뒤 기독교도들은 아크레로 모여들었다. 프랑스 왕 필리프 존엄왕이 먼저 도착했고, 영국 왕 리차드 사자심왕은 키프로스를 점령한 뒤 조금 늦게 도착했다. 키프로스의 점령으로 리차드의 기세는 올라 있었고, 아크레에 모여든 십자군은 프랑스 왕과 더불어 영국 왕이 도착함으로써 희망을 갖게 되었다.

아래의 문헌은 리차드의 도착과 아크레 포위 및 점령에 관한 것들이다. 리차드가 이미 키프로스를 점령했으므로 그의 명성은 이슬람 지역에도 알려져 있음을 볼 수 있다. 라틴 왕국의 기독교 기사들은 아크레를 탈환함으로써 사기가 오르게 되었고 나머지 영토도 회복할 수 있을 것으로 기대했다.

그리하여 리차드는 성공(키프로스 점령)을 뒤로하고 기쁜 마음으로 재빨리 자신이 원래 목표로 했던 아크레로 향했다. 그 다음 날 밤 강한 바람을 등에 업고 항해를 한 끝에 티레(Tyre)에 도착했다. 다시 아침에 출항하여 빠르게 나아가 얼마 지나지 않아 앞서 말한 칸달리온(Candalion)을 지났다. 곧이어 카젤 임베르트(Casel Imbert)[65]를

64 출전: *Itinerarium Peregrinorum et Gesta Regis Ricardi,* Lib. III, ch.5, 12, 14-18, ed. William Stubbs, Rolls Series, London: Longmans, 1864, pp. 210-211.

65 십자군이 아크레 북부에 건설한 도시로서 오늘날에는 아즈지브(Az-Zeeb) 또는 아치지브(Achziv)라고 불린다.

지나자 아크레의 높은 탑이 시야에 들어왔다. 기독교 세계의 도처에서 몰려든 수많은 사람들이 그 주변을 포위하고 있었다. 이들은 노동과 전쟁에 매우 잘 적응하고 있었다. 도시는 오랫동안 포위되어 있었고 지속되는 전투와 재난, 기아의 압박, 그리고 온갖 종류의 적대 행위로 고통 받고 있었다. 게다가 포위하고 있는 자들 너머에는 투르크 군대가 밀집해 있지는 않았지만 산과 계곡, 언덕과 평원을 둘러싸고 있었다. 그들의 막사가 다양한 색상으로 이루어져 있어서 햇빛에 반짝거렸다. 그중에는 살라딘의 막사도 있었고, 살라딘의 형제인 사파아딘(Safahadin 또는 사이프 앗딘 Saif ad-Din)의 막사, 그리고 카아딘(Kahadin 또는 타키 앗딘 Taki ad-Din)의 막사도 있었으므로 본진이라고 할 수 있었다. 이들은 바다를 향해 있었고, 종종 기독교도들을 격렬하게 공격했다. 리차드 왕은 이들의 모든 군대를 파악하고 있었다. 리차드가 항구에 들어올 때, 프랑스 국왕과 제후들, 군 지휘관들, 그리고 군대의 장성들이 리차드를 향해 행진을 했다. 이들은 즐겁고 기쁘게 리차드를 맞았다. 그 사람들은 리차드가 오기를 기다리고 있었다.

## 9. 살라딘의 대응 태세

### 술탄 살라딘이 병력 동원을 위해 각지에 서신을 보내다

(585/1189~1190)[66] **이슬람**

☞ 3차 십자군이 도착하여 이슬람 지역을 공격할 것이라는 소식을 접한 살라

딘은 크게 우려하는 기색을 보인다. 그는 무슬림들이 앞서 아이윱조 군대가 십자군에게 거둔 승리에 취해서 안일한 자세로 있음을 간파하고, 각 지역 무슬림들에게 경각심을 불러일으킨다. 살라딘은 십자군 진영 사람들이 단결하고 희생하면서 기독교 사명에 투철한 점을 언급하는 한편, 이와 대조적으로 무슬림들의 정신력이 약화돼 있음을 지적하면서 다시 지하드 정신을 되살려 전투 태세를 갖출 것을 당부한다. 웅변조의 연설문 성격을 띤 글로 청자의 관심을 유도하기 위해 수사학적 표현이 사용되고 있다.

"찬미받으시고 지고하신 알라께 바라오니 저들(프랑크인들)의 노기(怒氣)를 잠재우고 저들의 거주 지역을 파괴하는 데 무슬림들의 열의가 움직이게 하소서.

바다가 저들을 지원하는데 대지가 저들을 차단하지 않는 한, 국토는 저들로 인해 계속 시련을 겪을 것이며, 마음은 늘 저들의 질병으로 인해 병들어 있을 것이다. 무슬림들의 열의, 종교 신앙을 지닌 자들의 긍지, 굳은 믿음을 지닌 자들의 명예심은 어디에 있는가? 우리는 다신교도들의 상호 협력에, 그리고 무슬림들의 안이함에 여전히 놀라움을 금치 못한다. 무슬림들 중에는 부르는 자에게 응답하는 이가 없고, 굽은 것을 곧게 잡으려는 이가 없다. 프랑크인들을 보라. 저들이 어느 지역까지 당도했는지, 어떻게 군대를 모집했는지, 어떤 목표를 추구했는지, 어떻게 지원군을 보냈는지를. 그리고 어떻게 세금을 거두어 지출했는지, 어떻게 재화를 모아 저들 간에

66 출전: أبو شامة، كتاب الروضتين في أخبار الدولتين النورية والصلاحية، المجلد 4، ص 60-61؛ عماد الدين الكاتب الأصفهاني، الفتح القسي في الفتح القدسي، ص 171-172؛ حسين أحمد أمين، المرجع السابق، ص 241-242.

골고루 분배했는지를. 저들의 나라와 섬들에서는 왕과 고관대작들이 지원군을 보내는 데 서로 경쟁하고, 진지한 노력을 기울이는 일에 서로 겨루고 있다. 저들은 자신들의 종교를 지키는 데 목숨을 바쳐 희생하기를 마다하지 않는다. 저들은 자신들의 불운한 동족 사람들에게 온갖 종류의 무기들과 전사(戰士)들을 제공했다.

저들은 오로지 신앙에 대한 열정과 신념에 대한 자부심에서 자신의 의무를 수행했고 자신의 재산을 바쳤다. 프랑크인들 중 어느 누구라도, 만일 (그들이 차지한 시리아) 해안 지역이 (무슬림들에 의해) 점령되어 자신들의 명예가 실추되기라도 하면 자기 나라가 수중에서 빠져나간 것으로, 자기 나라에 마수(魔手)가 닿은 것으로 여긴다.

그러나 무슬림들은 이와는 정반대이다. 약해지고 용기를 잃었고, 방심하며 게을러졌고, 당황한 상태에 머물러 있으며 명예심을 상실했다. 그래서는 안 되겠지만 만일 이슬람이 속도를 늦추면, 또는 불빛이 꺼지거나 창끝이 빗나가면, 이슬람 영토의 동서에서 그리고 먼 지역이나 가까운 지역을 막론하고 알라의 종교를 위해 자긍심을 지닌 자나 거짓에 맞서 진리를 도우려 나서는 자는 없게 될 것이다.

이제 무기력한 상태를 떨쳐버릴, 그리고 먼 곳에 있는 자든 가까이 있는 자든 신앙의 열정을 지닌 자들을 불러 모을 때가 되었다. 알라를 찬미함으로써 우리는 알라의 도움을 간구한다. 우리는 알라께 헌신하고, 알라께서는 우리에게 구원의 비밀을 알려주셨으니, 다신교도들은 알라의 허락하에 멸망할 것이고 무슬림들은 안전하게 살아남을 것이다."

# 10. 리차드 왕의 아크레 함락(1191년)

## 프랑크 군대가 아크레를 점령하다[67] 이슬람

☞ 3차 십자군을 이끈 잉글랜드 왕의 아크레 공격에 대응해 도시 밖에서 살라딘은 십자군을 저지하기 위한 노력을 기울였다. 그러나 전세는 이미 십자군으로 기울어져, 죽을 때까지 항전하자는 사람들의 외침도 있었지만, 결국 아크레는 항복하고 도시를 양도하는 길밖에 없게 되었다. 살라딘은 노력이 허사가 되면서 멀리서 아크레의 무슬림 주민들의 불행을 쳐다볼 수밖에 없는 처지에 놓였다. 잉글랜드 왕은 아크레의 포로들 중 상당수를 처형함으로써 무슬림들에게 가공할 인물로 기억된다. 한편 치열한 전투 중에 십자군 측에서 얼음과 과일이 필요하다며 이슬람 군대에 허락을 구하고 이슬람 진영 내 시장으로 찾아오는 장면은 아이러니컬하다.

프랑크 군대는 연속으로 발사되는 투석기로 아크레 성벽을 계속 공격하여 성벽에 압력을 가했다. 그들이 이런 식으로 전투를 벌인 결과, 도시의 성벽이 흔들리며 그 구조물이 약화되었다. 도시 주민들은 인원은 적고 할 일은 많아서 지쳐 있었고, 밤을 지새우느라 쇠진한 상태였다. 심지어 주민들 중에는 여러 날 동안 주야로 한잠도 못 잔 사람들도 있었다. 주민들이 상대하는 적의 무리는 수적으로 많아 서로 번갈아가며 전투에 임했다. 반면에 무슬림들은 적은 수로, 성벽과 해자, 투석기, 선박에 분산되어 있었다. 프랑크인들의

67 출전: بهاء الدين بن شداد، المصدر السابق، ص 251-259، ص 262-263؛ حسين أحمد أمين، المرجع السابق، ص 243-253.

십자군의
아크레 공성(攻城)

투석기 공격이 계속되자 성벽이 흔들렸다. 성벽이 흔들리고 약해져 그 구조물이 불안정해지자 적군은 그 점을 간파하고 사방에서 진격해 들어가기 시작했다. 적군은 여러 부대로 나누어 교대로 전투에 임했다. 지친 부대가 휴식을 취하는 동안 다른 부대가 대신했다. 적군은 보병과 기병을 동원해 대규모의 전투를 벌였다. 때는 주마다 둘째 달 7일, 화요일(1191년 7월 12일)이었다. 그날 적군은 밤낮으로 보병과 전투병들을 동원해 무슬림들의 해자 주변을 에워싸는 토루(土壘)를 세웠다.

현장 증인의 진술에 의해, 그리고 우리와 아크레 간의 북을 치는 신호를 통해 술탄은 그곳 상황을 알고 나자 말에 올라탔고 보병과 기병 등 병력 전체에게 공격 태세를 갖추게 했다. 술탄은 군대에 승리를 약속하면서 병사들의 전의를 고취시켰다. 술탄이 적군 대열로 진격하자 그의 군대도 적지에 뛰어들었다. 그날 양측 간에 격렬한 전투가 벌어졌다. 술탄은 자식을 잃은 어머니처럼 애절한 심정으로 말을 타고, 전투에 임한 부대들의 사이를 오가며 병사들에게 지하드를 촉구했다. 우리는, 알말리크 알아딜[68]이 그날 몸소 두 차례 공격에 나선 가운데 술탄께서 전투 부대들 사이를 오가며, 눈물을 흘리면서 몸소 "이슬람을 위해 싸우자!"라고 소리쳤다는 말을 들었다. 술탄은 아크레에서 일어난 재난과 그곳 주민들이 겪는 불행을 볼 때마다 더욱 힘을 내 진격했고 병사들의 용기를 북돋웠다. 술탄은 그날 식사를 전혀 못했으며, 다만 의사의 권유에 따라 물 몇 잔만을 마셨을 뿐이었다.

나는 머리에 어지럼증이 있어서 이 공격에 늦게 가담했다. 나는 탈 알아야디야에 있는 막사에서 모든 것을 지켜보았다. 밤이 되자 술탄은 마지막 저녁 예배 후 막사로 돌아왔다. 그는 피로와 근심, 슬픔에 차있었고 제대로 잠을 이루지 못했다.

그날 밤 동트기 전, 술탄은 북을 울리라는 명령을 내렸다. 병사들이 사방에서 집결하여 어제 저녁에 벌어졌던 전투 장소로 오늘 아침에 돌아갔다. 그날 도시로부터 상황보고가 도착했는데 그 내용은 이러했다.

68 알말리크 알아딜, 무함마드 이븐 아이윱 이븐 샤디, 아부 바크르 사이프 알이슬람(الملك العادل محمد بن أيوب بن شادي، أبو بكر سيف الإسلام 1145~1218년): 술탄 살라딘의 동생으로, 살라딘이 시리아에서 그곳 문제에 몰두하는 동안 이집트를 대리통치했다. 국가의 모든 자원을 동원해 술탄의 대(對)십자군 전쟁 과업을 지원했다. 알레포의 통치자였으며, 후에 아이윱조의 술탄이 되었다(1200~1218 재위).
الزركلي، المرجع السابق، المجلد 6، ص 47.; http://en.wikipedia.org/wiki/Al-Adil_I, 'Al-Adil'.

"우리는 항복 외에 달리 어떻게 할 길이 없는 무력한 상태에 이르렀습니다. 만일 당신들이 우리와 더불어 아무런 행동을 취하지 않는다면 우리는 내일, 즉 주마다 둘째 달 8일, 수요일, 적에게 도시를 양도하는 조건으로 우리의 안전을 요구하여 목숨을 구하려 합니다."

이 소식은 무슬림들에게 충격을 주었고 그들의 심중에 큰 우려를 안겨주었다. 아크레는 시리아 해안 지역과 예루살렘, 다마스쿠스, 알레포, 이집트, 그리고 이슬람 전역을 방어하는 군대를 보유한 곳이었다. 또한 아크레는 사이프 알딘 알마쉬뚭, 바하 알딘 까라꾸쉬 등의 이슬람군 지휘관들과 용맹스러운 전사들이 있는 곳이었다. 바하 알딘 까라꾸쉬는—버림받을—적군이 그곳에 대한 공성(攻城)을 전개한 이래로 그곳 경비 업무를 맡고 있었다. 그 소식으로 술탄은 이전에 다른 일에서 경험하지 못한 큰 충격을 받았다. 술탄의 정신적 혼란이 있을까 우려되었다. 술탄은 그 모든 일에 대해 알라를 염원하고 알라께 의탁하는 자세를 멈추지 않은 채, 인내하며 알라의 보상을 기다렸고 전투에 심혈을 기울였다. 알라께서는 선행하는 자에 대한 보상을 저버리지 않으시니. 술탄은 적진에 들어가 공격하기로 결심했다. 이슬람 군대 내에 집합을 알리는 소리가 울려 병사들이 출동했고 보병과 기병이 집결했다. 그날 술탄의 거센 진격이 있었지만 적군에 대한 공격에서 군대는 술탄을 지원하지 못했다. 프랑크인 보병들이 무기와 활을 들고 단단한 구조의 성벽처럼 막고 서있었고, 그들 뒤에 궁수들이 있었기 때문이다. 이슬람 군대의 일부 병력이 프랑크인 보병들을 공격하는 가운데 적 보병들은 위치를 지키며 단단히 방어했다. 프랑크인들의 참호 진지까지 공격하러 들어갔던 병사들 중 한 명이 전했다.

"한 프랑크인 보병이 있었는데 그는 자신들의 참호 흉벽으로 올라가 무슬림들을 몰아내려 했습니다. 그 자 옆에는 다른 보병 무리가 있어 그에게 돌을 건네주었고 그는 돌들을 참호 흉벽에 밀착해 있는 무슬림들에게 던졌습니다."

그는 계속 전했다.

"그 자는 대략 50발의 화살과 돌을 맞았습니다. 그랬는데도 그는 계속 자리를 지켰고 전투에 임했습니다. 결국 한 무슬림 꽃불 제조공이 석유 병을 던져 그 자를 불태웠습니다."

자신도 진입한 병사들 가운데 있었다고 하는 한 노장 병사가 말했다.

"프랑크 보병들의 성벽 내에는 녹색 옷을 입은 한 여자가 있었습니다. 그녀는 계속해서 우리에게 화살을 쏘아 우리 중 여럿이 다쳤습니다. 우리는 떼를 지어 달려들어 그녀를 죽이고 활을 빼앗았습니다. 우리가 그 활을 술탄께 가져다 드리자 술탄은 그것을 보고 크게 놀랐습니다."

양측 간에 사상자가 생기는 가운데 밤의 어둠이 양측을 갈라놓을 때까지 전투는 계속되었다.

### 약화된 아크레의 주민들과 프랑크인들 간에 서신 연락이 이루어지다

도시에 대한 프랑크인들의 공격이 거세어졌다. 그들은 사방에서 도시로 몰려와 번갈아 공격했다. 도시 안에는 무슬림 보병들과 기병들 다수가 사망해서 병력이 감소했고, 그들을 대체할 병사의 수도 적었다. 도시 주민들은 죽음을 직시하며, 그곳을 방어하기에 무기력하고 역부족임을 실감하자 심적으로 약화되었다. 적군은 해자를 장악해 그곳을 흙으로 메움으로써 도시의 성벽 문에 다가갈 수 있었다. 그들은 성벽에 뚫은 구멍에 화약을 넣어 채운 다음 불을 붙였다. 성벽 문의 구조물이 무너지자 적군은 성 안으로 들어갔는데, 그들 중 약 150명 이상이 그 안에서 죽임을 당했다. 죽은 자들 중 여섯 명은 지휘관이었다. 그중 한 명이 무슬림들에게 "내가 프랑크인 모두를 당신들에게서 떠나게 할 테니 나를 죽이지 마십시오"라고 간청했지만 한 쿠르드인이 나서서 그를 죽인 뒤 나머지 다섯 명도 죽였다. 다음날 프랑크인들이 무슬림들에게 "여섯 사람을 살려 주시오. 그렇게 해주면 우리도 당신들 모두 살려주겠소"라고 소리쳐 말했다. 무슬림들은 "이미 우리는 그들을 죽였소"라고 답했다. 그 일로 프랑크인들은 크게 슬퍼했고, 이후 3일간은 공격을 하지 않았다.

사이프 알딘 알마쉬뚭이 몸소 프랑스 왕에게 갔다는 소식이 우리에게 들렸다. 직급상, 군의 대장으로서 그는 아군의 안전보장 조건을 갖고 왕에게로 갔다. 그는 왕에게 말했다.

"우리는 당신들로부터 여러 지역을 빼앗았고 아크레도 파괴했으며 그 안으로 들어가기도 했소. 그럼에도 프랑크인들이 우리에게 안전보장을 요구하면 우리는 그들의 목숨을 보장해 그들을 안전한 곳으로 가게 해주고 성의껏 대해 주었소. 이번에는 우리가 도시를 양도하겠으니 당신은 우리의 목숨에 대한 안전을 보장해 줄 수 있겠소?"

그러자 프랑스 왕이 답했다.

"당신들이 잡아갔던 그 왕들은 우리 쪽 사람들이었소. 그러니 당신들도 우리의 종이나 노예가 될 것이오. 이것이 당신들에 대한 나의 생각이오."

그 후로 우리는, 알마쉬뚭이 왕에게 격한 말을 했다고 들었다. 그는 그 상황에서 여러 얘기를 했는데 그중에 이런 말이 있다.

"우리는 우리 모두 죽을 때까지 도시를 내주지 않을 것이오. 우리 중 한 명은 당신들 지휘관 50명을 죽이고서야 죽음을 맞을 것이오."

그는 왕에게서 나왔다. 알마쉬뚭이 이 소식을 갖고 도시로 들어오자 도시 안에 있던 한 무리의 사람들은 두려움에 사로잡힌 나머지 작은 배를 가져와 밤중에 그것을 타고 이슬람군 진영이 있는 곳으로 갔다. 그것은 587/1191년 주마다 둘째 달, 9일, 목요일 밤이었다. 그들 중 알려진 자는 아르살, 이븐 알자월리 알카비라, 순꾸르 알와샤끼였다. 아르살과 순꾸르는 알만쑤라 군 진영에 도착하자 술탄의 징벌이 두려워 아무도 모르는 곳으로 종적을 감추었다. 이븐 알자월리는 잡혀서 병기고(兵器庫)[69]에 갇히게 되었다.

그날 밤 새벽, 술탄은 몸소 적의 무리를 공격하겠다고 알리며 말을 탔다. 술탄은 쇠 삽과 참호 공격용 장비를 갖추고 있었다. 그러나 무슬림 군대는 그의 공격을 지원하지 않았다. 군대는 지원을 포기하면서, "우리는 이슬람 전체를 위험에 빠트리게 하고 있습니다. 공격은 별 소용이 없습니다"라고 말했다. 그날 잉글랜드 왕에게서 세 명의 사신이 과일과 얼음을 구한다며 나왔다. 그들은, 병원 기사단의 대장이 내일, 즉 금요일에 나와서 휴전의 의미로 무슬림들과 대화할 것이라고 말했다. 술탄은 그들을 정중히 대해 주었다.

---

69 الزردخاناه(알자르드카나): 무기고, 병기고. '자르드'는 '갑옷, 무기'를 의미함.
أبو شامة، المصدر السابق، المجلد 2، ج 4، ص 151.

그들은 무슬림 진영의 시장에 들어가서 돌아본 뒤 그날 밤 자신들의 진영으로 돌아갔다. 그날 술탄은 싸림 알딘 까이마즈 알나즈미에게 부하들을 데리고 프랑크인들의 성벽으로 진입하라고 지시했다. 까이마즈는 알자나흐—그는 알마쉬뚭의 형제이다—와 그의 동료들을 비롯한 한 무리의 쿠르드인 아미르들을 이끌고 진격해서 프랑크인들의 성벽에 도달했다. 까이마즈 알나즈미는 프랑크인들의 성벽에 몸소 군기(軍旗)를 세우고, 낮 시간 동안 군기를 지키며 전투를 벌였다. 그날 전투가 한창 벌어지는 중에 잇즈 알딘 자르딕 알누리가 도착했다. 그는 말에서 내려 자신의 병사들을 이끌고 격렬한 전투를 벌였다. 그날 병사들은 열심히 전투에 임했다.

주마다 둘째 달 10일, 금요일(7월 5일)이 되자 프랑크 군대는 공격을 멈추었다. 이슬람 군대는 적군을 포위했다. 그날 밤 무슬림 군대는 빈틈없이 무장한 채 군마를 탔으며 아크레에 머물고 있는 무슬림들을 도울 기회를 기다리고 있었다. 그들은 프랑크 군대의 한쪽을 공격해 격퇴하고, 싸움에서 서로를 지켜주며 적 부대를 치고 들어가는 한편, 다른 쪽에서도 아군이 공격 지원을 함으로써 무슬림들 중 살아남을 자는 살고 목숨을 잃을 자는 잃게 될 상황을 예상했다. 그런데 도시 안에 있는 무슬림들은 싸우러 나갈 수 없었다. 그럴 수밖에 없는 상황이었다. 그들이 그날 밤 출정할 수 없었던 것은 아군 진영의 시종 한 명이 도주하여 적에게 그 작전을 알려주었기 때문이다. 적군은 무슬림 군대의 공격에 맞서 준비 태세를 갖추고 무슬림 군대를 철저히 주시했다. 금요일이 되자 프랑크 측에서 세 명의 사신이 나와서 알말리크 알아딜을 만났다. 그들은 그와 한 시간 동안 대화를 나눈 뒤 자신의 부하들에게로 돌아갔다. 그날 결정된 것은 없었다. 그날 낮 동안 무슬림들은 평원에서—버림받을—적군 앞에 머물렀고, 밤도 그렇게 보냈다.

주마다 둘째 달 11일, 토요일이 되자 프랑크인들 전원은 전투복을 입고 대규모로 움직였다. 그들은 하나의 대열을 이룬 것처럼 여겨질 정도였다. 프랑크군이 정렬한 뒤 돔 아래에 있는 문에서 그들 중 약 40명이 나와서 일단의 맘룩(노예 군인)들을 불렀다. 그들은 그 맘룩들 중 알아들 알자브다니를 요구했다. 알려진 바로, 그는 시돈의 영주로 술탄에 의해 자유인이 된 자였다. 알아들이 왔고, 아크레에 있는 무슬림 병사들을 석방하기 위한 협상이 진행되었다. 그러나 프랑크인들은 그 대가로 자신들의 요구사항을 강하게 주장했다. 아무 결정도 이루어지지 않은 채 토요일이 지나갔다.

### 아크레에서 도착한 서신들

주마다 둘째 달 12일, 일요일이 되자 도시에서 서신이 도착했다. 그곳 주민들이 전한 내용은 이러했다.

"우리는 죽음을 각오하기로 합의했습니다. 우리는 죽을 때까지 계속 싸울 것입니다. 우리는 살아있는 한 이 도시를 적에게 양도하지 않을 것입니다. 다만 적군이 우리에게서 주의를 돌리도록, 적군이 우리와의 전투를 중단하도록 당신들이 어떻게 해야 할지를 생각해 보십시오. 이것은 우리의 결심에 따른 것입니다. 당신들은 적군에게 항복하거나 그들에게 순종하지 마십시오. 우리는 이미 끝났습니다."

이 편지를 갖고 수영해서 온 사자(使者)는, 밤중에 굉음이 울리자[70] 프랑크인들은 대규모 무슬림 군대가 아크레에 무사히 당도하여 주둔한 것으로 여겼다고 말했다. 사자가 말했다.

"한 프랑크인이 와서 성벽 아래에 멈춰섰습니다. 그가 성벽 위에 있는 사람에게 소리쳐 '당신들의 종교에 맹세하여, 어젯밤, 즉 토요일 밤 당신들에게로 들어간 군대의 수가 얼마인지 알려주시오'라고 말했습니다. 밤중에 굉음이 나자 양측은 불안해했습니다. 그 소리의 정체는 밝혀지지 않았습니다. 성벽 위의 사람은 '기병 천 명이오'라고 답했습니다. 그러자 프랑크인은 '아닐 것이오. 그보다는 적을 것이오. 내가 보았는데 그들은 초록색 옷을 입고 있었소'[71]라고 말했습니다."

이슬람 군대의 계속된 공격으로 며칠 동안 도시 주민들에 대한 적군의 점령 계략은 차단되었다. 심지어 도시가 거의 적군에 의해 점령된 후에도 이슬람 군대의 공격은 이어졌다. 화요일, 14일, 샤이자르의 영주인 사비끄 알딘이, 수요일인 15일에 바드르 알딘 딜디림(بدر الدين دلدرم)[72]이 많은 수의 투르크멘인들을 데리고 왔다. 술탄은 바드르 알딘에게 금을 보내어 그 투르크멘인들에게 쓰도록 했다. 그리고 목요일인 16일에 아사드 알딘 쉬르쿠흐가 왔다. 도시는 크게 약화되었고 성벽에 뚫린 구멍도 많아졌다. 그곳 주민들은 노력을 기울여 뚫린 구멍 안쪽에 벽을 쌓았고, 그러다가 그것이 무너지면 그 위에서 싸웠다. 프랑크인들—알라의 저주가 있기를—의 입장은

---

70 밤에 작은 지진이 있었던 것으로 보인다. Francesco Gabrieli, 앞의 책, p. 221.

71 천사들을 의도한다. .249 حسين أحمد أمين، المرجع السابق، ص
경건한 무슬림들에 따르면 하늘의 전사(戰士)들이 (무슬림들을 도우러) 전투에 관여한다. Francesco Gabrieli, 앞의 책.

72 Francesco Gabrieli의 번역본에는 '바드르 알딘 일디림(Badr ad-Din Yildirim)'. 위의 책.

단호했다. 그들은 무슬림들의 수중에 있는 프랑크인 포로들을 석방할 때까지, 그리고 해안 지역들을 자신들에게 되돌려줄 때까지는 협상을 하지 않고, 도시 내 주민들에게 안전을 약속하지 않겠다는 입장을 밝혔다. 도시 안의 사람들을 제외하고 안에 있는 모든 것과 함께 도시를 프랑크인들에게 양도하겠다고 제안했지만 프랑크인들은 수락하지 않았다. 도시 안의 주민 한 명당 프랑크인 포로 한 명을 풀어준다는 제안도 했지만 그들은 응하지 않았다. 또한 그런 조건과 함께 성 십자가를 준다고 했지만 거절당했다. 그들은 오만하고 방자했으며, 상대하기가 까다로웠다. 그들을 막을 별 방책도 없었다. 그들은 속임수에 능했다. 알라는 가장 오묘한 분이시니.

### 아크레 주민들의 협상, 자신들의 목숨 보전을 위한 조치

주마다 둘째 달 17일, 금요일이 되자, 사자가 수영을 해서 성벽 틈에서 나왔다. 그가 전한 편지 내용은 이러했다.

"도시 주민들의 상황은 어려워졌습니다. 성벽에 많은 구멍이 생겼고, 주민들은 성을 방어할 힘이 없습니다. 주민들은 파멸에 이르렀음을 직시했고, 도시가 강제로 적의 수중에 접수되는 날 자신들의 목은 모조리 절단될 것이며, 도시 안에 있는 장비와 무기들, 선박 등은 모두 적에게 빼앗길 것임을 확신했습니다. 그래서 그들은 프랑크인들에 다음 조건으로 협상했습니다. 도시와 그 안의 모든 기계, 장비, 선박 등 모든 것, 그리고 20만 디나르, 1,500명의 신원 불명의 포로들, 그들 측에서 지정하여 선택하는 100명의 포로들, 성 십자가를 프랑크인들 측에 내줄 것. 도시 주민들은 안전하게, 자신들 소유의 재물과 자신들의 옷가지를 가지고, 또한 자식과 부인들을 데리고 성 밖으로 나갈 것. 도시 주민들은 양측간 협상을 시도했던—저주받을—알마르키스(몬페라토의 코라도)에게 1만 디나르를, 그리고 그의 부하들에게 4천 디나르를 보장할 것. 이런 사항을 기초로 하여 주민들과 프랑크인들 간에 합의 원칙이 정해졌습니다."

**적군이 아크레를 점령하다**—알라여, 그곳을 탈환하게 해주소서

술탄이 주민들의 편지 내용을 보고 난 뒤 사실을 크게 부정했다. 사태는 심각했다. 술탄은 국가 자문관들과 고위 관리들을 소집해 상황을 알리고 벌어지는 사태에 대해 그들과 상의했다. 그가 들은 의견들은 갈팡질팡하여 생각에 혼선을 빚게 했다. 술탄은, 그날 밤 수영하는 사자를 통해 편지를 보내 주민들이 그런 조건으로 협상하는 것을 만류하리라 결심했다. 술탄이 이런 상태에 있는 가운데, 도시의 무슬림들은 불신자들의 깃발과 그들의 십자가와 표지(標識), 횃불이 도시의 성벽 위에 나타난 것을 감지했다. 그것은 587년 주마다 둘째 달, 17일(1191년 7월 12일), 금요일 정오의 일이었다.

프랑크인들은 한목소리로 승리의 함성을 질렀다. 엄청난 재난 속에 무슬림들의 슬픔은 컸다. 사려 있는 자들이 할 수 있는 것은 "우리는 알라께 속하며, 우리는 알라께로 돌아가나니"라는 구절을 암송하는 것밖에 없었다. 사람들은 크게 당혹감을 느끼며 어쩔 줄 몰라했다. 군대 내에서 탄식과 울음, 곡하는 소리가 들렸다. 이 상황에서 사람들은 저마다 신앙에 의지해 닥쳐올 운명을 감당할 마음의 준비를 했다. 위기 속에서 개개인은 신앙과 자존심에 의지해 다가올 운명을 맞으려 했다. 앞서 제시된 사항을 근거로 도시 주민과 프랑크인들 간에 합의가 이루어지는 선에서 상황은 종료되었다.—망

할 놈의—알마르키스는, 4개의 왕기(王旗)를 가지고 도시로 들어갔다. 그는 자신을 위한 볼모로, 이슬람 진영의 용사였던 무함마드 얀바리크—알라의 자비가 있기를—를 붙잡아 두었다. 알마르키스는 성채 위와 금요 예배를 드리는 사원의 미너렛에, 그리고 템플 기사단 탑과 전투 탑에 이슬람 깃발을 대신해 프랑크 깃발을 꽂았다. 무슬림들은 도시의 주변 구역으로 내몰렸다. 그 상황을 목격한 무슬림 주민들은 놀라움을 금치 못했다.

나는 술탄을 보좌하면서 술탄이 자식을 잃고 깊은 슬픔에 잠긴 어머니보다 더 심각한 상태에 놓여 있음을 알았다. 나는 가능한 방법을 동원해 술탄을 위로해 주었다. 나는 술탄에게 해안 지역과 예루살렘 문제와 관련해 술탄이 맞닥뜨리게 된 포로 문제와 그것에 대한 대책을 상기시켜 주었고, 또한 아크레 시에서 포로로 잡힌 무슬림들을 구조하는 방안을 궁리할 것을 상기시켜 주었다. 그것은 그달 18일, 토요일 밤이었다. 결국, 술탄은 적을 공격할 계획이 없었기에 자신이 머물고 있는 현재의 위치에서 물러나 있는 것이 유리하다고 판단했다. 술탄은 밤중에 짐을 갖고, 자신이 처음에 머물던 샤파르암의 지점으로 이동했다. 그는 소규모 부대와 함께 자신의 위치에 머물며 적군의 동태와 도시 주민들의 상황을 지켜보았다. 그의 병력은 그날 밤 이동했다. 술탄은 소규모 부대와 함께 머물면서, 적군이 미혹되고 어리석게 굴어 술탄을 공격하러 나오게 되기를 내심 바라고 있었다. 그렇게 되면 술탄은 계획한 대로 그들에게로 돌진하여 알라의 뜻에 따라 승리할 수 있을 것이다. 그러나 적군은 아무런 행동도 취하지 않았다. 적군은 도시를 점령하는 일에만 골몰했다. 술탄은 그달 19일 아침까지 머물렀다가 그날 밤 새벽에 짐을 둔 곳으로 이동했다.

### 프랑크인들이 점령 후 아크레에 있던 무슬림 포로들을 학살하다—알라의 자비가 있기를

—저주받을—잉글랜드 왕(리차드)은 술탄이 재물과 프랑크인 포로들, 성 십자가를 내주는 것을 중지시키고 있음을 알고 나자 약속을 어기고 무슬림 포로들을 내주지 않았다. 앞서 왕은 무슬림들과 협상하여 그 어떤 경우에도 도시 주민들의 목숨은 안전하다는 조건하에 도시를 양도받았다. 또한 만일 술탄이 프랑크인들에게 정해진 금액을 지급하면 프랑크인들은 포로들을 재물과 자식, 부인과 함께 풀어주겠다는 것, 그러나 만일 술탄이 그렇게 하지 않는다면 포로들에게 노예의 낙인을 찍어 데려갈 것이라는 조건도 달았다.

그러나 저주받을 왕은 무슬림들과의 약속을 저버렸고 속셈을 드러냈다. 나중에 그의 종교(기독교)에 속한 사람들이 알려준 바에 따르면, 그는 재물과 포로들을 취한 후에 자기가 하고 싶은 대로 행했다. 그는 말을 탔고 보병과 기병을 포함하는 프랑크인 군대 전원은 587년 라잡 달, 27일(1191년 8월 20일), 화요일, 오후 시간에 이동 태세를 갖추었다. 그의 군대는 탈 알아야디야 아래쪽 우물에 다다를 때까지 행군했고, 또한 앞서 그곳으로 자신들의 천막을 보냈다. 군대는 행군하여 탈 카이산과 탈 알아야디야 사이에 있는 평원의 중앙에 이르렀다. 프랑크인 군대가 탈 알아야디야 아래쪽으로 자신들의 천막을 미리 보냈을 때, 이슬람 정찰병들은 탈 카이산으로 물러나 있었다. 프랑크인 군대는 무슬림 포로들 가운데 처형할 자[73]들을 데려왔다. 대략 3천 명의 무슬림이 포박되어 있었다. 프랑크인들은 무슬림들을 줄로 묶어, 한 명에게 달려들 듯이 달려들어 묶인 상태의 포로들을 칼로 찌르고 베어 죽였다. 알라의 자비가 있기를. 이슬람 정찰대는 그 장면을 지켜보았지만, 먼 거리에 있어 어떻게 해야 할지 몰랐다. 정찰대는 술탄에게 사람을 보내 이슬람 군대를 준비시켜 보내달라고 했고, 술탄은 정찰대에게 군대를 보내주었다. 프랑크인들이 무슬림 포로들의 처형을 끝낸 뒤 무슬림 군대가 공격해 양측 간에 대규모 전투가 벌어졌다. 양 진영에서 사상자가 나왔고, 밤이 양측을 갈라놓을 때까지 전투는 계속되었다. 다음날 아침, 무슬림들이 상황을 파악하니 포로들 중 다수가 죽임을 당했고 그들 중에는 알고 지내던 자도 있었다. 그 일로 무슬림들은 큰 슬픔과 절망감에 사로잡혔다. 프랑크인들은 무슬림 포로들 중에 일을 부릴 수 있는 용맹하고 강인한 남자들만 살려두었다.

프랑크인들이 무슬림 포로들을 처형한 이유가 몇 가지 있다. 그 중 하나는, 자기편의 포로들이 죽임을 당한 데에 대한 응징으로 무슬림들을 죽인 것이다. 또 다른 이유는 잉글랜드 왕이 아스칼론을 점령하기 위해 행군을 결심하면서 도시에 많은 포로들을 남겨두지 않는 게 낫다고 보았기 때문이다. 알라께서 가장 잘 아시나니.

73 아랍어 원문에는 '알라의 뜻에 따라 순교할 자'.

## 십자군의 아크레 공격과 함락(익명4-리차드 업적록)[74] 유럽

☞ 아크레에 도착한 영국 왕과 프랑스 왕은 군대 지휘권에 관하여 의견의 일치를 보지 못하다가, 리차드의 지휘를 받기로 합의했다. 십자군이 아크레 포위를 강화하자, 아크레 시민들은 강력하게 저항했다. 한편 살라딘이 이끄는 이슬람 군대는 아크레를 포위하고 있는 십자군을 밖에서부터 조여 왔다. 따라서 십자군은 아크레시를 공격하면서 동시에 살라딘의 군대에 대해서는 수비를 해야 했다. 그러나 결국 아크레는 항복했다.

다음 문헌은 아크레의 방어가 견고하여 일부 십자군의 힘만으로는 공격이 어려웠음을 보여주고 있다. 유럽 측 사료의 저자인 기욤 드 티레는 그들의 용기와 용맹을 높이 평가하고 있다.

### 영국 왕이 병중일 때, 프랑스 왕이 먼저 아크레를 공격하다

공격을 늦추기를 꺼려하던 프랑스 국왕은 리차드에게 군대를 전진시켜 공격을 하기에 적당한 때가 되었다는 표시를 했다. 그러나 이미 프랑스 왕에 대해 잘 알고 있던 리차드는 자신이 아직 심각하게 아픈데다가 자신의 병력을 실은 배가 역풍을 만나 아직 오지 않았으니, 공격을 할 수 없다고 했다. 이들은 리차드의 군대가 다음 선단과 함께 올 것이며 공성 장치를 만드는 재료도 가져올 것으로 기대했다.

그러나 프랑스 국왕은 자신의 계획을 포기하지 않았다. 그는 전령을 통해 전체 군대에게 공격하라는 명령을 내렸다. 세례요한 축

---

74 출전: *Itinerarium Peregrinorum et Gesta Regis Ricardi*, Lib. III, ch.5, 12, 14-18, ed. William Stubbs, Rolls Series, London: Longmans, 1864, pp. 214-217, 224-225, 227-234.

일 다음 월요일(1191년 7월 1일, 그러나 축제 전 월요일이었을 것으로 생각된다. 즉 6월 17일) 프랑스 국왕은 공성 장치를 준비시키고 군대에게는 전투 태세를 갖추도록 명령했다. 무장한 군인들의 수는 엄청났다. 엄청난 수의 쇠사슬 갑옷, 엄청난 수의 반짝이는 투구, 엄청난 수의 말 울음소리, 엄청난 수의 외투, 엄청난 수의 엄선된 기사들, 엄청난 수의 충직하고 용감한 보조원들, 그리고 엄청난 수의 다양하고 수효를 헤아릴 수 없는 군기(軍旗)들이 있었다. 장벽 앞에 배치된 군인들이 살라딘과 투르크인들의 공격 위협에 대비하여 방어망을 형성하고, 무장한 군인들은 도시의 성벽으로 다가가서 가공할 만한 공격을 퍼부으며 쇠뇌와 공성 장치를 이용해서 끊임없이 돌과 창을 쏴댔다. 그러나 투르크인들은 자신들이 포위되어 있다는 사실을 알았을 때, 함성을 지르고 나팔을 불며 소란스럽게 했다. 그들이 부는 나팔소리는 별까지 갈 수 있을 것 같았고, 번개에 뒤이어 천둥소리가 나오듯이 대기 중으로 울려 퍼졌다. 이들 중 일부가 맡은 임무는 탬버린을 치고 북을 치며 다양한 방법으로 소음을 만들어 내고 불을 피워서 연기를 내뿜음으로써 살라딘과 그의 군대가 도시를 도우러 들어갈 수 있도록 만드는 것이었다.

시내에서 일어나는 소리를 밖에서 들은 투르크인들이 모여들었다. 투르크인들은 온갖 물건을 쌓아 방벽을 넘어서 우리 군대를 공격했다. 그러나 이 방법은 효과적이지 않았다. 매우 훌륭한 기사인 조프루아 드 뤼지냥(Godfroi de Lusignan)이 이들에 맞서서 신속하게 장벽 밖으로 이들을 몰아냈다. 조프루아는 양날 검을 휘둘러 열 명이 넘는 적을 죽였으며, 그의 검에 걸린 사람은 살아서 돌아가지 못했다. 그는 또한 많은 적을 생포했다. 그는 민첩하고 끈기 있어서 그 유명한 롤랑과 올리비에 시대[75] 이래로 어느 누구도 받지 못한 찬사를 받아왔다. 우리 군대는 어렵사리 방벽 하나를 복구했다. 투르크인들은 계속 밀고 들어왔고 그들이 너무도 끈질겼기 때문에 방벽이 오래갈 수 있을지 의문스러웠다. 우리 군대는 오랫동안 양면의 전투를 벌이고 있었다. 전투가 너무도 격렬하여 견딜 수 없을 정도였으며, 충돌은 끔찍할 정도였다. 도시를 공격하는 사람들은 공격을 지속할 수 없어서 해자를 건너지 못하고 물러날 수밖에 없었고, 동시에 외부에서 들어오는 투르크인들로부터 막사를 보호해야 했다. 많은 프랑크인들은 창과 큰 화살, 투석기로 날아온 바윗덩어리, 그리고 그리스의 불덩어리에 쓰러졌다. 사람들 사이에서는 탄식과 비탄의 소리가 새어 나왔다. 아! 국왕의 도착을 얼마나 기다렸던가! 우리의 희망은 무너지고 말았도다! 그들이 왔으나 우리에게 도움이 되지 못했다. 우리는 평소보다 훨씬 더 큰 손실을 입었고 우리가 기다렸던 사람들도 소용이 없었다. 프랑스 군대가 그들의 무기를 내려놓자 투르크인들은 그들을 비웃었다. 그리고 프랑스 군대를 보고 자신들이 시작한 일을 완수하지 못한다고 비난했다. 게다가 그들은 그리스의 불덩어리를 쐈고 프랑스 국왕이 아주 정성들여 만든 여러 가지 전쟁 도구를 파괴했다. 분노에 가득 찬 프랑스 국왕은 몸져누웠고, 혼동과 슬픔으로 말에 오를 수조차 없게 되었다.

---

75 롤랑과 올리비에는 중세 초의 무훈시 『롤랑의 노래』에 나오는 인물들이다. 8세기 말 샤를마뉴 황제가 이베리아 반도의 무슬림을 정복하는 과정에서 벌어진 롱스보(Ronceveaux) 전투를 배경으로 하고 있다. 샤를마뉴 황제의 기사인 롤랑과 올리비에가 무슬림의 기습을 끝까지 막아 황제의 후퇴를 안전하게 보장해 주었다는 것이 주된 내용이다. 따라서 롤랑은 무슬림과의 전투 및 격퇴를 상징하는 인물이다.

### 리차드가 완전히 회복되지 못했음에도 도시를 공격하다

국왕 리차드는 병에서 완전히 회복하지 못했으나, 도시를 차지하려는 의지가 너무도 강하여 실행에 옮기기를 원했다. 그는 자신의 군대가 도시를 공격해야 한다고 생각했고, 신의 가호 아래 공격이 성공하고 신의 은총으로 자신이 원하는 바대로 업적이 이루어질 것으로 생각했다. 이를 위하여 그는 아주 복잡하게 결합된 격자 장애물을 만들어서 도시 성벽 밖의 해자에 가져다 놓으라고 했다. 리차드는 이것을 이용하여 해자를 건너 도시 밖에서 안으로 들어갈 요량이었다. 그 아래에 가장 숙련된 쇠뇌수를 배치하고, 자신은 직접 비단으로 만든 들것을 타고 갔다. 그렇게 자신이 직접 출현함으로써 사라센인들에게는 공포심을 주고 우리 군대에는 사기를 높여주었다. 그리고 숙련된 그의 쇠뇌수들은 수많은 창과 화살을 쐈다. 땅을 파는 공병들은 탑 밑으로 터널을 뚫었고, 탑을 향해서는 공성장치가 불을 뿜었다. 갱도 작업을 하던 병사들이 균열을 만들어 내서 그 틈새에 나뭇조각을 채워 넣고 불을 질렀다. 여기에 더하여 공성 장치가 계속 불을 뿜자, 탑은 갑작스럽게 무너져 내렸다.

### 우리 기사들 중 일부가 공격했으나 투르크인들이 거세게 저항하다

마침내 앞서 말한 탑이 우리 군대의 지속적인 공격으로 무너져 내렸다. 리차드의 군대가 터널 파기를 중단했을 때, 그리고 공격이 간헐적이었을 때, 우리 기사들은 승리를 갈망했고, 승리하기 위해 전투 준비를 충실히 했다. 이 무리들 중에 레스터 백작, 앙드레 드 샤베뉴(Andre de Chavegne), 그리고 위그 브룅(Hugues Brun) 등의 귀족들과 솔즈베리 주교가 있었다. 아마도 9시과(오후 3시)쯤이었을 것이다.

즉 저녁 식사 때쯤이었는데, 용감하고 지체 높은 전사들은 앞서 말한 탑을 공격하기 위해 준비하고 즉시 거기에 과감히 올랐다. 이를 본 투르크인 수비병들은 소리를 질렀고, 모든 시민이 일어나 재빨리 무기를 들고 공격에 맞섰다. 투르크인들은 우리 전사들을 많은 수로 압도했으나 우리 전사들은 재빠르게 앞으로 나아갔다. 우리 군대가 시내로 들어가려고 하자 투르크인들은 이들을 밀어냈다. 양측의 군인들이 몸을 부딪치고 주먹다짐을 벌였다. 오른손은 오른손끼리, 검은 검끼리 부딪혔다. 몇몇은 서로 뒤엉켜 있었고 다른 사람들은 서로 치고받았다. 몇몇은 뒤로 물러났고, 다른 몇몇은 쓰러졌다. 우리 군대는 소수였다. 투르크인의 수효는 점점 더 많아졌다. 그들이 그리스의 불을 던지자, 우리 군대는 더 이상 버틸 수 없어서 탑에서 후퇴하여 내려올 수밖에 없었다. 몇몇 사람은 적들에 의해 살해당했고, 그 뒤에 화재로 인하여 재로 변했다. 그때 공명심에서였는지 아니면 복수심 때문이었는지, 피산(Pisan)이라는 사람이 온 힘을 다해 탑을 올라갔다. 그러나 투르크인들은 미친 듯이 그를 공격했고 피산은 강하게 저항했으나 결국 탑에 오르는 것을 포기하고 말았다. 투르크인들이 전투에서 그렇게 열심히 싸우는 것을 본 적이 없었다. 만약 그날 우리의 모든 군대가 힘을 합쳐 신중한 작전하에 싸웠다면 도시를 점령할 수 있었을 것이다. 그러나 우리의 주력부대는 그때 저녁 식사를 하고 있었다. 그 시도는 너무 때 이른 것이었고 그래서 성공하지 못했다.

### 우리 군대가 강력하게 공격하자 투르크인들이 절망에 빠지다

그동안에도 기독교인들의 쇠뇌기계(petraria)는 밤낮으로 성벽을 흔

들어댔다. 이를 본 투르크인들은 놀라서 겁을 먹고 공포에 휩싸인 채 혼란스러워했다. 많은 사람들이 겁에 질려 밤에 성벽 아래로 스스로 몸을 던졌고, 더 많은 사람들은 약속된 구조[76]를 기다리지 못하고 세례를 받고 기독교로 개종했다.

### 살라딘의 중재로 기독교인들과 시민들이 협상하다

더 늦추는 것이 위험하다고 판단한 살라딘은 포위당한 사람들에게 항복할 것을 권고했다. 휘하의 태수, 총독, 그리고 동료들이 살라딘을 설득했는데, 그들 중 몇몇은 포위된 시내에 부모, 친척, 친구들이 있었다. 이들은 이슬람의 법에 따라 약속했다는 점을 강조했다. 그리고 마지막 순간에 명예롭게 항복하도록 도움을 주기도 했다.

그들은 포위된 곳에 있는 아내, 3년 동안 서로 만나지 못한 가족들의 슬픔을 살라딘에게 상기시켜 주었다. 그들은 그렇게 선한 사람들을 잃는 것보다는 도시를 잃는 편이 낫다고 살라딘을 설득했다. 이러저러한 이유로 살라딘의 제후들은 살라딘을 설득했고 그들의 상태가 예전보다 좋아질 것이라고 했다. 살라딘은 평화협상에서 최선을 다할 것이며 가장 유리한 조건으로 협상문을 만들 것이라고 했다. 시내에서 온 전령이 살라딘과 측근들의 결정을 발표하자, 포위당해 있던 시민들은 기뻐했다. 곧바로 시내의 지도자들이 예루살렘 왕에게 다가와서 통역을 통하여 아크레시와 성 십자가를 넘겨주고, 포로로 잡혀 있던 250명의 기독교 귀족을 무조건

76 아크레 시민들은 살라딘에게 구조를 요청했다.

석방할 것이라고 했다. 그리고 이러한 조건이 마음에 들지 않는다면, 아크레에 있는 투르크인들이 무기와 재산을 버리고 옷만 걸친 채 아크레를 떠나는 조건으로, 살라딘이 도처에서 잡아와서 포로로 잡혀 있는 기독교 귀족 2,000명과 그보다 낮은 신분의 포로 500명을 주겠다고 했다. 게다가 자신들의 석방금조로 20만 사라센 탈란트를 주겠다고 했다. 이러한 조건을 수행한다는 보장으로서 시내에 있는 모든 귀족과 지체 높은 사람들이 볼모로 잡혀 있겠다고 했다. 두 국왕은 이슬람의 현명한 자들과 더불어 어떤 조건을 받아들일지 숙고한 끝에, 양측은 다음과 같은 조건으로 제안을 받아들이자고 했다. 먼저 안전을 맹세하고, 평화조약이 문서화되어야 하며, 볼모가 석방된 다음에 투르크인들은 빈손으로 도시를 떠나야 한다는 조건이었다.

### 투르크인들이 도시를 떠나다

성 베네딕트의 축일 다음 금요일(7월 12일)에 태수와 부유한 귀족들이 볼모로 잡혀 있게 되었고 한 달 동안 성 십자가가 수리되었으며, 동시에 포로들이 석방되었다. 도시를 넘겨주는 조건이 알려지자 시민들은 분노에 찼다. 그러나 현명한 자들은 오랫동안 이룰 수 없을 것이라고 생각했던 목표를 그렇게 신속하고 위험 없이 성취했으므로 매우 흡족해했다.

그때 어떤 사람도 말이나 행동으로 투르크인들을 모욕하거나 해를 입혀서는 안 된다는 포고문이 낭독되었다. 또한 어떤 사람도 부서진 성벽이나 그 성벽의 방어벽에 있는 투르크인에게 창을 던져서도 안 된다고 했다. 그 당시 투르크인들은 전장에서 매우 강력했으므로 용기와 용맹으로 유명했는데, 그들이 시내를 떠날 채비를 하고 성벽에 나타나자, 기독교인들은 이들의 경탄할 만한 업적을 기억하며 바라보았다. 이들은 빈손으로 시내에서 쫓겨남에도 불구하고 침착함과 위엄을 잃지 않았고 이에 대해 사람들은 감탄했다. 또한 이들의 품행은 불행한 사건에도 불구하고 변하지 않았던 것이다. 이들은 비록 극도의 물자 부족으로 애원하다시피 굴복했지만, 패배자로서 두려움에 떨지 않았으며, 가진 것을 빼앗겼지만 낙담하지 않았다. 겉으로 보기에 당당했을 뿐만 아니라, 정신적인 자세에서도 승리자와 같았다. 그러나 미신적인 우상숭배와 사악함은 전투에서의 영광에 오점을 남겼다.

투르크인들이 아크레를 떠날 때, 기독교인들은 두 국왕의 명령으로 문을 열고 자유롭게 춤을 추듯 기뻐하고 매우 큰 소리를 지르며 시내로 들어왔다. 하느님을 찬미하고 하느님께 감사하며 하느님이 자신들에게 큰 자비를 베푸셔서 자신들을 찾아와서 죄를 사면해 주셨다고 했다. 국왕의 군기(軍旗)와 깃발들이 성벽과 탑의 꼭대기에 내걸렸다. 도시는 두 국왕 사이에 동등하게 분할되었다. 무기와 식량도 절반으로 나누었다. 포로들 역시 둘로 나누어 분배되었다. 귀족과 많은 수의 포로는 프랑스 국왕의 몫이 되었고 리차드는 나머지 포로들을 받았다. 게다가 프랑스 국왕은 템플 기사단의 고급스러운 궁전과 그 부속물을 받았고, 리차드는 왕궁을 받았다. 리차드는 이 왕궁에 왕비와 아이들, 그리고 하녀들을 보냈다. 두 국왕은 각자의 몫을 안전하게 확보했다. 군대는 시내 전역에 주둔했다. 그들은 오랫동안의 다툼 끝에 원하던 평화 속에 휴식을 취했다. 우리 군대가 시내에 들어간 다음 날 밤, 살라딘과 그의 군대는 우리를 두려워해 주둔지를 떠나 멀리 떨어진 산으로 이동했다.

## 11. 살라딘과 리차드 왕 간의 휴전협정(1191년)

### 리차드 사자심왕이 살라딘과 평화협정을 맺다(익명2)[77] 유럽

☞ 1191년 십자군은 아크레를 떠나 해안을 따라 남쪽으로 내려갔다. 9월에 리차드와 살라딘 사이에 협상 시도가 있었으나 결렬되었고 9월 7일에는 아르수프 근처에서 전투가 있었다. 이 전투에서 리차드의 군대가 전세를 장악했다. 군대는 아르수프에서 야파로 전진했고, 야파에서 방어를 강화했다. 십자군은 야파를 기반으로 예루살렘을 다시 탈환하리라고 기대했다. 1191년과 1192년에 걸쳐 협상이 재개되었으나 여전히 지지부진한 상태였다. 그러나 유럽에서의 상황은 리차드에게 불리하게 전개되었다. 리차드의 동생 존이 반란을 일으키는가 하면, 프랑스 국왕 필리프는 프랑스 내에 있던 영국의 영지를 침략했다. 게다가 1192년 여름 리차드는 질병에 걸리기까지 했으므로, 살라딘과의 협상은 피할 수 없었다. 그리하여 살라딘과 리차드 사이에 협상이 이루어졌고, 10월에 리차드는 귀국길에 올랐다.

병세가 위중해짐에 따라 리차드는 건강을 회복할 수 없을 것 같았다. 이로 인하여 자신뿐만 아니라 다른 사람 모두 몹시 걱정하게 되었다. 국왕으로서 간과할 수 없는 일 중 하나는 평화를 수립하는

---

77 출전: *Itinerarium Peregrinorum et Gesta Regis Ricardi*, ed. William Stubbs, Rolls Series, London: Longmans, 1864, VI, 27-28, pp. 427-430.

일이었다. 그 일은 다른 사람들이 했듯이 사람이 살지 않는 지역을 버리거나 일을 다 마치지 않은 채 떠나는 것보다 더 나은 일이었다.

국왕으로서는 자신이 할 수 있는 더 나은 방법을 찾지 못했다. 그는 살라딘의 형제인 사이프 앗딘(Saif ad-Din)에게 중재자 역할을 해줄 것을 부탁하고 평화협정을 얻어내기 위한 최상의 조건을 모색해 달라고 요청했다. 사이프 앗딘은 매우 개방적인 사람으로서 여러 차례의 협상 과정에서 국왕 리차드의 정직성을 찬양한 바 있다. 사이프 앗딘은 조심스럽게 평화조약의 문구들을 만들었는데 내용은 다음과 같다. "살라딘 제국에 대한 위협 요소인 아스칼론은 파괴된 후 이듬해 부활절(1193년 3월 28일)부터 3년 동안 복구하지 않는다. 그러나 3년이 지난 후에는 더 강력한 세력을 가진 사람이 아스칼론을 점령하고 복구할 수 있다. 살라딘은 야파가 기독교인들에 의해 복구될 수 있도록 허락한다. 기독교인들은 야파와 해안과 산악 지역을 포함한 인근 지역을 자유롭고 안전하게 차지할 것이다. 살라딘은 기독교인들과 사라센인들 사이에 신성한 평화를 보장하며, 기독교인이건 무슬림이건 하느님의 성묘에 자유롭게 접근하는 것을 보장한다. 이곳에 접근하는 데에 어떠한 세금도 걷지 않을 것이며 어떤 지역에서 난 물건이든 자유롭게 가져와서 판매할 수 있으며 자유롭게 거래할 수 있다."

평화조약의 조항들이 기록되어 리차드에게 보고되었고, 리차드는 이 조항들을 준수하는 데에 동의했다. 리차드가 질병에 걸려서 도움에 의지해야 했으며 적들의 주둔지로부터 2마일도 떨어져 있지 않았으므로, 평화조약의 조항들보다 더 나은 상황을 기대할 수 없었다. 리차드가 이 평화조약에 대해 다른 반응을 보였어야 한다고 주장하는 사람들은 리차드가 그렇게 했다면 스스로 거짓말쟁이라고 느꼈을 것이라는 점을 알아야 한다.

그리하여 모든 일들이 진행되어 결정의 순간이 왔다. 국왕의 장점은 더 높은 경지를 추구한다는 것이었고 어려움이 가중될수록 하느님을 본보기로 삼는다는 것이었다. 국왕은 살라딘에게 특사를 파견했다. 특사는 부하들로부터의 정보만을 가진 살라딘에게 리차드에 대해 일러주었다. 리차드는 사실 고향으로 돌아가기 위해 3년 동안 이 평화를 원했다는 것, 그리고 그가 군대와 자금을 더 확보했을 때 예루살렘 왕국으로 되돌아와서 살라딘이 점령하고 있던 땅을 살라딘의 저항에도 불구하고 모두 빼앗을 수 있었다는 것에 대해 말해 주었다. 이에 대해 살라딘은 특사를 통해 이렇게 대답했다. 이슬람의 율법에 비추어 보아도, 그리고 전지전능한 신도 보았듯이, 리차드는 매우 유쾌하고 바른 심성을 지녔으며 도량이 넓은 사람이며 매우 훌륭한 사람이라는 것이다. 만약 살라딘 자신이 영토를 잃게 된다면 지금까지 보았던 어떤 다른 군주보다 리차드의 강력한 지배 아래 들어가는 것이 낫겠다고 생각한다고 말했다.

## 양측 간의 휴전 협상[78] 이슬람

☞ 무슬림들은 잉글랜드의 리차드 왕의 위력을 실감했다. 리차드 왕은 전쟁으로 일정 지역을 점령하긴 했지만 자신의 군대도 인명피해가 컸고, 앞으로

78 출전: بهاء الدين بن شداد، المصدر السابق، ص 290، ص 292-293، ص 297-298، ص 301-304، ص 308، ص 347-349؛ حسين أحمد أمين، المرجع السابق، ص 255-263.

도 전쟁이 계속되면 결과를 예측할 수 없기에 휴전협정을 고려하게 되었고 이를 살라딘에게 제안했다. 심지어 리차드는 자신의 여동생과 살라딘의 동생인 알말리크 알아딜의 혼인을 통한 양측 간의 평화협정을 모색했다. 살라딘은 리차드의 제안을 불쾌하게 여기면서도 이슬람 군대가 지쳐 있어 더 이상의 전쟁은 무리라고 판단하고 협정에 동의하는 입장으로 기울었다. 한편 알마르키스가 개인적인 결혼 문제로 프랑크 무리에서 이탈하여 이슬람 측과 별도의 협상을 추진함으로써 프랑크인들 내부에 균열이 생겼다. 그러나 이슬람 측에서는 리차드 왕과의 협정이 유리하다고 보고 그와 협정을 체결했다. 그럼에도 살라딘은 이 협정이 프랑크인들의 교묘한 전략으로, 자신이 죽고 나면 다시 그들이 영토에 대한 야욕을 드러낼 것을 크게 우려했다.

## 알말리크 알아딜의 사자(使者)가 잉글랜드 왕을 알현하다

587년 라마단 달, 26일, 금요일(1191년 10월 17일)에 알아딜은 정찰대를 이끌었다. 잉글랜드 왕은 알아딜의 사절을 요구했다. 알아딜은 젊고 유능한 서기인 알싸니아를 왕에게 파견했다. 왕이 야주르에 있을 때 알싸니아가 도착했다. 알싸니아가 도착할 시간, 대규모의 프랑크 보병들이 밖으로 나가 그 지역에 분산 배치되었다. 왕은 그를 만나 함께 오랜 시간을 보내며 휴전 협상에 관해 얘기를 나누었다. 잉글랜드 왕은 "나는 나의 형제이자 친구인 그분, 즉 알말리크 알아딜과 나누었던 약속을 어기지 않겠소"라고 말했다. 이어서 왕은 알싸니아에게 자신의 의견을 말했고, 알싸니아는 알말리크 알아딜에게로 돌아와 결과를 통보했다. 알아딜은 잉글랜드 왕이 한 말의 내용을 천에 써서 술탄에게로 보냈다. 편지는 그날 오후 전에 도착했다. 그 내용은 이러했다.

"당신께 인사드리며 말씀드립니다. 무슬림들과 프랑크인들이 죽었고, 황폐해진 영토는 양 진영의 수중에서 아예 벗어났으며, 양측의 재물과 인명의 손실이 났습니다. 문제는 심각하여 예루살렘과 성 십자가, 영토를 논하지 않고서는 대화가 이루어질 수 없습니다. 예루살렘은 우리의 성소로, 우리는 우리 중 한 명도 살아남지 못한다 해도 그곳을 떠나지 않을 것입니다. 영토로 말하자면, 요르단강 너머 지역은 우리에게 귀속되어야 합니다. 나무 십자가는 당신들에게는 가치가 없지만 우리에게는 중요한 것입니다. 술탄께서 우리에게 성 십자가를 내주신다면, 우리는 함께 화해하고 오랜 기간 지속된 이러한 고역(苦役)에서 벗어나 쉴 수 있을 것입니다."

술탄은 이 편지를 보고 나서 국가 자문관들을 불러 그들과 상의하며 답신을 궁리했다. 술탄이 생각한 답장은 이러했다.

"예루살렘은 당신네 것이듯이 우리 것이기도 합니다. 그곳은 당신들에게 소중한 것 이상으로 우리에게도 소중합니다. 그곳은 우리 예언자(무함마드) 여행의 출발지[79]이며 천사들이 모이는 곳[80]입니다. 우리가 그곳을 포기하는 것은 상상할 수 없으며, 무슬림들에게 그렇게 한다고 말할 수도 없습니다. 영토로 말하자면 그것은 본디 우리에게 속한 땅으로, 당신들이 점령한 것은 당시 무슬림들이 무기력해서 생겨난 일입니다. 전쟁이 지속되는 한, 알라의 뜻에 따라 당신들은 그 땅에서 돌 하나도 세우지 못할 것입니다. 우리가

---

79 이슬람 예언자 무함마드의 '야간 여행(Night Journey. 알이스라 와 알미으라즈 al-isra wa al-miraj)': 예언자 무함마드는 메디나로 이주하기 얼마 전, 밤중에 부라끄라는 짐승을 타고 날아서 메카에서 예루살렘으로 갔고, 다시 예루살렘에서 일곱 하늘을 통과해 알라의 면전까지 승천했다. 김정위 편, 앞의 책, '야간 여행', 463-464쪽.

80 '(최후심판일에) 사람들이 모이는 곳'. Francesco Gabrieli, 앞의 책, p. 226.

지닌 것은 그 땅에서 나온 것이며, 우리는 알라의 은총으로 그 땅에서 거둔 곡식을 먹고 살아갑니다. 십자가로 말하자면, 그것을 파괴하는 것은 우리 손에 달려 있는 중대한 사안입니다. 이슬람의 이익이 더 중요한 만큼, 우리는 이슬람을 위해 도움이 되는 조건하에서만 십자가를 넘겨 줄 것입니다."

이 답신은 사자를 통해 잉글랜드 왕에게 전달되었다.

### 알말리크 알아딜이 아미르들과 나[81]로 하여금 서신을 술탄께 전달하게 하다

라마단 달, 29일, 월요일(10월 20일)에 알말리크 알아딜은 아침에 나를 부르셨으며, 또한 알람 알딘 술라이만, 사비끄 알딘, 잇즈 알딘 이븐 알무깟담, 후삼 알딘 비샤라 등의 아미르들도 오라고 하셨다. 그는 우리에게 그의 사자가, —버림받을—잉글랜드 왕으로부터 가져온 서신과 그 내용을 설명했다.

알말리크 알아딜은 다음과 같이 언급했다.

알말리크 알아딜은 잉글랜드 왕의 누이와 결혼하기로 결정되었다. 잉글랜드 왕은 시칠리아(Sicily)에서 여동생을 데려왔다. 그녀는 시칠리아 영주의 부인이었는데, 남편이 사망했다. 그녀의 오빠(리차드)가 시칠리아를 통과할 때 그녀를 데려왔다. 결정된 사항은 이러했다. 잉글랜드 왕은 그녀를 알말리크 알아딜과 결혼시키고 부부의 거처는 예루살렘으로 한다. 그녀의 오빠는 자신의 수중에 있는 아

81 이 글의 저자인 이븐 샷다드를 가리킨다.

크레에서 야파, 아스칼론 등에 이르는 해안 지역을 여동생에게 주고 그녀를 해안 지역의 여왕으로 임명한다. 술탄은 자신의 수중에 있는 해안 지역 전부를 알말리크 알아딜에게 내주고, 알아딜을 해안 지역의 왕으로 임명한다. 술탄의 수중에 있는 다른 영토와 봉토도 알아딜의 지배권에 속한다. 술탄은 잉글랜드 왕에게 성 십자가를 양도한다. 마을들은 템플 기사단과 병원 기사단에 속하고 성채들도 두 기사단에 속한다. 우리 포로들과 저들의 포로를 서로 석방한다. 휴전협정은 이 원칙을 바탕으로 정해지고, 잉글랜드 왕은 바다 건너 자기 나라로 돌아가기로 하고, 이로써 문제를 일단락시킨다.

이것이 알말리크 알아딜의 사자가 잉글랜드 왕에게서 가져온 서신의 내용이다. 알말리크 알아딜은 사실을 알고 나자 생각해 본 뒤, 우리를 자신의 처소로 오라고 했고 이 서신을 술탄—알라여 그의 영혼을 성결케 하소서—에게 전해달라고 했다. 알아딜은 술탄 앞에서, 내가 서신에 관해서 말씀드리고 다른 사람들은 듣고 있으라고 했다. 술탄에게 이 내용이 제시되고, 만일 술탄이 그것에 대해 옳다고 보고 그것이 자신과 무슬림들을 위해 이익이라고 판단하시면 우리는 술탄께서 그 결정 사항에 승낙을 했다고 증언할 것이다. 만일 술탄이 그것을 거부하면 우리는 휴정 협상이 이러한 결과에 이르렀음과 술탄께서 그것을 철회했음을 증언할 것이다. 나는 술탄의 알현실로 가서 내용을 제시하고, 앞서 언급한 자들이 참석한 가운데 편지를 낭독했다. 술탄은 잉글랜드 왕이 실제로는 그 내용에 동의하지 않는 가운데, 이것은 그가 꾸민 조롱이며 속임수라고 여기면서도 그 결정에 만족감을 나타냈다. 나는 술탄에게 세 차례나 반복해서 그것에 대한 동의 여부를 여쭈었다. 술탄은 그것에 대한 동의 의사를 솔직하게 밝히셨다. 우리는 술탄에게서 그 점을 확인하고는 알말리크 알아딜에게 돌아와 술탄의 말씀을 전해드렸다. 함께 갔던 사람들은, 내가 술탄에게 결정 내용에 대한 승낙 여부를 반복해서 여쭈었으며, 술탄이 서약과 함께 그것을 승낙했다고 알아딜에게 알려주었다. 이렇게 휴전 협상의 원칙이 마련되었다.

### 시돈의 영주가 알마르키스 측 사자의 자격으로 도착하다

같은 해, 샤우왈 달, 15일, 화요일(11월 5일)에 시돈의 영주가 티레(Tyre)의 영주인 알마르키스 측의 사자의 자격으로 도착했다는 소식이 전해졌다. 우리와 그들(알마르키스 측 사람들) 간에 많은 대화가 이루어졌는데, 그 결론은 그들이 프랑크인들과 관계를 단절하고 프랑크인들을 지원하지 않으며, 그들에 맞서 우리 편이 된다는 것이었다. 그것은 알마르키스와 왕들 간에 일어난 내분에 따른 것으로, 알마르키스가 기 왕의 형제의 아내였던 여자와 결혼한 데서 비롯되었다. 그들의 종교 규정에 따라 그 결혼은 무효화되었고, 결혼을 둘러싸고 의견이 분분했다. 알마르키스는 자신의 목숨이 위태로워지자 아내를 데리고 밤중에 티레로 도망쳤고, 술탄 편으로 기울어지며 술탄의 도움을 청했다. 그 사건은 알마르키스가 프랑크인들과 단절함으로써 무슬림들에게는 이익이 되었다. 그는 용맹스러운 자로 전쟁에서 강인함을 발휘했으며, 전략 수립에서도 뛰어난 자였다.

사자가 도착했다는 소식이 술탄에게 전해졌다. 술탄은 사자를 극진하고 정중히 대접했다. 그를 위해 천막이 세워졌고 그 주위를 천으로 만든 울타리로 에워쌌으며, 안에는 고관대작과 왕들의 위상에 걸맞은 베개와 양탄자가 마련되었다. 술탄은 사자로 하여금 그곳에 짐을 풀고 머물게 하여 편히 쉬고 자신과 만남을 갖도록 했다.

### 시돈의 영주가 술탄을 알현하고 서신을 전달하다

같은 해, 샤우왈 달, 19일, 토요일(11월 9일), 술탄은 착석한 뒤 시돈 영주의 서신 내용과 설명을 듣기 위해 그를 오라고 했다. 영주가 왔고 그와 함께 온 일행이 참석했다. 나도 그 자리에 있었다. 술탄은 영주를 정중히 맞이했고 그들과 얘기를 나누면서  관례에 따라 대접했다. 식사가 끝나고 술탄은 그들과 자리를 함께했다. 영주가 한 말의 내용은, 술탄과 티레의 영주인 알마르키스가 평화협정을 맺자는 것이었다. 고위급 프랑크인 인사들이 알마르키스 편에 가담했는데, 그들 중에는 앞서 언급한 시돈의 영주와 그 밖에 알려진 자들이 있다고 했다. 평화협정의 조건으로, 알마르키스가 해외[82]의 프랑크인들을 두려워하고 있고 그의 아내 문제로 발생한 사건으로 말미암아 그가 프랑크인들에게 적대적 태도를 보여야 한다는 것이 포함되었다.

술탄은 조건들에 대해 동의 의사를 그에게 표했다. 술탄은 그 조건들을 이용해 프랑크인들 사이에 불화를 일으켜 서로 싸우게 할 생각이었다. 술탄은 그의 서신 내용을 듣고 나서 후에 답신을 보내겠다고 그에게 약속했다. 그날 사자는 그 자리를 떠나 천막으로 돌아갔다.

82 우트르메르(십자군의 동방 식민지)를 가리키는 것으로 보인다.

## 잉글랜드 왕의 사자가 도착하다

그날 저녁, 잉글랜드 왕의 사자가 도착했다. 그는 험프리(Humphrey)의 아들로, 고위직에 속하는 왕가의 사람이었다. 사자의 자격으로 온 그를 수행한 자들 중에는 나이가 120세라고 하는 노인도 있었다. 술탄은 사자를 자신의 처소로 오라고 해서 그의 얘기를 들었다. 그가 가져온 서신에서 잉글랜드 왕은 말했다.

"저는 당신과 우호관계를 원합니다. 당신은, 당신이 이 해안 지역을 당신 형제분[83]에게 주었다고 언급했습니다. 저는, 당신이 나와 그의 사이에서 중재자가 되어 주길 원합니다. 그리고 우리는 예루살렘에 발판을 갖고 있어야만 합니다. 저는, 우리가 해안 지역을 분할하되 그가 무슬림들로부터 원성을 듣지 않게, 또한 제가 프랑크인들로부터 책망을 듣지 않는 선에서 이루어지길 원합니다."

술탄은 곧바로 긍정적인 약속으로 응답했고 즉시 사절단에게 돌아가도록 허락했다. 그들은 그러한 처사에 크게 감동했다. 술탄은 당시 평화협상과 분리되어 있던 포로 문제를 묻기 위해 사절단의 뒤를 따라 (잉글랜드 왕에게) 사람을 보냈다. 프랑크 사절단은[84] "평화협정이라고 하면 모든 것을 포괄해야 한다. 평화협정이 아니

83 알말리크 알아딜을 의도한다.

84 원문에는 '그들은'. F. Gabrieli는 '그들'이 잉글랜드 왕을 가리키는 것으로 번역했으며, 또한 술탄을 가리킬 가능성도 있다고 보고 있다. Francesco Gabrieli, 앞의 책, p. 229. 이에 관해 역자가 바그다드 대학교 역사학과 하이디르(Abdul al-Rahman Firtaws Haydir) 교수의 의견을 물은 결과, 그는 '그들'이 프랑크 사절단을 가리키는 것으로 보았다. 하이디르 교수는 술탄 살라딘이 포로 문제를 평화협정과 별개의 사안으로 다루는 것을 프랑크 측에 제안하지만 프랑크 측이 그 제안을 거부하며 포로 문제를 포함한 포괄적 평화협정을 요구하는 것으로 해석한다.

라면 포로 문제는 논의가 될 것이다"라고 답했다. 술탄이 목표한 바는, 협상 원칙안을 파기하는 것이었다. 회의가 끝나고 프랑크인들이 가버린 후, 술탄은 나를 보며 말했다.

"우리가 그들과 평화협정을 체결하면, 그들이 협정을 깨고 공격할 때 우리가 막을 길이 없게 된다. 만일 내가 죽게 된다면 우리 군대를 이만큼 모을 수 없을 것이고, 프랑크인들은 강해질 것이다. 우리가 그들을 해안 지역에서 축출할 때까지 우리가 죽는 한이 있더라도 지하드를 계속하는 것이 유리하다."

이것이 술탄의 견해였다. 다만 술탄은 주변의 압력에 밀려 평화협정 체결로 기울어지고 말았다.

### 두 개의 평화협정(리차드 왕과의 협정, 티레의 영주 알마르키스와의 협정) 가운데 하나를 선택하는 문제를 상의하다

샤우왈 달, 21일, 월요일(11월 11일), 술탄은 아미르들과 고관들, 자문관들을 소집하여 그들에게 알마르키스가 요청하고 그쪽에서 수용하려는 협정 원칙을 언급했다. 그것은, 알마르키스가 시돈을 갖고, 이에 대한 대가로 그가 우리와 한편이 되어 프랑크인들에 맞서 싸우고 그들을 공공연히 적대시한다는 것이었다. 이어 술탄은 참석자들에게 잉글랜드 왕이 제안한 휴전협정 원칙을 언급했다. 그것은, 잉글랜드 왕이 해안 지역 마을의 일정 부분을 갖고 우리가 해안에서 산악 지역 전체를 갖는 것, 또는 마을 전체를 절반씩 나눠 갖는 것, 그리고 이 둘 중 어느 경우에도 잉글랜드 왕이 예루살렘의 교회들에 사제를 두는 것이었다. 잉글랜드 왕은 우리에게 두 방안 중 하나를 선택하라고 했다.

술탄은 아미르들에게 두 가지 원칙과 관련한 상황을 설명하면서, 잉글랜드 왕과 알마르키스 양자 중 어느 하나를 택하는 것과, 잉글랜드 왕이 제시한 두 방안 중 하나를 택하는 것에 관해 아미르들의 의견을 구하고자 했다. 고문(顧問)들은 휴전협정을 맺는다면 잉글랜드 왕과 하자는 의견을 냈다. 이유인즉, 프랑크인들과 무슬림들이 한데 섞여 지내며 조화를 이루는 것은 요원하며 그들이 공격할 경우 대비할 수 없기 때문이라는 것이었다. 참석자들이 결론을 낸 뒤, 잉글랜드 왕과의 협정에 관한 대화가 계속되었으며 이 협정 원칙안 마련을 위한 서신 연락이 지속되었다. 원칙의 근간은 이러했다.

〈잉글랜드 왕은 여동생을 알말리크 알아딜과 결혼시킨다. 해안의 이슬람 지역과 프랑크인들의 지역은 그 두 사람의 소유가 된다. 프랑크인들의 해안 지역은 그녀의 오빠(리차드 왕) 측에서 그녀에게 주는 것이고, 이슬람 해안 지역은 술탄 측에서 알말리크 알아딜에게 주는 것이다.〉

잉글랜드 왕에게서 온 마지막 서신에서 왕은 이렇게 말했다.

"그리스도교계 사람들은, 그리스도교계의 수장이자 지도자인 교황과 상의 없이 제 여동생이 무슬림과 결혼시키는 것을 인정하지 않았습니다. 그래서 저는 교황에게 사자를 보냈고 그는 석 달 내에 돌아올 것입니다. 교황이 결혼을 허락하면 성사되겠으나, 만일 그렇지 않으면 제 생질녀를 당신 측 사람(알말리크 알아딜)과 결혼시키겠습니다. 그것은 허락을 필요로 하지 않는 일입니다."

이런 모든 일이 진행되는 가운데서도 전쟁 상황은 이어졌고, 전투도 피할 수 없었다. 시돈의 영주는 때로 알말리크 알아딜과 함께 말을 타고 나서서, 프랑크인들의 위치를 파악하거나 무슬림들의 전투를 지휘했다. 프랑크인들은 알마르키스를 볼 때마다 그가 무슬림들에 가담할 것을 우려하여 무슬림들에게 평화협정을 요구하는 움직임을 보였다. 알마르키스가 그렇게 할 경우 프랑크인들의 예봉은 꺾이고 만다. 같은 해 샤우왈 달 25일, 금요일까지 상황은 그렇게 진행되었다.

### 알마르키스의 사자가 다녀가다

시돈 영주의 젊은 시종인 유수프가 알마르키스의 사자 자격으로, 무슬림들과의 평화협정을 요청하러 왔다. 술탄은 다음 사항을 포함하는 몇 가지 조건을 제안했다.

〈알마르키스는 동족인 프랑크인들을 상대로 싸워야 하고 그들과 관계를 끊는다. 협정 후에 그가 혼자서 빼앗은 프랑크 영토는 그의 소유가 되고, 우리 측이 단독으로 빼앗은 그들의 영토는 우리 측 소유가 된다. 우리 측과 그가 합의해서 차지한 영토의 경우 그 땅은 그의 소유가 되고 그 안의 무슬림 포로들과 그 밖의 재화들은 우리 측에 속하게 된다. 그의 왕국 안에 있는 우리 측 포로를 전원 석방한다.〉

그리고 다음과 같은 조건도 포함되었다.

〈만일 잉글랜드 왕이 그들 간에 맺어진 조약에 따라 알마르키스에게 영토를 맡긴다면, 우리와 알마르키스 간의 협정은 우리와 잉글랜드 왕 간에 정해진 원칙을 근거로 이루어진다. 단, 협정에서 아스칼론과 그 너머의 지역은 제외하며, 이 지역은 협정 사항에 들어가지 않는다. 해안 지역은 그의 것이 되고, 우리 수중에 있는 지

역은 우리 것이 되며, 가운데 있는 지역은 절반씩 차지한다.〉

사자는 이러한 원칙을 갖고 알마르키스에게로 돌아갔다.

### 평화협정 체결이 성사되다

무슬림 측 전권사절이 (588년 샤으반 달/1192년 8월 말) 야파에 도착해서 도시 밖의 막사에 머물게 되자 그 소식이 리차드 왕에게 통보되었다. 소식을 들은 왕은 사절단 일행을 자신의 처소로 오라고 했다. 전권사절은 왕에게 협정 문서를 보여 주었다. 몸이 편찮은 상태에서 왕은 "나는 그것을 읽을 힘이 없다. 나는 협정을 맺었고 여기 내 서명이 있다"라고 말했다. 전권사절 일행은 앙리 백작(Count Henry)[85]과 담당자들을 만나 문서에 서로 합의했고 로드(Lod)와 라믈라(Ramla)를 공평하게 분배하는 것을 비롯한 문서의 내용에 만족했다. 협정 원칙에 대해서는 잉글랜드 왕 측이 내일, 수요일에 서약하기로 정해졌다. 그것은 그들이 화요일에 음식을 이미 먹었는데, 그들의 관습상 아침 음식을 먹은 후에는 서약을 하지 않기 때문이다. 전권사절은 술탄에게 협정 합의에 관해 전해 줄 사람을 파견했다.

샤으반 달, 22일, 수요일(9월 2일), 전권사절 일행은 잉글랜드 왕의 처소로 가서 왕의 서명을 받고 협정을 맺었다. 잉글랜드 왕은 왕들은 서약을 하지 않는다며 양해를 구했고, 술탄은 그 정도로 만족해했다. 그런 뒤 잉글랜드 왕 측 사람들이 서약을 했다. 왕의 생질로 왕을 대신해 해안 지역을 담당한 앙리 백작과, 티베리아스의 영

85 리차드 왕의 생질로 후에 예루살렘 왕이 되었다.

주인 바르잔의 아들 발리얀이 서약을 했고, 병원 기사단과 템플 기사단 및 모든 프랑크인 지휘관들이 협정에 동의했다. 전권사절 일행은 그날 술탄의 막사로 떠나 저녁 예배시간에 당도했다. 함께 잉글랜드 왕 측에서 온 사람은 험프리의 아들, 바르잔의 아들 발리얀, 그리고 지휘관들 무리였다. 그들은 정중한 대접을 받았고, 그들의 위상에 걸맞은 막사가 세워졌다. 전권사절은 술탄에게 가서 진행 상황을 보고했다.

샤으반 달, 23일, 목요일 아침, 왕의 일행은 술탄의 처소로 가서 술탄의 서명을 받았고, 정해진 원칙에 따른 협정을 체결했다. 그들은, 알말리크 알아딜, 알말리크 알아프달, 알말리크 알다히르, 알리 이븐 아흐마드 알마쉬똡, 바드르 알딘 딜디름, 알말리크 알만쑤르, 그리고 샤이자르의 영주인 이븐 알무깟담 등, 프랑크인들의 지역과 인접한 곳에 영토를 가진 모든 사람을 포함하는 술탄 측 사람들의 서약을 제안했다. 술탄은, 왕의 일행과 함께 사자를, 인접한 이슬람 지역의 사람들에게 보내어 서약을 받게 해주겠다고 그들에게 약속했다. 그리고 왕의 사절은, 그 지역의 무슬림들이 다른 지역의 무슬림들을 대신해 서약하는 조건으로 프랑크 측인 안티오크와 트리폴리의 영주를 대신해 서약했다. 만일 그렇게 서약이 이루어지지 않으면 협정은 무효화되기 때문이었다. 그런 뒤 술탄은 포고(布告) 관원에게 명하여 "평화협정이 체결되었소. 저들 지역의 사람들은 우리 지역에 와서 일을 해도 되고, 우리 지역 사람들도 저들 지역에 가서 일할 수 있게 되었소"라는 내용을 군영과 시장에서 사람들에게 소리쳐 알리도록 했다. 술탄은, 시리아 지역을 통한 순례길이 열렸음을 공표하면서, 본인도 순례를 하기로 결심했다고 그 자리에서 밝혔다. 술탄이 그런 결정을 하는 동안 나도 내내 그 자리에 있었다. 술탄은, 아스칼론의 성벽을 허물기 위해, 그리고 그곳에서 프랑크인들을 나가게 하기 위해 고위 아미르의 인솔하에 일백 명의 갱부를 보낼 것을 지시했다. 또한 성벽을 다 허물 때까지 그들과 함께 한 무리의 프랑크인들도 머물도록 했는데, 그것은 우리가 성벽을 그대로 남겨둘지 모른다고 그들이 우려했기 때문이다.

그날은 기념비적인 날로, 양 진영 사람들은 큰 환희에 휩싸였다. 그것은 지고하신 알라만이 아시리라. 전지하신 알라께 맹세코, 평화협정은 술탄이 원해서 된 것은 아니었다. 술탄은 협정에 관한 대화를 나누던 중 내게 말했다.

"나는 협정을 맺는 것이 걱정된다. 나는 내게 무슨 일이 일어날지 알 수 없다.[86] 적군은 강성해질 것이다. 저들은 이 지역을 갖게 되었고, 나머지 지역을 되찾으려 나설 것이다. 자네가 보듯이, 저들 각자는 자신의 언덕의 꼭대기, 즉 자신의 성채에 앉아 본 적이 있다."[87]

술탄은 "내가 없으면 무슬림들은 파멸하고 말 것이다"라고 말했다. 이렇게 술탄은 말했으며, 실제 상황도 술탄이 말한 그대로였다. 그러나 술탄은 이슬람 군대가 지쳐 있고 전쟁을 계속하는 것에 대해 군대가 불복종하려는 의사를 보이기 때문에 협정을 맺는 것이 유리하다고 생각했다. 전지하신 알라가 보시기에도 그것이 유리했다. 술탄이 협정 축일 기간에 타계하셨기 때문이다. 만일 전투

---

86 '나는 조만간 죽음을 맞이할지도 모른다'의 의미.

87 '일부 성채들이 지금은 무슬림들의 수중에 있지만 이전에 십자군이 그곳을 점령한 적이 있기에 언젠가 다시 빼앗으려 할 것이다'라는 의미.

중에 술탄께서 운명하셨다면 이슬람은 위험에 직면했을 것이다. 협정은 술탄—알라의 자비가 있기를—에게 잘된 일이고, 다행스러운 일이었다.

# IV.

# 십자군 전쟁 관련 일화

이 장에서는 1~3차 십자군 전쟁 기간 중 양 진영 간 치열한 전투 사건과는 별도로, 십자군과 무슬림 각 진영에서 일어난 일화나 수집된 이야기를 모아 놓았다. 유럽 사료로는 먼저 십자군 전쟁 기간에 중요한 역할을 한 십자군의 템플 기사단 창설에 관한 이야기가 소개된다. 이 자료를 보면 기독교를 지키기 위해 이교도, 즉 무슬림을 죽이는 것이 정당화되고 미화되어 십자군 기사들을 전쟁으로 내몰아갔음을, 또한 템플 기사단이 초기에는 순수한 신앙심에서 출발했으나 이후 조직화되고 세력이 강해지면서 타락하고 세속화되었음을 알 수 있다. 십자군 측의 또 다른 이야기는 동방에 있는 사제왕 요한에 관한 것으로, 이 이야기는 유럽인들로 하여금 십자군 원정에의 지속적인 참여와 동방과의 교류를 자극한 것으로 알려져 있다. 이슬람 측 일화로는 1~2차 십자군 전쟁 기간에 시리아 지역에서 직접 십자군 전쟁을 목격하고 전투에 참여했던 우사마 이븐 문끼드가 경험하고 관찰한 십자군 사람들의 모습을 소개한다. 우사마의 기록을 보면, 십자군과 이슬람 양 진영 사람들 간에 항상 적개심과 싸움만 있었던 것이 아니라 때로 만나 친구가 되어 대화도 나누며 교류했음을 알 수 있다. 유럽인 연대기 작가 푸셰 드 샤르트르가 기록한 자료는 우사마의 관찰 결과와 맥을 함께하여, 동방에서 유럽인들이 더 이상 무슬림들과 적으로 지내기보다는 이웃으로 살아가기도 했음을 보여주어 흥미롭다.

# 1. 성지의 수호자 기사단

## 템플 기사단을 찬양함 (베르나르 드 클레르보)[1] 유럽

☞ 베르나르 드 클레르보는 시토 수도회를 창설한 사람이다. 아래 문헌은 베르나르가 기사단의 필요성을 역설한 글로서, 친구이자 템플 기사단의 창설자인 위그 드 파이앵의 편지를 받고 그에게 답장을 보내는 형식으로 되어 있다. 원문은 매우 길지만 여기서는 일부만 발췌했다.

### 서문

친애하는 위그여! 한 번, 두 번 아니 틀림이 없다면, 세 번이나 그대는 나에게 그대와 그대들의 전투력을 지닌 동료들을 위한 격려의 글을 부탁했습니다. 그대는 내가 창이 아닌 글로써 적군을 물리쳐 주기를 원했습니다. 내가 더 이상 무기를 사용하여 그 일을 수행할 수 없음을 그대는 이미 잘 알고 있으므로 글을 통하여 그대들을 고무시켜 줄 것을 확신하고 있습니다. 분명 나는 답을 회피해 왔는데 그것은 그대의 요구를 무시해서가 아니라 경박하고 경솔하게 답함으로써 잘못을 저지르게 되는 것을 피하고 싶었기 때문입니다.[2]

---

1 출전: http://www.the-orb.net/encyclop/religion/monastic/bernard.html. 영역본임.

2 베르나르 드 클레르보의 서문은 다음 논문에 번역되어 있는 것을 거의 그대로 옮겨 실었다. 아래 논문에는 기사단과 베르나르 드 클레르보의 관계에 대한 것도 자세히 설명되어 있으므로 참고하기 바란다. 이정민, 「11·12세기 그리스도의 기사에 관한 고찰」, 『서양중세사연구』, 제30호, 2012, 67-92쪽.

그리스도의 기사들은 적들을 죽임으로써 죄를 짓게 될까 두려워하거나 자신이 죽게 될까 두려워하지 않으면서 안심하고 하느님을 위해 싸울 것입니다. 하느님을 위해서라면 죽이는 것이나 죽음을 당하는 것이나 모두 죄가 아니며, 오히려 영광스러운 것입니다. 다른 사람을 죽이는 경우 그것은 그리스도를 위한 것이며, 죽음을 당하는 경우 그리스도 자체를 만나게 됩니다. 하느님께서는 당신을 거스르는 적들의 죽음을 기꺼이 받아들이시며, 나아가 당신의 죽은 기사들을 위로하는 데에 기꺼이 당신을 바치십니다.

내가 말한 바대로 그리스도의 기사는 적을 공격할 때에 확신을 가지고 하지만, 자신이 죽을 때에는 더욱 더 큰 확신을 갖습니다. 왜냐면 그리스도의 기사는 다른 사람을 죽임으로써 그리스도에게 봉사하고 자신이 죽음으로써 스스로에게 봉사하기 때문입니다.

그리스도의 기사가 검을 쥔 것은 다 이유가 있습니다. 악인들을 벌하기 위한 것이든 선한 사람들을 축복하기 위한 것이든 그는 하느님의 목자이기 때문입니다. 그가 죽이는 것은 악행을 저지른 자를 죽이는 것이지 사람을 죽이는 것이 아니며, 말하자면 악을 죽이는 사람입니다. 명백히 그는 악행을 저지른 자에 대해 그리스도의 원수를 갚는 것이며 마땅히 기독교도의 수호자로 간주되어야 할 것입니다. 그 자신이 죽음을 당한다 해도 그는 죽은 것이 아니라 안전하게 휴식처로 들어간 것임을 알아야 합니다. 그가 가한 죽음은 그리스도를 위한 것이며, 그가 당한 죽음은 자신을 위한 것입니다. 이교도의 죽음에서 기독교도는 영광을 얻을 수 있나니, 이는 그리스도의 영광을 위한 것이기 때문입니다. 반대로 기독교도의 죽음은 하느님이 기사들에 대한 보상으로서 관대함을 보여줄 기회가 생겼음을 의미합니다. 전자의 경우 의인은 정의가 이루어지는 것을 보며 기뻐할 것이며, 후자의 경우 의인은 이렇게 말할 것입니다. 정말로 의인은 그의 정의로움으로 보답을 받게 되며, 분명 지상의 인간들을 심판하는 하느님이 계신다고 말입니다.

그러나 이교도가 신도들을 괴롭히거나 죽이는 것을 막을 수 있는 다른 방법이 있다면, 저는 이교도를 죽이는 것에 동의하지 않습니다. 하지만 지금으로서는 이교도들을 죽이는 것이 의인들의 운명에 죄가 드리워지는 것보다는 나을 것이며 부당함에 폭력을 쓰는 것이 정당해 보입니다.

## 템플 기사단의 창설(기욤 드 티레)[3] 유럽

그해(1118년) 몇몇 기사, 신에게 귀의한 자, 깊은 종교적 심성을 가진 자들이 기독교에 헌신하기로 했다. 그들은 순결과 복종을 서약하고 수도참사회원으로서 영원히 청빈하게 살 것을 서약했다. 그들 중 가장 명망 있는 사람은 위그 드 파이앵(Hugues de Payens)과 조프루아 드 생토메르(Geoffroi de Saint-Omer)였다. 이들은 예배당도 없고 숙소도 없었으므로 국왕이 하느님의 신전 근처, 궁전의 남쪽 회랑에 거주지를 마련해 주었다. 신전 참사회는 몇몇 조건을 붙여 자신들 소유의 땅을 기사들에게 주었다. 이곳은 원래 기사들이 훈련장으

---

3 출전: Guillaume de Tyr, *Historia rerum in partibus transmarinis gestarum*, XII, 7, Patrologia Latina 201, pp. 526-527.

로 사용하던 곳이었다. 국왕과 귀족, 그리고 예루살렘 교회의 총대주교와 주교들은 자신들의 영지에 성직을 일정 기간, 또는 경우에 따라서는 영구히 마련해 주었다. 이것은 기사들에게 먹을 것과 입을 것을 준 것이라고 할 수 있다. 총대주교와 주교들이 면죄의 대가로 그들에게 부여한 최우선 의무는 도둑이나 강도들로부터 도로의 안전을 보장하는 것이었다. 특히 이들은 순례자들의 안전을 보장했다.

이들이 만들어진 뒤 9년 동안 기사들은 속인의 복장을 하고 있었다. 그들은 사람들이 영혼의 구제를 위해 그들에게 갖다 준 의복을 입고 있었다. 9년째 되던 해 프랑스의 트루아(Troyes)에서 공의회가 열렸다. 랭스(Reims)와 상스(Sens) 대주교와 부주교들, 교황특사 알바노 주교, 그리고 시토, 클레르보, 퐁티니 수도원장 등이 이 회의에 모였다. 호노리우스 교황과 예루살렘 주교인 스테파누스의 명에 의해 이 회의에서 기사들에게 규율을 만들어 주었고 흰색 복장을 착용하도록 결정했다.

기사단이 만들어진 지 9년이 되었을 때 그들 중 9명만이 남아 있었다. 이때부터 그들의 숫자는 증가했고 그들의 재산도 늘기 시작했다. 후일 에우게니우스 교황 치세에[4] 기사들과 그들의 시종들은 다른 사람들과 구분하기 위해 망토 위에 천으로 만든 붉은 십자가를 덧댔다고 한다. 이 기사단은 너무나도 커져서 오늘날(기욤 드 티레가 살던 시절, 대략 1170~1174년경) 흰 망토를 입은 기사들은 300

4 1145~1153년.

명에 달하고, 기사단 종사자들은 이루 셀 수 없이 많다. 이들은 이곳 동방과 해외에 엄청난 재산을 가지고 있으며 기독교 세계의 어느 곳에나 재산을 가지고 있다. 오늘날 그들의 재산은 예루살렘 국왕과 같다고들 한다. 하느님 신전 옆의 궁전에 본부를 두고 있기 때문에 "신전 기사 수도회"[5]라고 불린다. 비록 이들이 오랫동안 자신들의 조직을 명예롭게 운영해 왔고 자신들의 직분을 충분히 신중하게 수행해 왔지만, 후일 모든 덕성의 지킴으로 간주되는 겸양을 잃어버렸다. 이들은 자신들이 설립하고 처음 성직을 받은 예루살렘 교구로부터 탈퇴하고 선임자들이 총대주교구에 바쳤던 복종을 거부했다. 이들은 십일조와 하느님의 교회에서 나오는 첫 결실을 가져가 버림으로써 교회와 재산을 둘러싸고 문제를 일으켰고 자신들 내부에서도 불화를 일으켰다.

## 2. 무슬림 전사(戰士)가 관찰한 프랑크인들 이슬람

☞ 우사마 이븐 문끼드(1095~1188)는 시리아 지역에서 태어난 이래로, 십자군 전쟁이 극에 달한 한 세기 가까운 기간 살면서 십자군과 관련된 사건을 직접 목격하고 경험했던 인물이다. 그는 일찍이 15세에 십자군을 상대로 전투에 참여했으며, 이후 이슬람 진영의 부리조, 파티마조, 장기조, 아이윱조에 몸담으며 십자군과 싸웠고, 때로 교류했으며 그로 인해 프랑크인들의 관습과 특성을 잘 알고 있었다. 그는 그러한 정보와 지식을 글로 남겼으며, 그 기

5 Fratres militia Templi. 그리하여 이 기사단을 신전 기사단, 또는 템플 기사단이라고 줄여서 부른다.

록은 당시 무슬림의 시각에서 본 프랑크인들의 모습을 살펴볼 수 있는 유용한 자료이다. 다음의 일부 자료에서는, 당시 높은 수준의 의학을 자랑하는 무슬림들의 입장에서 본 프랑크인들의 낙후된 의술, 여성의 보호와 격리를 강조하는 무슬림들과 상반되게 여성 보호에 무관심해 보이는 프랑크인들, 우사마를 위기에서 구해 준 프랑크인 지인에 관한 이야기 등 눈여겨볼 만한 글들이 소개된다.

## 프랑크인들의 경악할 의술[6]

프랑크인들의 놀라운 의술에 관한 일화가 있다. 알무나이띠라[7]의 영주가 나의 삼촌에게 편지를 보냈는데, 내용인즉 그의 백성 중에 병자가 있으니 치료해 줄 의사를 보내달라는 것이었다. 그래서 삼촌은 사비트라는 이름의 기독교도 의사를 영주에게 파견했다. 열흘이 지나 파견되었던 의사가 돌아왔다. 우리가 그에게 "이렇게 빨리 병자들을 치료했소?"라고 묻자, 그가 말했다.

"그들이 내게 다리에 종창이 난 기병과 정신박약자인 여자를 데려오더군요. 나는 기병을 위해 찜질을 해주고 종창을 절개해 치료했습니다. 그리고 여자를 위해서는, 규정식을 마련해 주면서 기분을 안정시켜 주었습니다. 그러고 나자 한 프랑크인 의사가 오더니 사람들에게 '이자는 병자 치료법을 전혀 모르고 있소'라고 말하더군요. 그러고는 기병에게 '당신은 자신을 위해 어떤 게 더 좋겠소? 한 다리로라도 목숨을 부지하는 것과 두 다리를 가진 채 죽는

---

6 출전: أسامة بن منقذ، كتاب الاعتبار، ص 132-133؛ حسين أحمد أمين، المرجع السابق، ص 110.

7 레바논 북부의 도시.

것 중에 말이오'라고 묻더군요. 기병은 '한 다리로 사는 게 좋습니다'라고 답했습니다. 의사는 주변 사람들에게 '내게 힘센 기병을 데려오고 예리한 도끼를 준비하시오'라고 말했습니다. 힘센 기병이 왔고 도끼가 준비되었습니다. 그 자리에 저도 있었습니다. 의사는 병든 기병의 발을 나무토막에 올려놓았습니다. 의사가 다른 기병에게 '그의 다리를 도끼로 한 번에 찍어서 잘라 버리시오'라고 말했습니다. 내가 보는 가운데 기병이 다리를 한 차례 찍었는데 절단되지 않았습니다. 그래서 두 번째 내리치자 다리에서 골수가 흘러나왔습니다. 그 자는 즉사하고 말았습니다.

그런 뒤 의사는 여자를 바라보더니 말했습니다. '이 여자의 머릿속에는 그녀를 사모하는 사탄이 들어 있소. 그녀의 머리카락을 자르시오.' 사람들은 그녀의 머리카락을 잘랐습니다. 그녀가 프랑크인들의 일반 음식인 마늘과 겨자를 다시 먹어대자 정신박약 증세가 더 심해졌습니다. 의사는 '사탄이 그녀의 머릿속으로 들어갔소'라고 말했습니다. 그러더니 면도칼을 집어들어 그녀의 머리통에 십자가 모양을 긋고 한가운데 부분의 살을 벗겨내자 머리뼈가 드러났습니다. 의사가 그 뼈를 소금으로 비벼대자 그녀는 즉사하고 말았습니다. 내가 그들에게 '당신들은 내게서 필요로 하는 게 있습니까?'라고 묻자, 그들은 '아니오'라고 답하더군요. 그래서 나는 돌아왔고, 그들의 의술 중에 내가 모르던 것을 알게 되었습니다."

## 성적(性的) 질투심이 없는 프랑크인들[8]

프랑크인들에게는 질투심이나 자존심 같은 것이라고는 없다. 한 프랑크인 남자가 자신의 아내와 함께 걸어가다가 다른 남자를 만나게 되는 경우, 그 다른 남자는 그 부인을 한쪽으로 데려가 그녀와 단둘이서 이야기를 나눈다. 남편은 아내가 대화를 마치기를 기다리며 옆에 서 있는다. 만일 대화가 길어지면 남편은 아내가 그 남자와 대화하도록 내버려 두고 혼자 길을 간다.

내가 목격한 것으로는 다음 경우도 있다.

나는 나블루스에 가게 되면 무잇즈라는 이름의 사람의 집에 머물곤 했다. 그의 집은 무슬림 여행객을 위한 숙소였다. 그 집은 길이 내다보이는 창문이 있고, 길 건너편에는 그 집과 마주보는 한 프랑크인 남자의 집이 있었다. 그 남자는 상인들의 술을 판매하는 일을 하는데 포도주 한 병을 들고 "아무개 상인이 이 술이 든 통을 개봉했습니다. 그 술을 원하는 사람은 이런 저런 곳으로 가시면 됩니다"라고 떠들며 소리친다. 그렇게 큰 소리로 광고해 주고 그가 받는 대가는 병에 든 포도주이다.

하루는 그 남자가 집에 와보니 한 외간남자가 그의 아내와 함께 침대에 있었다. 남편이 그 남자에게 "어떤 일로 내 아내가 있는 곳에 들어왔소?"라고 물었다. 그러자 그는 "나는 피곤해서 쉬려고 들어왔습니다"라고 말했다. 남편이 "어떻게 해서 당신은 내 침대로 들어왔소?"라고 묻자, 그 남자는 "침대가 마련되어 있기에 거기에서 잠을 잤던 것이오"라고 답했다. 남편이 "내 아내가 당신과 함께 잤단 말이오?"라고 묻자, 그 남자는 "침대는 그녀 것이오. 그녀가 자

---

8 출전: أسامة بن منقذ، المصدر السابق، ص 135-137؛ حسين أحمد أمين، المرجع السابق، ص 111.

신의 침대에서 잠을 자는데 어찌 내가 막을 수 있겠소?"라고 답했다. 남편은 "내 종교에 맹세코, 만일 당신이 다시 이런 짓을 한다면 나는 당신과 싸움을 벌일 것이오"라고 말했다. 이것이 그가 한 질책이고 그가 내보인 질투심의 전부이다.

다음의 경우도 있다.

우리 집에는 목욕탕에서 일하는 살림이라는 이름의 남자가 있었다. 그는 마라 출신으로 나의 부친—알라의 자비가 있기를—의 목욕탕에서 일했다. 그가 말했다.

"나는 마라에서 목욕탕을 개업해 생업으로 삼고 있었습니다. 한 프랑크인 기병이 목욕탕에 들어왔습니다. 그들은 목욕탕에서 허리에 수건을 매고 있는 사람을 못마땅하게 여기더군요. 그래서 그 기병은 손을 뻗어 내 허리에서 수건을 잡아당겨 던져 버렸습니다. 최근에 내가 치모(恥毛)를 면도했는데 그가 그 모습을 보게 되었습니다. 그가 '살림!' 하고 나를 불러서 나는 그에게로 다가갔습니다. 그는 내 음모 부위로 손을 내밀더니 '살림! 이거 좋은데. 내게도 그렇게 해주게'라고 말했습니다. 그가 등을 대고 눕자 나는 그 부위에 있는 수염 같은 털을 면도했습니다. 그는 자신의 손을 그 부위로 가져가더니 치모가 짧아진 것을 안 뒤, '살림! 내 다마(Dama)에게도 그렇게 해주게'('다마'는 그들의 말로 '부인'을 뜻한다)라고 말했습니다. 즉 그의 아내에게도 해달라는 말이었지요. 그는 어린 종에게 '다마에게 이리 오라고 전하라'고 했고, 종은 가서 그녀를 데려와 안으로 들어오게 했습니다. 그녀가 등을 대고 눕자 남편은 '내게 했던 대로 해주게'라고 말했고, 그래서 나는 남편이 앉아서 지켜보는 가운데 치모를 면도했습니다. 그는 내게 고맙다며 수고료를 주었습니다."

그들에게서 나타나는 커다란 차이를 보자. 즉 그들에게는 질투심과 자존심이 없지만, 반면에 그들은 대단한 용기를 갖고 있다. 용기란 자존심에서, 그리고 비방에 대한 경멸에서 생겨나는 것이건만.

## 돼지고기를 먹지 않는 어느 프랑크인[9]

프랑크인들 중에는 이곳 환경에 적응하여 상당 기간 무슬림들과 함께 살아온 사람들이 있다. 그들은 최근에 자기들의 나라를 떠나 이곳에 온 프랑크인들보다 선량하다. 그러나 그런 사람들은 이례적인 경우로, 프랑크인들의 전형으로 볼 수는 없다. 예를 들어보겠다.

나는 업무차 동료 한 사람을 안티오크로 보낸 일이 있었다. 그곳의 수장은 타드루스 이븐 알싸피(Theodoros Sophianos)로 그와 나는 친한 사이였고, 그는 안티오크에서 영향력이 큰 자였다. 그가 하루는 내 동료에게 "내 프랑크인 친구가 나를 초대했소. 당신도 나와 함께 가서 그들이 어떻게 사는지 보도록 하지요"라고 말했다. 내 동료가 다음과 같이 전했다.

"나는 그분과 함께 길을 나서서, 프랑크인들의 1차 출정 때 참가했던 나이 많은 기병들 중 한 사람의 집으로 갔습니다. 그 기병은 공무나 군 복무를 이미 마쳤으며 안티오크에서 생활을 영위하기 위한 땅을 소유하고 있었습니다. 그는 정말로 깨끗하고 고급스러운 음식이 차려진 멋진 식사를 준비했습니다. 그러나 내가 음식을

9 출전: أسامة بن منقذ، المصدر السابق، ص 140-141؛ حسين أحمد أمين، المرجع السابق، ص 112.

먹지 않자 그가 말했습니다. '맛있게 드십시오. 나는 프랑크인들의 음식을 먹지 않아요. 우리 집에는 이집트 여자 요리사들이 있는데 나는 그들이 만든 요리만 먹지요. 우리 집에는 돼지고기가 들어오지 않습니다.' 그래서 나는, 여전히 조심스럽긴 했지만 음식을 먹었습니다. 식사 후 우리는 그 집에서 나왔습니다."

"그 이후 나는 시장을 지나간 적이 있었습니다. 그때 한 프랑크인 여자가 나를 붙잡더니 내가 알아들을 수 없는 그들의 언어로 뭐라고 하는 것이었습니다. 프랑크인들이 내 주위로 몰려들었고 나는 이제 죽었구나 생각했습니다. 그때, 이전에 알게 된 그 노(老)기병이 지나가다가 나를 보았습니다. 그가 다가와 여인에게 '대체 당신은 이 무슬림에게 무슨 볼일이 있소?'라고 묻더군요. 그녀는 '이 자가 내 형제 우르소(Hurso)를 죽였소'라고 답했습니다. 이 우르소라는 자는 아파미야 지역의 기병으로, 하마의 무슬림 병사들에게 살해되었지요. 노기병은 그녀에게 소리쳐 '이 사람은 부르주아 계급 사람(즉 상인)으로 전투에 나가 싸우는 일은 하지 않소'라고 말했습니다. 그러고는 모여들었던 사람들에게도 소리쳤습니다. 그러자 사람들은 흩어졌고 그는 내 손을 잡아 이끌고 갔습니다. 이전에 그와 함께 식사한 인연으로 나는 목숨을 건질 수 있었지요."

## 예배 드리는 우사마를 방해하는 프랑크인[10]

프랑크인들 지역에 최근 살게 된 모든 프랑크인들은 이전에 정착

---

10 출전: أسامة بن منقذ، المصدر السابق، ص 134-135؛ حسين أحمد أمين، المرجع السابق، ص 113-114.

하여 무슬림들과 함께 살아온 자들보다 품성이 거칠다.

그들의 거친 품성—알라여, 저들에게 치욕을 주소서—을 알 수 있는 일이 있었다. 나는 예루살렘에 들렀을 때 알아크사 사원 경내로 들어간 적이 있다. 그 사원 옆에는 작은 사원이 있는데 프랑크인들은 그곳을 교회로 삼았다. 내가 알아크사 사원에 들어가자, 내 친구들인 그곳의 템플 기사단원들은 내가 예배를 드릴 수 있게 그 작은 사원을 비워 주었다. 어느 날 나는 그곳에 들어가 "알라는 위대하시다"라고 읊고 예배를 드리려 서 있었다. 그때 한 프랑크인이 달려들어 나를 붙잡고는 내 얼굴을 동쪽으로 돌리게 하더니 "이렇게 예배를 드려!"[11]라고 말했다. 그러자 템플 기사단원 무리가 서둘러 그자에게 달려와서 그를 잡아 끌어냈다. 나는 다시 예배를 드렸다. 그런데 기사단원들이 한눈 팔고 있는 새에 그자가 다시 내게 달려들어 내 얼굴을 동쪽으로 돌리고 "이렇게 예배를 드리라니까!" 하고 말했다. 기사단원들이 다시 안으로 들어와 그를 끌고 나간 뒤 내게 사과를 했다. 그들은 "저자는 최근 프랑크족의 나라에서 도착한 외지인입니다. 그는 동쪽이 아닌 다른 방향으로 예배 드리는 사람을 본 적이 없습니다"라고 말했다. 나는 "저는 예배를 충분히 드렸습니다"라고 말한 뒤 밖으로 나왔다. 나는 그자의 악마 같은 모습에, 그의 얼굴색이 변한 것에, 그가 몸을 떠는 것에, 그리고 끼블라[12]를 향해 예배 드리는 사람을 바라보던 시선에 아연실색했습니다.

---

11 중세시대에 기독교도들은 예배 시 동편을 향하는 것이 일반적이었다.
حسين أحمد أمين، المرجع السابق، ص 114.

12 무슬림들이 예배드릴 때 바라보는 메카 방향.

## 어린아이 모습의 하느님[13]

내가 목격한 일이 있다.

한 프랑크인이 바위의 돔(Dome of the Rock)에 있는 아미르 무인 알딘[14]—알라의 자비가 있기를—에게 왔다. 그가 아미르에게 "당신은 하느님(알라)의 어린 모습을 보고 싶습니까?"라고 묻자 아미르는 "그렇소"라고 답했다. 그는 우리 앞으로 걸어와 마리아가 무릎에 어린 예수—그분께 평화가 있기를—를 안고 있는 그림을 보여 주었다. 프랑크인은 "이분이 어린 모습의 하느님이십니다"라고 말했다. 지고하신 알라께서는 불신자들이 말하는 바 이상으로 숭고하시고 위대하시니.

## 몸값을 지불하고 포로를 구하는 우사마[15]

나는 프랑크인들의 왕[16]에게 간 적이 있었다. 그 왕과 자말 알딘 무함마드 이븐 타즈 알물루크[17]—알라의 자비가 있기를— 간에 평화협정[18] 체결을 도모하기 위해서였다. 내가 사절로 간 이유는 나의 부

---

13 출전: أسامة بن منقذ، المصدر السابق، ص 135؛ حسين أحمد أمين، المرجع السابق، ص 114.

14 본서 49쪽 각주 22 참조.

15 출전: أسامة بن منقذ، المصدر السابق، ص 81-82؛ حسين أحمد أمين، المرجع السابق، ص 114-116.

16 예루살렘의 왕인 풀크 5세(Fulk of Anjou). حسين أحمد أمين، المرجع السابق، ص 114.

17 자말 알딘 무함마드 이븐 타즈 알물루크 부리 이븐 뚜그다킨(جمال الدين محمد بن تاج الملوك بوري بن طغتكين): 다마스쿠스 부리조(朝)(the Burids)의 통치자로, 그 이전에는 바을라박의 총독을 지냈다(1140년 사망). EIS-1, 'Burids'.

18 1140년 다마스쿠스와 프랑크인들 간에 체결된 협정을 말한다. Francesco Gabrieli,

친이 한때 풀크의 아들 풀크 왕(풀크 5세)의 장인인 보두앵 왕[19]을 위해 일한 적이 있었기 때문이다.[20]

프랑크인들은 자신들의 포로들을 내게로 데려와 사라고 했다. 나는 포로들 중 지고하신 알라께서 구원해 주시려 한 사람들을 구입했다.

프랑크인들 중 윌리암 지바라는 이름의 악마 같은 한 상인은 자신의 배를 타고 다른 배를 공격하기 위해 바다로 나갔다. 그는 마그립 지역 출신의 남녀 무슬림 순례자 약 4백 명을 태운 선박을 나포했다. 포로들 무리는 자신들의 주인과 함께 와있었는데 나는 포로들 중에서 내 자금 능력으로 구입할 수 있는 자들을 구입했다. 그들 중에는 내게 인사를 하고는 말없이 앉아 있는 한 젊은 남자가 있었다. 내가 그에 관해 묻자 그자는, 무두장이 주인을 둔, 경건한 자라는 말을 들었다. 나는 상인에게 "이 사람을 얼마에 내게 팔겠소?"라고 묻자, 그는 "나의 종교에 맹세컨대, 내가 이 노인과 그자 둘을 함께 43디나르에 구입했던 것처럼, 둘을 함께 데려가지 않으면 나는 이 사람을 팔지 않겠소"라고 답했다. 그래서 나는 두 사람을 함께

---

앞의 책, p. 81.

19 예루살렘의 왕인 보두앵 2세. 1129년 풀크 5세와 결혼한 멜리장드(Melisende)의 부친. 보두앵은 포로로 잡힌 동안 샤이자르 영주의 성에서 손님으로 머물렀다.
أحمد أمين، المرجع السابق، ص 115.

20 우사마는 다마스쿠스의 부리조에 의탁해 그 도시의 최고 통치자인 무인 알딘 우누르의 측근이 되었다. 우사마는, 당시 무인 알딘이 추구한 대(對)프랑크 데탕트 정책을 위해 외교 사절로 예루살렘이나 프랑크 지역들을 방문해 머물렀다. 그렇게 체류하면서 우사마는 프랑크인들에 관해 많은 것을 관찰할 수 있었고, 이는 자신의 저서 『성찰의 서』의 집필 자료가 되었다. EIS-7, 'Munqidh'.

샀다. 그리고 포로들 중 몇 사람은 나를 위해서, 그리고 다른 몇 사람은 아미르 무인 알딘을 위해서 120디나르에 샀다. 나는 일단 내 수중에 있던 돈으로 대금의 일부를 치렀고, 나머지 대금에 대해서는 보증서를 써주었다.

나는 다마스쿠스로 돌아와서 아미르 무인 알딘—알라의 자비가 있기를—에게 말했다.

"저는 전하를 위해 포로들을 샀습니다만 그땐 제게 값을 치를 대금이 없었습니다. 이제 저는 집에 도착했습니다. 만일 전하께서 원하신다면 그들의 값을 치르시고, 그렇지 않으시다면 제가 값을 치르겠습니다."

그는 "아니오. 당연히 내가 포로들의 값을 치르겠소. 나는 선행에 대한 알라의 보상을 소망하는 사람이오"라고 말했다. 그는 선행을 실천하여 알라의 보상을 받는 데 앞장서는 자로, 포로들의 값을 치렀다. 며칠 후에 나는 아크레로 돌아갔다.

상인 윌리암 지바에게는 아직도 38명의 포로가 남아 있었다. 그들 중에는 지고하신 알라께서 내 손을 통해 구원하셨던 사람들 중에 있던 한 남자의 아내가 있었다. 나는 그 상인에게서 그 여자를 사기로 했으나 아직 값을 치르지 못했다. 나는 말을 타고 상인—알라의 저주가 그에게 있기를—의 집으로 갔다. 나는 "포로 중 열 사람을 내게 팔겠소?"라고 묻자, 그는 "나의 종교에 맹세코, 모두 한꺼번에 사야 팔겠소"라고 답했다. 나는 "내게는 모두를 살 돈이 없소. 그들 중 일부만 사고, 다음번에 나머지 사람들을 사겠소"라고 말했다. 그는 "전부가 아니면 당신에게 팔지 않겠소"라고 말했다. 나는 그곳을 떠났다. 찬미받으실 알라께서는 그날 밤 포로를 모두 도망하게 해주셨다. 아크레 마을들의 주민들은 모두 무슬림이었다. 도망친 포로가 찾아오자 주민들은 그 사람을 숨겨준 뒤 이슬람 지역에 데려다주었다.

그 저주받을 프랑크인 상인은 포로들을 찾아다녔으나 한 사람도 잡아오지 못했다. 찬미받으실 알라께서는 은총을 베푸시어 그들을 구해 주셨던 것이다. 그자는 내가 구입하기로 했으나 값을 치르지 못했던 여자의 몸값을 내라고 내게 요구했다. 그녀는 도망한 사람들의 무리에 섞여 탈주했다. 나는 "그 여자를 내게 인도하고 대금을 받아가시오"라고 말하자, 그는 "내가 받을 그 여자의 몸값은 그녀가 도망하기 전인 어제 지급됐어야 했소"라고 말했다. 그는 내게 억지로 그 값을 내라고 해서 나는 그녀의 값을 치렀다. 불쌍한 사람들을 구해 준다는 기쁨에 내게 그 돈은 하찮게 여겨졌다.

## 교양 없는 프랑크인[21]

풀크의 아들 풀크 왕의 군 진영에 겸손한 프랑크인 기병이 있었다. 그는 순례를 위해 프랑크인들의 나라에서 왔다가 돌아가는 자였다. 그는 나를 '형제'라고 부를 만큼 나와 친해졌다. 우리는 서로 가깝게 지내며 정을 나누었다. 그가 해상을 통해 자기 나라로 돌아가기로 마음먹었을 무렵, 내게 말했다.

"형제여, 나는 내 나라로 가려 합니다. 내가 귀국하는 길에 당신

21 출전: أسامة بن منقذ، المصدر السابق، ص 132؛ حسين أحمد أمين، المرجع السابق، ص 116.

아들을 함께 보내주기를 바랍니다. (그때 내 아들이 옆에 있었는데, 아들 나이는 14살이었다.) 당신 아들이 우리나라에서 기병들을 직접 보고, 지식을 얻고 기사도를 배우도록 말입니다. 아들이 귀국할 때가 되면 교양을 갖춘 남자가 되어 있을 것입니다."

교양 있는 남자의 머리에서 나올 수 없는, 그런 말이 내 귓전을 때렸다. 나는 아들이 설령 전쟁 포로가 된다 해도 그것이 프랑크인들의 나라로 가는 것보다는 나을 거라고 생각했다. 그래서 기병에게 말했다.

"정말로, 나도 같은 생각을 했습니다. 그런데 그 애의 할머니가 손자를 너무 귀여워해서 그렇게 할 수가 없습니다. 우리 어머니는 내가 그 애를 데리고 외출하려 하면 그 애를 반드시 어머님께 다시 데려오겠다는 다짐을 내게 받지 않고서는 못 나가게 하시지요."

기병은 "어머님께서 살아계십니까?"라고 물었고, 나는 그렇다고 답했다. 그는 "어머님 말씀을 어기지 마십시오"라고 말했다.

## 아크레에서의 사냥[22]

나는 아미르 무인 알딘—알라의 자비가 있기를—과 함께 아크레로 가서 프랑크인들의 왕인 풀크의 아들 풀크의 궁으로 갔다. 우리는 그곳에서 알자나위야(Genoa 제노아) 출신으로, 프랑크 나라에서 온 남자를 보았다. 그에게는 두루미를 사냥하기 위해 사들인 커다란 매

22 출전: أسامة بن منقذ، المصدر السابق، ص 196؛ حسين أحمد أمين، المرجع السابق، ص 117.

와 작은 암캐가 있었다. 두루미를 향해 그 매를 날려 보내면 개도 매 아래에서 달려갔다. 매가 두루미를 잡아 내려놓으면 개가 두루미를 물어서 빠져나가지 못하게 했다. 그 알자나위야 사람이 우리에게 말했다.

"저희에게 있는 매는 꽁지에 깃털이 13개 생기면 두루미 사냥을 하게 됩니다."

우리가 매의 꽁지 깃털을 세어보니 과연 그러했다. 아미르 무인 알딘은 왕에게 그 매를 갖고 싶다고 했다. 왕은 그 알자나위야 사람에게서 개와 함께 매를 달라고 한 뒤 아미르 무인 알딘에게 주었다. 우리는 매를 가지고 갔다. 우리는 길을 가던 중 그 매가 고기를 덮치듯 가젤들을 덮치는 것을 보았다. 우리는 매를 데리고 다마스쿠스에 왔다. 그런데 매는 그곳에서 사냥이라고는 한 번도 못 해보고 얼마 지나지 않아 죽고 말았다.

## 프랑크인의 경건성과 무슬림의 경건성[23]

나는 나블루스 지역의 시바스띠야(Sebastea)로 불리는 마을에 있는 야흐야 이븐 자카리야(John the son of Zechariah)—알라의 축복이 있기를—의 묘를 방문했다. 나는 그곳에서 예배를 드리고 난 뒤 그 묘가 있는 경내와 접한 광장으로 나갔다. 나는 교회의 닫혀 있는 문을 발견하고는 그 문을 열고 안으로 들어갔다. 안에는 약 열 명의 수사(修士)

23 출전: .118-117 حسين أحمد أمين، المرجع السابق، ص.

들이 있었다. 모자를 쓰지 않은 그들의 머리는 빗질한 면(綿)처럼 희었다. 그들은 동쪽으로 얼굴을 향하고 있었다. 그들의 가슴 부위에는, 끝에 안장 후미처럼 굽은 모양의 가로대가 있는 막대기들이 걸쳐져 있었다. 그들은 그 막대기에 대고 서약을 했다.[24] 나는 마음이 흐뭇해지는 광경을 보았다. 그러면서도 나는 무슬림들에게서 그 기독교도들처럼 신앙에 성실한 자세를 본 적이 없었기에 서운하고 안타까운 생각이 들었다.

어느 날 내가 무인 알딘 우누르와 함께 '공작새의 집'[25] 근처를 지나고 있던 중에 그가 말했다.

"나는 말에서 내려 무슬림 수도자들이 있는 곳에 가보고 싶소."

나는 "그렇게 하시죠"라고 답했다. 우리는 말에서 내려 긴 모양의 집으로 걸어가 그 안으로 들어갔다. 나는 그곳에 아무도 없다고 생각했다. 그런데 그곳에는 약 백 개의 양탄자가 있었고 양탄자 위마다 수피[26]가 있었다. 그들의 표정은 평온해 보였고 태도는 공손했다. 그들을 보니 뿌듯했다. 나는 위대하신 알라를 찬미했다. 이전에 보았던 기독교 수사들보다 더 신앙에 성실한 무슬림들을 본 것이다. 그 이전에 나는 수피들의 거처에서 수피들을 본 적이 없었고 그들의 수행 도정(道程)에 대해 알지 못했다.

---

24 아마도 사도 요한 수도회(chapter of St. Jone)의 수사들이 막대기 모양의 십자가를 관습적으로 사용했던 것으로 보인다. Francesco Gabrieli, 앞의 책, p. 84.

25 수피 교단의 수도원.

26 이슬람 신비주의 수행자.

## 3. 동방에서 유럽인들의 생활 유럽

### 동방에서의 행복한 생활(11세기 말 12세기 초)(푸셰 드 샤르트르)[27]

☞ 이 문헌은 푸셰 드 샤르트르(Foucher de Chartres)라는 연대기 작가가 쓴 당시 유럽인들의 생활상이다. 동방에 정착하게 된 유럽인이 무슬림과 어떻게 함께 살아가는지를 보여주고 있다. 이러한 교류를 푸셰 드 샤르트르는 하느님의 뜻이 펼쳐진 결과로 해석하고 있다. 말하자면 무슬림과 기독교인들이 평화롭게 사는 동방이야말로 하느님의 뜻이 실현된 곳으로서 지상의 낙원이라고 생각했던 것이다.

오늘날 하느님께서 유럽인들을 동방으로 가게 만드신 방법에 대해 생각해 보라. 서방 사람인 우리가 이제 동방 사람이 되었다. 과거에 로마인이었거나 프랑크인이었던 사람들이 이제 갈릴리인이나 팔레스타인 주민이 되었다. 랭스(Reims)나 샤르트르(Chartres) 시민이었던 사람들이 이제 티레나 안티오크 시민이 되었다. 우리는 우리가 태어난 곳에 대해 이미 잊어버렸다. 우리는 이미 그 지역에 대해 잊고 있으며, 언급조차 하지 않는다. 몇몇 사람은 이미 이곳에 가정을 꾸리고 가솔을 거느리고 있으며, 그것이 대를 이어가고 있다. 어떤 사람은 자신과 같은 민족에서뿐만 아니라 시리아인이나 아르메니아인, 심지어 사라센인들로서 개종한 사람을 아내로 맞이하기도 한다. 어떤 사람들은 그들과 장인관계를 맺기도 하고, 그들

---

27 출전: Foucher de Chartres, *Historia Hierosolymitana*, Livre III chapitre 37, RHC., tome III, p. 468.

중에서 며느리를 보거나 사위를 맞기도 하며, 양아버지, 양아들 관계를 맺기도 한다. 또한 여기에서 손자나 증손자까지 보게 된 경우도 있다. 어떤 사람은 포도를 재배하고 어떤 사람은 밭을 경작한다. 서로서로 다른 언어로 된 말과 단어를 섞어서 사용한다. 서로 다른 언어들이 이제는 모든 사람에게 통용되는 언어가 되었고, 서로 몰랐던 사람들을 신앙이 결합시키고 있다. "사자와 황소가 서로 풀을 뜯는다"라는 말이 성경에도 있지 않은가? 이방인이었던 자들이 이제 토착민이 되었고 잠시 체류하던 사람이 이제는 거주민이 되었다. 우리의 부모와 친척들은 자신이 가진 모든 것을 포기하고 비록 매우 느리기는 하지만 매일같이 우리를 결합시켰다. 예전에 저곳(서유럽)에서 가난했던 자들이 이제 이곳에서는 하느님에 의해 부자가 되었고, 재산을 거의 갖지 못했던 사람들이 이곳에서는 엄청난 부를 소유하고 있다. 그곳에서는 집 한 채 가지고 있지 못하던 사람이 이곳에는 신의 선물로 도시를 가지고 있다. 그러니 동방에서 이처럼 좋은 조건을 얻게 된 사람이 왜 서방으로 돌아가겠는가? 하느님은 십자가를 지니고 당신을 따르기를 맹세한 자들이 고통받는 것을 원치 않으신다. 이것은 위대한 기적이며 세계를 깜짝 놀라게 할 일이다. 이런 일이 있었다는 것을 들은 적이 있는가? 하느님은 우리 모두가 부유하게 살고 당신에게로 와서 가장 친한 친구가 되기를 원하신다. 하느님께서 그것을 원하시므로 우리도 그렇게 되기를 바란다. 하느님을 기쁘게 해드리는 것은 사랑하며 복종하는 마음으로 하느님께서 기뻐하실 일을 하는 것이다. 하느님과 더불어 우리는 행복한 나날을 영원히 보낼 수 있다.

## 동방 생활의 어려움: 예루살렘 총대주교가 산티아고 데 콤포스텔라의 대주교에게 도움을 요청한 편지(1120년경)[28]

☞ 이 편지는 예루살렘 총대주교인 게르몽 드 피키니(Guermon de Picquigny)[29]와 성묘 수도원장 제라르(Gerard)가 산티아고 데 콤포스텔라의 대주교인 디에고 헬미레스(Diego Gelmirez)에게 보낸 편지로, 동방에서의 삶이 얼마나 어려웠는지를 보여주고 있다. 예루살렘 왕국을 세웠으나 무슬림의 끊임없는 공격을 받아야 했던 사실은 다른 사료에서도 자주 등장한다. 그러한 연대기의 내용에 더하여 이 편지는 그러한 공격이나 전투보다 더 심각했던 것이 역병과 흉작으로 인한 기근이었음을 짐작게 해준다. 이러한 재난이야말로 인간의 삶을 위협하는 요소였다. 그리하여 예루살렘 총대주교가 에스파냐의 산티아고 데 콤포스텔라 대주교에게 구원을 요청했다. 편지의 수신인은 디에고 헬미레스였는데, 이 디에고가 주교로 있던 시절은 12세기 초반으로서 산티아고 순례가 한창 왕성하던 시기였다. 이 당시에는 디에고가 교황과 함께 산티아고 순례 안내서를 편찬할 정도로[30] 산티아고로의 순례가 많았던 시기였다. 이처럼 산티아고 대주교가 영향력을 갖고 있었으므로 산티아고 대주교에게 도움을 요청한 것으로 보인다. 특히 이 편지에서는 메뚜기가 곡식을 먹어치웠다는 점이 이채롭다.

---

28 출전: M. Barber & K. Bate, ed., *Letters from the East*, Farnham: Ashgate, 2010, pp. 42-44.

29 게르몽 드 피키니(Guermond 또는 Gormond, 영어로는 Warmund, 1069~1128)는 프랑스 북부 피카르디 지방에 있는 피키니 출신으로서 1118년부터 1128년까지 예루살렘 총대주교였다. 그는 원래 피키니의 영주로서 아미앵 주교의 대리인(vidamus)이었다. 1113년 아미앵에서 자치를 획득하기 위한 코뮌 반란이 일어나자 코뮌을 지지했다. 그 이후 십자군에 참여하여 1118년 아르누 드 쇼크(Arnoul de Chocques)의 뒤를 이어 예루살렘 총대주교가 되었다.

30 디에고 헬미레스와 산티아고 순례 안내서에 대해서는 다음 책을 참조하라. 칼릭스투스 2세, 『교황 칼릭스투스의 『산티아고 순례 안내서』』, 박용진 옮김, 서울대학교출판문화원, 2018.

예루살렘의 총대주교이신 게르몽과 예루살렘 성당참사회원이자 성묘 수도원장이신 제라르가 산티아고의 대주교인 디에고와 교황 특사, 산티아고 성당참사회, 이 성당에 속한 모든 수도사, 사제, 그리고 제후와 백성에게 신의 가호가 있기를.

우리의 죄로 인하여 신께서 우리가 다른 때보다 더 자주 역병에 걸리도록 만드셔서, 지금 우리는 적지 않은 슬픔에 빠져 있습니다. 비가 오지 않아서 땅에서 곡식이 자라지 않은 지 4년이 되었습니다. 땅에서 생산된 약간의 곡물마저도 메뚜기가 줄기와 이삭까지 먹어 치웠습니다. 적들의 공격은 왜 그렇게 계속되는지. 사라센인들은 우리를 완전히 포위하고 있습니다. 동쪽으로는 바빌론, 서쪽으로는 아스칼론, 해안에는 아르수프(Arsuf),[31] 그리고 북쪽으로는 다마스쿠스가 있습니다.

이들 이교도들의 왕국과 수많은 이민족들은 왜 끊임없이 우리를 공격하는지요? 매일 우리는 공격을 받고 살해당하고 포로가 됩니다. 우리는 참수를 당하여 우리 몸은 새와 들짐승의 먹이가 됩니다. 또한 우리는 양처럼 팔려나갑니다. 더 말해 무엇하겠습니까? 성스러운 도시인 예루살렘과 하느님의 십자가와 성묘를 보호하지 못하니 차라리 예수님의 이름으로 죽을 각오를 하고 있습니다. 이러한 위험한 처지에 놓인 이들을 불쌍히 여기사 이들에게 필요한 것을 보내 주십시오. 경애하는 대주교님, 우리는 당신의 발아래 몸을 던져 흐느끼며 당신께서 우리를 도와주시기를 간청합니다. 하

31 티레(Tyre)를 말한다.

느님의 영광스러운 승리자이시여, 부디 기도가 당신에게 전달되고 수도사와 참사위원들의 비통한 통곡이 당신에게 감동을 주고 미망인들과 고아들의 눈물이 당신의 마음을 움직이기를 바랍니다. 죄수들의 신음소리를 들어보세요. 가난한 사람들이 예루살렘의 거리에 누워서 지르는 눈물 가득한 항의소리가 당신의 귀에도 이르기를. 이제 얼마 남지 않은 기사들의 비할 데 없는 노력이 당신의 마음 깊은 곳까지 스며들기 바랍니다. 병사들이 받는 고통은 또 어떻게 말할 수 있을까요? 병사들은 예루살렘의 성벽이나 다른 성채의 보루에 갇혀 있으면서 날마다 당신이 마치 비둘기처럼 창가에 날아와서 도와주기를 기도하고 있습니다. 그들은 항상 하느님과 함께하고 있습니다. 당신은 하느님이 고통을 받고 부활을 하신 성스러운 장소를 볼 수 있을 것입니다. 그로 인하여 당신의 마음이 움직이기를!

경애하는 신부님, 하느님의 아들께서 경멸받으시기를 마다하지 않으시고 우리를 위해 십자가에 못 박혀 죽었는데, 당신은 왜 예루살렘에서 예수의 이름으로 죽기를 주저합니까? 제 생각에 그것은 하느님이 당신을 하느님의 일에 쓰시려고 남겨두었기 때문입니다. 그러므로 경애하는 형제이시여, 당신을 믿고 따르는 사제와 신도들과 더불어 그리스도의 군대에 참여하여 한시바삐 우리를 도우러 와주시기 바랍니다. 만약 당신께서 친히 오실 수 없다면 당신이 보낼 수 있는 군대를 보내 주십시오. 커다란 슬픔에 휩싸여 이 글을 쓴다는 것을 하느님께서 알고 계십니다. 예루살렘이나 다른 성채에서 기사나 병사의 호위 없이는 단 1마일도, 심지어 그보다 더 가까운 거리도 돌아다닐 수 없습니다. 이제 우리는 식량을 나누어 먹어야 합니다. 사라센인들은 곧 예루살렘 문으로 들어올 것입니다. 그러므로 당신이 빨리 오지 않는다면 아무도 도와주지 않게 되어 예루살렘은 죽게 될 것이고, 이로 인해 당신은 슬퍼하게 될 것입니다. 그리고 당신은 우리의 도움 요청에 응하지 않았으므로 우리의 죽음에 대해 책임이 없다고 할 수 없을 것입니다. 이제 우리에게는 죽음밖에 남지 않았습니다. 그것이 아니라면 바다를 건너 도망가는 수밖에 없는데, 그것은 신이 허락하지 않으실 것입니다. 어떤 행동이 이루어져야 할지 헤아려 주십시오. 만약 당신이 우리의 절규를 듣지 않으려 하고 우리의 전령과 편지를 외면한다면 거기에는 그럴만한 이유가 있을 것입니다. 그러나 어떤 이유입니까? 자, 말씀해 보십시오. 하느님의 도움으로, 우리는 도움을 필요로 하는 어떤 사람이건 속죄하기만 하면 그들의 죄의 사슬을 끊어낼 수도 있고 양의 어깨 위에 얹어서 이 세상의 죄를 씻어 줄 수도 있습니다. 이곳으로 오는 자들, 이들을 기꺼이 돕는 사람들, 이들의 순례에 관해 조언을 해주는 사람들, 이들의 재산을 안전하게 지켜주는 사람들 이 모든 사람들이 얼마나 큰 은총으로 충만할지 생각해 보십시오. 공정한 재판관이 그러하듯이, 이러한 자발적 지원자들의 재산을 파괴하거나 약탈하는 사람들에게는 저주의 칼날이 내려칠 것임을 알려주십시오. 그럼 안녕히 계십시오.

### 동방 생활의 어려움: 안티오크 영주 르노 드 샤티용이 프랑스 국왕 루이 7세에게 보낸 편지(1155 또는 1156년)[32]

☞ 이 편지는 르노 드 샤티용이 프랑스 국왕에게 보낸 편지이다. 이 편지의

주된 내용은 팔레스타인에서의 생활이 어렵다는 것이다. 특히 이 편지에서 보여 주고 있는 것은 결혼 상대자를 찾기도 어려웠다는 점이다.

가장 신실하시며 충실하시며 신의 은총으로 프랑스의 국왕이 되신 루이에게 신의 은총으로 안티오크의 지배자가 된 쓸모없는 르노가 경배와 경애를 보냅니다.

훌륭하신 주군이시여, 이 땅에서 벌어지고 있는 핍박과 궁핍에 대해 자주 들으셨을 것입니다. 아마도 하느님께서 막아 주지 않으셨다면 훨씬 더 자주 들으셨을 것입니다.

요즘 들어 하느님의 관대함이 더욱 두드러지고 있음에도 저희가 겪는 궁핍과 불안은 이루 말로 형언할 수 없으며 필설로 다할 수 없을 정도입니다. 기독교도들은 그 지역이 해방되었다는 소식을 듣기 위해 귀를 쫑긋 세우고 있습니다. 요한이 구원에 대해 묻기 위해 예수님께 사람을 보냈듯이,[33] 사람들은 물어봅니다. 당신께서도 이 땅을 해방시켜 주시려는 마음이 굴뚝같다는 것을 사람들도 알고 있으므로 날마다 무릎 꿇고 하느님께 당신의 행복을 빌고 있습니다. 또한 하느님께서는 열망에 부응하려는 마음을 가진 왕에게 권능을 부여하신다는 것도 압니다. 그러므로 당신께서 이곳을 방문하시어 불신자들의 손아귀에서 해방시켜 주소서. 당신의 백성들 사이에서 태어나고 자란 저는 당신의 명령을 따를 준비가 이미 되

32 출전: M. Barber & K. Bate, ed., 앞의 책, pp. 49-50.

33 마태복음 11장 2-3절: "요한은 그리스도께서 하신 일을 감옥에서 전해 듣고 제자들을 예수께 보내어, / '오시기로 되어 있는 분이 바로 선생님이십니까? 그렇지 않으면 우리가 다른 분을 기다려야 하겠습니까?' 하고 묻게 했다."

어 있습니다. 레몽의 두 딸은 훌륭한 교육을 받은 아름다운 딸들로서 결혼 적령기에 달해 있습니다. 우리는 전하께서 당신의 나라에서 이들의 적당한 배필을 구해 주시기를 바랍니다. 왜냐하면 이 지역은 척박한데다가 근친결혼의 우려가 있습니다. 또한 제가 부당하게 폭력적인 방법으로 몰수당한 저의 상속재산을 당신께서 되돌려주시기를 간청합니다. 그것이 부당한 몰수라는 점은 저와 제 가족뿐만 아니라 누가 봐도 그렇습니다. 부디 당신의 친구인 우리가 원하는 답변을 해주시기를 바라옵니다. 신의 가호로 우리는 건강하고 안전하게 지내고 있습니다. 기사이자 당신의 신하인 밀 드 노프(Miles de Neauphe)[34]가 당신께 이 지역의 상황을 전해드릴 것입니다.

## 동방의 지진: 예루살렘 왕 아말릭이 프랑스 국왕 루이 7세에게 보낸 편지(1163년 4월 8일)[35]

☞ 1163년 예루살렘 왕국의 왕 보두앵 3세(Baudoin III)가 죽자 아말릭이 2월 18일 즉위했다. 편지가 왕위계승에 대한 내용으로 시작되는 것으로 보아 1163년이나 1164년에 작성된 것으로 추정된다. 이 편지에서는 르노 드 샤티용이 포로가 된 일이나 지진이 일어났던 일 등이 언급되어 있다. 편지의 전체적인 내용은 동방에서의 생활이 어렵다는 것이며, 그러므로 추가 파병이나 도움을 원한다는 것이다.

---

34 프랑스 노르망디 출신의 기사. Neauphe는 노르망디의 아르장탕(Argentan) 근처의 노프쉬르디브(Neauphe-sur-Dive)를 가리킨다.

35 출전: *Recueil des historiens des gaules et de la France*, éd. par Dom Martin Bouquet et al.; nouv. éd., t.16, Paris, 1878, pp. 36-37. 다음 영어번역을 참조했다. M. Barber & K. Bate, ed., 앞의 책, pp. 52-53.

신의 은총으로 영광스러운 프랑스의 왕이며 가장 탁월하고 고귀한 영웅이신 루이에게 신의 은총으로 예루살렘의 왕인 아말릭이 경배드립니다.

저의 형제이자 주군이신 유명한 보두앵(Baudoin)[36] 왕께서 승하하셨다—오호통재라!—는 소식을 전해드립니다. 그분은 성녀 스콜라스티카(Scholastica virgo) 축일[37]에 하느님의 부르심을 받았습니다. 이제 제가 적법한 계승자로서 그분이 다스리던 왕국을 다스리게 되었고 왕위를 물려받았습니다. 아무런 장애도 없었으며 모든 신하들이 호의를 보였습니다. 동방의 기독교 세계가 심각하게 축소되고 전에 없이 압박받고 있기 때문에, 그리고 안티오크의 영주인 르노 드 샤티용이 군사 원정에서 돌아오는 길에 포로가 되는 불상사가 있었으므로,[38] 이러한 불행과 훨씬 더 애써서 싸우고 있습니다. 그와 함께했던 사람들 역시 죽거나 포로가 되었습니다. 그리고 지난 8월에는 안티오크에서 지진이 일어나 성채와 탑과 시가지가 모두 파괴되었습니다.[39]

전하, 하느님께서 육신으로 변하시어 방문하시고 그분의 빛으

---

36 보두앵 3세(1130~1163). 어린 나이에 왕위에 올라 아스칼론을 정복하는 활약을 펼쳤으나 젊은 나이에 후계자 없이 사망했다. 그 뒤를 이어 그의 동생인 아말릭(Amalric I)이 왕위를 이었다.

37 2월 10일. 성녀 스콜라스티카는 몬테카시노(Monte Cassino)에 수도원을 세운 성 베네딕투스의 누이동생이다.

38 1161년 르노 드 샤티용은 마라시(Marash)를 약탈하다가 무슬림에게 붙잡혔다. 그리하여 그는 15년 동안 알레포(Aleppo)에 억류되어 있었고, 1176년에야 석방금을 지불하고 풀려났다.

39 지진은 1162년 8월에 일어났다.

로 축성을 하신 이 땅을 잊지 말아 주십시오. 당신의 왕국은 이 땅을 더러운 이교도들의 손에서 빼앗아서 하느님께 바칠 충분한 힘을 가지고 있습니다. 전하께서 지금까지 성묘에 대해서 얼마나 많은 애정과 신념과 연민을 가지고 있는지를 모든 사람들에게 보여주십시오. 이 편지의 전령이 말씀 드리겠지만, 지금처럼 당신의 충고와 긴급한 도움이 필요했던 적이 없었음을 헤아려 주십시오. 만약 전하께서 성묘를 방문하시고자 한다면, 제가 살아있는 한, 전하께서는 다른 나라가 아니라 전하의 왕국을 돌아보시는 것과 똑같을 것임을 확신합니다. 저는 전하를 위대하고 지고하신 주군으로 경애하고 있습니다. 이 모든 것이 전하의 지배 아래 있었고 지금도 그 아래 있습니다.

세포리아 샘(Fons Sephoria)에서 4월 8일.

## 동방의 나병: 예루살렘 총대주교 아모리(Amalicus)[40]가 프랑스 왕 루이 7세에게 보낸 편지(1173년)[41]

☞ 동방에서의 삶이 힘들다는 것은 여러 편지에서 나타나는데, 아래 편지에서는 예루살렘에 나병 환자가 많다는 것을 보여주고 있다. 예루살렘에서 특

40 아모리 드 넬(Amaury de Nesle). 아모리는 프랑스어 발음이며 라틴어와 영어로는 아말리쿠스(Amalricus)와 아말릭(Amalric)이다. 피카르디의 넬 출신으로서 예루살렘의 성묘 수도원의 수도사로서 1158년부터 1180년까지 예루살렘 총대주교였다.

41 출전: *Recueil des historiens des Gaules et de la France,* éd., par Dom Martin Bouquet et al.; nouv. éd., t.16, Paris, 1878, p.168. 다음 영어번역을 참조했다. M. Barber & K. Bate, ed., 앞의 책, pp. 70-71.

히 나병이 많이 발병했다기보다는 예루살렘 왕국이 세워진 이후 나병 구호소가 생겨나 도처에서 그곳으로 나병환자가 몰려들었기 때문이었다.

신의 은총으로 성 부활교회의 대주교가 된 아모리가 똑같은 신의 은총으로 프랑스의 왕이 되신 친애하는 루이에게 경배드립니다.

신이시며 우리의 주님이신 예수 그리스도의 수난과 부활의 면전에서 전하께 내려진 은총 덕택에, 그리고 하느님의 관면(寬免 dispensatio)[42]에 힘입어 선왕에게서 왕위를 물려받으셨으므로, 저는 신의 관대함에 호소합니다. 부디 하느님께서 이승에서의 전하의 삶이 원하는 대로 되도록 축복해 주시고 종국에 가서는 영원한 생명을 얻도록 축복해 주시기를 비나이다. 제가 알고 있기로 당신의 보호 아래 기독교도의 어려운 삶이 평온하게 되고 결실을 거두었음을 알고 있습니다. 그러므로 전하의 존엄으로 우리의 불쌍한 나병환자들을 도와주시기를 바랍니다. 이들은 질병의 족쇄로 인하여 예루살렘 성 밖에서 영원히 살아야 합니다.[43] 이들이 겪고 있는 고통과 어려움은 당신이 보는 것보다 훨씬 더 큽니다. 이 편지를 가진 전령은 바로 그들이 보낸 사람입니다. 그들의 이야기를 들으시고 그들이 더 이상 사람처럼 보이지 않거나 아무런 즐거움도 없어 보

---

42 법규정의 폐지나 법규정의 준수를 해제하는 것이 아니라 정당한 이유가 있다고 판단될 때 일시적으로 법규정의 준수의무에서 해방되는 것으로, 특별법에 의거하여 영원히 법규정으로부터 해방되는 특전(privilegium)과도 구별된다.

43 성 라자루스 기사단(Order of Saint Lazarus)은 1119년 설립되었는데 이들의 주된 임무는 나환자를 돌보는 것이었다. 이들의 근거지는 예루살렘 성벽 서북쪽 외곽 바로 바깥에 있었는데, 기사단 자체가 나환자에 의해 운영되었다.

이더라도, 전하께서 적당하다고 생각하시는 만큼, 그리고 하느님의 뜻에 합당하도록 그들을 도와주시기를 바랍니다. 전하께서 이처럼 관대함을 보여 주시고 여기에 더하여 다른 관대함까지 보여 주신다면, 하느님께서는 이 모든 행적에 보상해 주실 것이며, 현세의 승리를 주실 것이며 전하의 세속 왕국의 통치에 합당한 영원한 행복을 주실 것입니다. 온 세상에서 장애인과 가난한 자들이 이 땅에 모여들고 있습니다. 이 불쌍하고 가난한 사람들을 살아가게 하기 위해서는 많은 것이 필요합니다. 그러나 도움은 거의 없습니다. 동방 교회가 도움을 주고 있기는 하지만 이교도들의 공격과 불안정한 상황 때문에 원활치 못합니다. 그러므로 저는 성스러운 도시인 예루살렘에 지금 살고 있고 미래에 살게 될 사람들과 모든 기도하는 자들과 관대한 자들의 참여와 협조를 받고자 합니다.

## 4. 유럽인들의 세계관 확대

### 사제왕 요한에 관한 이야기(오토 폰 프라이징)[44] 유럽

☞ 이 글은 사제왕 요한에 관해 처음 언급된 문헌이다. 사제왕 요한에 관한 이야기는 동방에 있는 기독교 왕국과의 연합 가능성을 제시함으로써, 동방과의 교류를 촉진하는 계기가 되었다.

44 출전: Otto von Freising, *Chronicon*, ed. G. H. Pertz, MGH SSRG, Hanover: Hahn, 1867, VII, 33, pp. 334-335.

그때(1145년) 그곳에서 우리는 시리아에 있는 가불레(자발라)의 주교를 만났다.

그는 이렇게 말했다. 그리 오래되지 않은 일인데, 페르시아와 아르메니아 너머 동쪽 끝에 사제이자 왕인 요한이라는 사람이 그의 백성과 함께 살고 있다고 한다. 그는 기독교도이지만 네스토리우스(Nestorius)파[45]라고 한다. 요한은 사미아르드왕과 전투를 벌였다. 이 사미아르드 왕은 페르시아 및 메데스의 왕과 형제였다. 요한은 사미아르드 왕이 거처하고 있는 에박타니(Ebactani)를 공격했다. 앞서 말한 사미아르드 왕은 페르시아, 메데스, 아시리아 군대와 함께 요한과 사흘 동안이나 싸웠다. 이들 모두 도망가느니 차라리 죽겠다는 각오로 싸웠다. 마침내 사제 요한(사람들은 흔히 요한을 "사제 요한"이라고 불렀다)은 페르시아 군대를 패퇴시키고 처절한 전장에서 승리자가 되었다. 이 승리 이후 사제 요한은 예루살렘 교회를 돕겠다고 했다. 이들은 티그리스강에 도착했지만 그곳에서 강을 건널 수 있는 어떤 수단도 가지고 있지 못했다.

45 431년 에페소공의회에 의해 네스토리우스가 이단으로 배척된 후에도 계속 네스토리우스의 학설을 따른 그리스도교회. 이들은 에페소의 주교 이바스(Ibas), 니시비스의 주교 바르수마스(Barsumas) 등의 노력으로 완결된 형태로 발전된 네스토리우스파 신학을 받아들였고 페르시아와 소아시아 지방으로 옮겨가 많은 교회를 세웠다. 현재 아시리아 교회란 이름으로 존속하고 있다. 한편 네스토리우스파 교회는 중국 당나라에도 전래되어(635년) 경교(景敎)라는 이름으로 교회를 세웠다.

## 1. 유럽 문헌과 그 저자

Recueil des historiens des croisades (RHC)

**『십자군 역사가 집대성』**

당대 기록을 집대성한 전집. 중요한 기록들을 싣고 있다. 판형 또한 폴리오 판으로 큰 판형을 사용하고 있으며, 전 15권으로 되어 있다. 아랍어, 그리스어, 아르메니아어 등으로 된 기록들은 원문과 더불어 프랑스어로 번역되어 실려 있다.

1~5권: 서유럽역사가(Historiens occidentaux)

6~11권: 아랍역사가(Historiens orientaux)

12~13권: 그리스역사가(Historiens grec)

14~15권: 아르메니아역사가(Hsitoriens armeniens)

Guillaume de Tyr (c.1130-1190): Historia rerum in partibus transmarinis gestarum

(**중세 불어판**) L'Estoire de Eracles empereur et la conquest de la Terre d'Outremer (Books 1-22, RHC, t.1, Books 23-34, RHC, t.2, **후속편**, RHC, t.2, pp. 483- 639)

**『해외에서 일어난 사건의 역사』**

기욤 드 티레는 1130년 예루살렘에서 출생하고, 서유럽에서 20년 동안 유학했다. 그 후 성지로 돌아와 티레(Tyre)의 부주교가 되었다. 1186년 사망했다. 이 책의 제목 『해외에서 일어난 사건의 역사』는 서유럽에서 나중에 필사하는 과정에서 붙인 것으로 보인다.

책의 내용은 1184년까지 예루살렘 왕국의 역사를 기록하고 있다. 1185년부터 1194년 사이의 사건에 대한 기록도 후속편으로 존재하는데 이것은 영국에서 익명의 작가가 기록한 것이다. 이 작품은 원래 라틴어로 되어 있으나 널리 읽힌 것은 프랑스어 번역본이었다. 프랑스어 번역본은 1220~1223년 사이에 번역된 것으로 추정하고 있으며, 1277년에는 후속편이 프랑스어로 번역되었다.

Raymond d'Aguiliers: Historia Francorum qui ceperunt Iherusalem (RHC., t.3, pp. 231-309)

**『예루살렘을 탈환한 십자군의 역사』**

툴루즈 백작의 전속사제로서 십자군에 참전한 레몽 다질(혹은 다길레)이 작성한 역사서이다. 레몽은 원래 베즐레 수도원의 수도사였다는 것만 알려져 있을 뿐, 그에 관한 나머지 기록은 예루살렘 함락 후 소실되었다. 그의 기록의 중요성은 몇 가지 기적을 기록한 데에 있다. 대표적인 기적이 바로 성스러운 창의 발견에 대한 기록이다. 이러한 특징 때문에 오늘날 역사가들은 그의 기록에 전적인 신뢰를 보내지 않는다. 그러나 안티오크 공격과 함락(1097~1098)에 대한 기록으로는 거의 유일한 당시 기록이라고 할 수 있다.

Foucher de Chartres: Gesta Francorum expugnatium Iherusalem (RHC., t.3, pp. 487-544)

(**영역본**) The First Crusade: The Chronicle of Fulcher of Chartres and Other Source Materials, edited by Edward Peters, Philadelphia: University of Pennsylvania Press, 1998.

**『예루살렘을 함락시킨 십자군의 업적』**

푸셰 드 샤르트르는 1058년 샤르트르 출신이다. 1096년 성지로 출발하여, 아나톨리아를 지날 때, 보두앵 드 불로뉴의 원정대에 합류하여, 그의 담임사제로서 에데사와 예루살렘 공략에 동행했다. 1112년 담임사제를 그만두고, 그 이후 죽을 때까지 교육에 전념했다.

그는 네 차례에 걸쳐 십자군에 관한 기록을 작성했다. 1100년부터 이듬해 사이에 집필을 시작하여, 1105년 이후에 중단했다. 1110~1115년 사이, 그리고 1118년 이후에 다시 집필하고, 1124년 완성했다. 그가 이 글을 쓴 목적은 대중을 교육하기 위한 것이었다. 즉, 서유럽의 기사들에게 동방에서 있었던 사건을 알려줌으로써, 신앙심을 갖도록 하여 예루살렘 왕국에 정착시키려는 것이 그의 목적이었다. 그가 직접 십자군을 보고 경험한 것도 있지만, 다른 자료들을 주로 참고했던 것으로 보인다.

Guibert de Nogent (1053-1124): Historia quae dicitur Gesta Dei per Francos (RHC., t.4, pp. 113-264)

**『십자군을 통해 실현된 신의 업적의 역사』**

기베르 드 노장의 기록은 1104년부터 1108년 사이에 작성되었다. 이것은 그가 직접 본 것을 기록한 것이라기보다는 작자 미상의 기록들을 편집해 놓은 것이라고 할 수 있다. 서문에서 그는 수아송(soisson) 주교 리지아르에게 이 책을 헌정한다고 밝히고 있다.[1] 이 책은 십자군을 찬양하면서도 사건의 원인을 분석하고 있어서, 비교적 객관적으로 서술하고 있다는 평가를 받는다.

Gesta Francorum et aliorum Hierosolymitanorum

**(라틴어-영어 대역본)** Gesta Francorum: The Deeds of the Franks and the other Pilgrims to Jerusalem, ed. & trans. by Rosalind Hill, Oxford: Oxford University Press, 2002

**『예루살렘에서 이루어진 십자군과 다른 민족의 업적』**

『익명 연대기』로 알려져 있다. 타란토(Taranto)의 보에몽이 지휘하는 십자군에 참전한 기사가 작성한 것으로 보인다. 그는 1096년 보에몽의 십자군에 참전했다가 나중에 툴루즈 백작 레몽이 지휘하는 군대를 따라 예루살렘까지 갔다. 이 기록은 작성자가 기사였으므로 성직자나 최상층이 기록한 다른 십자군 기록과는 다른 시각을 보여준다. 따라서 문체도 어렵지 않고, 내용 면에서도 논리적 일관성이 없는 경우도 있다.

Albert d'Aix, Historia Hierosolymitana (RHC., t.4, pp. 265-714)

**『예루살렘의 역사』**

클레르몽 공의회부터 1121년까지의 기록이다. 기록자 알베르는 십

1 이 책에 관한 일화는 기베르 드 노장이 지은 다른 책에도 실려 있다. 기베르 드 노장, 『기베르 드 노장의 자서전』, 박용진 옮김, 한길사, 2014, 242쪽.

자군에 직접 참가한 사람이 아니다. 그는 엑스라샤펠(오늘날의 아헨)의 사제로서 십자군에 다녀온 사람들의 이야기를 종합하여 기록했으므로 가장 자세한 기록 중 하나라고 할 수 있다. 기욤 드 티레는 알베르의 기록에 상당부분 근거하여 십자군 초기의 역사를 서술했다.

De Expugnatione Terrae Sanctae Saladinum [The Capture of the Holy Land by Saladin], ed. Miles Christi (Creat Space Independent Publishing, 2009)

**『살라딘에 의한 성지 함락』**

익명의 기록. 글의 내용으로 보아 예루살렘이 함락될 당시 끝까지 남아서 전투를 벌였던 기사, 특히 기사단 소속의 기사가 기록한 것으로 추정된다.

Itinerarium Peregrinorum et Gesta Regis Ricardi, ed. William Stubbs, Rolls Series (London: Longmans, 1864)

**『리차드 왕의 업적과 순례 여정』**

이 기록은 두 가지 이야기가 합쳐진 것으로서, 첫 부분은 살라딘에 대한 이야기가 많으며, 두 번째 부분은 리차드 왕의 업적에 대한 이야기가 주를 이룬다. 두 이야기는 각각 다른 사람에 의해 기록되었고, 13세기 초반 런던에서 합쳐진 것으로 보인다.

## 2. 아랍 문헌과 그 저자[2]

**이븐 알깔라니시**(أبو يعلى حمزة بن أسد التميمي المعروب بابن القلانسي 1073-1160)**의**
『**다마스쿠스 역사 부록**(ذيل تاريخ دمشق)』

이븐 알깔라니시는 다마스쿠스 출신의 역사가로 아랍 사가들 중에서 십자군 전쟁을 최초로 다루었다. 그는 다마스쿠스와 시리아 지역에서 여러 주요 행정직을 맡았으며, 이 덕에 누르 알딘 마흐무드가 다마스쿠스에 입성하는 시기까지 일어난 1차, 2차 십자군 전쟁 사건들에 관해 자세히 알 수 있었다. 대(對)십자군 전쟁에 관해 그가 『다마스쿠스 역사 부록』에서 전하는 내용은 건조체를 띠고 있어 목격자의 시각에서 객관성을 지닌다. 이 책은 집필 과정에서 그가 확보한 풍부한 문서자료를 이용하고 있어 대십자군 전쟁 초기에 관한 필수 문헌이다.

**우사마 이븐 문끼드**(أسامة بن منقذ 1095-1188)**의**
『**성찰의 서**(書)(كتاب الاعتبار)』

우사마 이븐 문끼드는 아랍 기사(騎士)이며 군주와 술탄의 측근 문인이었다. 하마의 북쪽에 위치한 샤이자르에서 출생하여, 93세에 다마스쿠스에서 사망했다. 그가 4세 때 십자군이 예루살렘을 점령했고, 그가 사망하기 1년 전 살라딘이 그곳을 탈환했다. 그는 생애

---

2 김능우, 「중세 아랍 시에 나타난 '십자군과 이슬람세계와의 충돌'」, 『아랍 시의 세계』, 258-260쪽; Francesco Gabrieli, *Arab Historians of the Crusades*, pp. xxvi-xxxvi; Athīr-1, pp. vii-9; حسين أحمد أمين، الحروب الصليبية في كتابات المؤرخين العرب المعاصرين لها، ص 15-22.

중 내내 프랑크족과 때로는 적대관계로, 때로는 친분관계로 지속적인 접촉을 했다. 샤이자르의 통치자인 삼촌이 우사마의 용맹성과 지도력을 경계하자 그는 샤이자르를 떠나 다마스쿠스로 가서 부리조에 의탁했다. 그곳에 체류하는 동안 우사마는 십자군 측과 많이 교류함으로써 십자군 사람들의 관습과 특성을 파악할 수 있었다. 그는 프랑크족을 상대로 전쟁에서 싸우기도 하고, 그들과 함께 사냥을 즐기기도 했다. 그는 누르 알딘과 더불어 여러 차례 십자군과의 전쟁에 참가했다. 일종의 회고록인 『성찰의 서』는 그가 살던 시대의 모습을 생생히 그려내고 있다.

**이마드 알딘 알카팁 알아쓰파하니**(عماد الدين الكاتب الأصفهاني 1125-1201)**의**
『**예루살렘 정복에 관한 사즈으체 기록**(الفتح القسي في الفتح القدسي)』

이마드 알딘은 아쓰파한(이스파한)에서 태어나 바그다드로, 다시 다마스쿠스로 이주했다. 다마스쿠스에서 누르 알딘의 서기이자 서신부서장으로 근무했으며, 이어 살라딘의 궁정에서 서기직을 거쳐 와지르직에 오르기도 했다. 그는 여러 책에서 몸소 겪었던 당시 사건들에 관해 기록했다. 그의 대표 저서 『예루살렘 정복에 관한 사즈으체 기록』은 미려한 어휘로 치장되어 있는 사즈으체 기록으로 연구자의 입장에서 역사적 사실을 이끌어 내기 어려운 점이 있지만, 사실 왜곡은 없다. 이 책에서 그는 A.H.583~589(대략 1187~1193)의 7년 동안 살라딘의 예루살렘 탈환을 중심으로 대십자군 전쟁 활동을 기록했다. 저자는 살라딘의 인물됨에 감탄하면서도 때로 그를 비판했다.

### 잇즈 알딘 이븐 알아시르(عز الدين بن الأثير 1160-1233)의 『역사완본(歷史完本)(الكامل في التاريخ)』

이븐 알아시르는 유프라테스강 연안의 자지라 이븐 오마르[오늘날 지즈레(Cizre)]에서 출생하여 모술에서 사망했다. 장기가(家)의 후원하에 귀족으로서 학문을 익혔으며 모술, 바그다드, 다마스쿠스, 예루살렘 등 이슬람 대도시로 옮겨 다니며 거주했다. 이븐 알아시르가 그의 부친이나 두 형제처럼 어느 정권에 몸담았다고 하는 증거는 없으며, 그가 관리로 근무했다는 언급도 없다. 그는 생애 말엽 알레포의 아타벡인 쉬합 알딘 투그릴의 후원을 받았다. 중요한 인명사전의 편찬자인 이븐 칼리칸(1282 사망)은 알레포에서 이븐 알아시르를 만났으며, 그를 '학문에서 완벽하고, 품성이 관대하며 겸손하다'라고 기술했다. 이븐 알아시르는 장기가의 아미르인 바드르 알딘 루으루으의 후원을 받기도 했다.

이븐 알아시르의 저서 『역사완본』은 태초부터 628/1230~1231년까지 이르는 기간의 이슬람 역사에 관한 주요 문헌으로 그 가치가 크다. 이 책은 화려함, 간결함, 생동감이 넘치는 것이 특징이며, 이라크, 이란, 스페인, 북아프리카 등 지리적으로 광대한 동서의 이슬람 지역의 역사를 광범위한 시각으로 균형 있게 다루었다.

십자군 전쟁과 관련해서는 십자군이 레반트 지역에 도착해서 이후 일어나는 사건들, 그리고 장기와 누르 알딘, 살라딘의 대십자군 지하드(counter-crusade) 같은 이슬람 진영의 대응 등에 관한 사실들이 기록되어 있다.

1차 십자군 전쟁과 관련된 그의 연대기는 시리아, 팔레스타인 지역에서 일어난 사건의 범위를 넘어, 바그다드 압바스조의 성쇠,

셀주크조 내의 권력 다툼, 마그립에서 알모하드조의 등장과 스페인에서의 사건들도 다루었다. 이븐 알아시르는 스페인에서 기독교 세력의 약진, 노르만 시칠리아(Norman Sicily)의 확대, 예루살렘에 대한 십자군 침공과 기독교 국가들의 창건 등, 유럽으로부터 다가오는 이슬람 지역에 대한 위협이 확대됨을 인지하고 있었다.

이븐 알아시르는 장기가에 충성함으로써 살라딘과 적대 관계에 있었음에도 살라딘을 높이 평가하고 그에 대한 찬탄을 아끼지 않았음은 물론, 그에 대한 비판도 잊지 않았다.

**바하 알딘 이븐 샤다드**(بهاء الدين بن شداد 1145-1234)**의**
**『술탄에 관한 이야기와 유수프의 미덕**(النوادر السلطانية والمحاسن اليوسفية)』

바하 알딘은 모술에서 출생하여 그곳과 바그다드에서 수학했다. 그는 1188년 살라딘 왕조의 공직에서 일하기 시작했고, 살라딘에 의해 예루살렘 군부대 까디(재판관)로 임명되었다. 그는 살라딘이 사망할 때까지 측근자로 지냈으며, 저서 『술탄에 관한 이야기와 유수프의 미덕』은 살라딘에 관한 전기이다. 이 책은 살라딘의 인물됨과 그의 생애 말기 몇 해 동안의 사건들에 관해 알 수 있는 중요한 역사 자료로, 그 대부분의 사건에 저자인 바하 알딘도 관여되어 있다.

**카말 알딘 이븐 알아딤**(كمال الدين بن العديم 1192-1262)**의**
**『알레포 역사의 정수**(精髓)(زبدة الحلب من تاريخ حلب)』

카말 알딘은 알레포에서 출생하고 성장했다. 이 도시의 역사에 관해 그가 지은 『알레포 역사의 정수』는 1243년 사건 기록으로 끝나고 있다. 이 책은 시리아 북부 지역에서 일어난 십자군 전쟁 사건들과 관련해 중요한 자료이다.

**샤합 알딘 아부 알까심 압둘라흐만, 아부 샤마**(شهاب الدين أبو القاسم عبد الرحمن المعروف بأبي شامة 1203-1267)**의 『누르 알딘과 살라딘의 두 국가의 사실**(史實)**에 관한 두 정원**(庭園)**의 서**(書)(كتاب الروضتين في أخبار الدولتين النورية والصلاحية)』

아부 샤마는 살라딘 사후 10년이 지난 시점에 출생했으며, 당시 아이윱조 안에서는 권력을 둘러싸고 내분이 일어나고 있었다. 아부 샤마는 생애 중 1년간 이집트에서 공부하고, 예루살렘과 히자즈 지역을 단기 방문한 것을 제외하고 다마스쿠스에서 지냈다. 십자군 세력이 여전히 존속하고 있는 가운데 아이윱조 내부의 갈등과 혼란을 지켜본 아부 샤마는 이전에 살라딘과 누르 알딘이 보여준 지도자로서의 헌신적인 자세와 치적을 기록하여 이슬람 통치자들의 모범으로 삼고자 했다. 그 결과물이 바로 그의 가장 중요한 저서 『누르 알딘과 살라딘의 두 국가의 사실에 관한 두 정원의 서』이다. 이 책은 장기 가문의 누르 알딘 치세 초기부터 아이윱조 살라딘의 사망 시기까지 두 국가의 역사를 다루고 있다. 이 책은 『이븐 아비 따이의 역사(تاريخ ابن أبي طيء)』를 비롯해 그 일부가 오늘날 전해지지 않는 중요한 자료들을 직접 활용하고 있으며, 자신의 의도를 확실한 문서 자료로 입증하고 있다. 당시 문헌들을 활용해 필요한 자료를 선별해 적극적으로 인용하는 방식으로 집필했으며, 22권의 문헌들에서 약 961편을 인용했다.[3]

**시브뜨 이븐 알자우지**(سبط ابن الجوزي 1186-1256)**의**
**『시대의 거울**(مرآة الزمان)**』**

이븐 알자우지는 바그다드에서 출생했다. 생애 대부분을 다마스쿠스에서 살면서 아이윱 가문의 아미르들과 가깝게 지냈다. 그가 집필한 역사서 『시대의 거울』은 자신의 생애 중 시리아에서 일어난 사건들에 관한 중요한 사료이다.

**자말 알딘 이븐 와씰**(جمال الدين بن واصل 1207-1298)**의**
**『아이윱조의 연대기에 관한 궁금증 해소**(مفرج الكروب في أخبار بني أيوب)**』**

이븐 와씰은 하마에서 출생했고, 그곳에서 교사로 근무하다가 1261년 카이로 맘룩조의 부름을 받아 왕조를 위해 일했다. 알다히르 바이바르스에 의해 임무를 띠고 시칠리아의 만프레드 왕에게 파견되어 그곳에서 오랫동안 머물렀다. 아이윱조의 역사에 관한 그의 책 『아이윱조의 연대기에 관한 궁금증 해소』는 1282년 사건까지 다루고 있는, 13세기 십자군 원정에 관한 중요한 사료이다.

**타즈 알딘 아흐마드 이븐 알리 알마끄리지**(تاج الدين أحمد بن علي المقريزي 1364-1442)**의 『아이윱조와 맘룩조의 역사에서 제왕들의 국가에 관한 지식의 여정**(السلوك لمعرفة دول الملوك في تاريخ الأيوبيين والمماليك)**』**

알마끄리지는 이집트인 역사가들 중 가장 뛰어난 자였다. 카이로에서 출생했으며, 문서 작성 부서에서 근무하다 까디(재판관)를 거쳐

3 أبو شامة، كتاب الروضتين في أخبار الدولتين النورية والصلاحية، المجلد 1، ج1، ص 49.

알하킴 사원의 이맘이 되었다. 맘룩조 술탄 바르꾸끄(1399 사망)에 의해 카이로와 알와즈흐 알바흐리의 회계 담당관으로 발탁되었다. 그는 아랍 정복 시기부터 자신의 죽음 직전까지 이집트의 역사에 관한 중요한 저작들을 남겼으며, 그중 가장 중요한 것이 『아이윱조와 맘룩조의 역사에서 제왕들의 국가에 관한 지식의 여정』이다.

**아부 알마하신 자말 알딘 유수프 이븐 티그리 바라디**(أبو المحاسن جمال الدين يوسف بن تغري بردي 1410-1469)**의 『이집트와 카이로의 제왕들 중 빛나는 별들**(النجوم الزاهرة في ملوك مصر والقاهرة)』

아부 알마하신의 부친은 맘룩조 술탄 알나씨르 파라즈(1411 사망) 재위 기간에 이집트군 최고 지휘관을 지냈고, 다마스쿠스에서 술탄 대리직을 맡았다. 아부 알마하신 본인도 술탄 바르사바이(1437 사망)가 행한 시리아 원정에 참가했다. 그는 이집트의 탁월한 두 역사가 알마끄리지(1442 사망)와 바드르 알딘 알아이니(1451 사망) 사후 당대 이집트의 역사 사건을 다룬 가장 중요한 역사가로, 그의 저작 중 가장 중요한 것은 『이집트와 카이로의 제왕들 중 빛나는 별들』이다. 이 책은 아랍 정복부터 1467년까지 이집트의 역사를 기록한 것으로, 그에 앞선 사가들의 역사 저작들을 요약하고 그가 살았던 시대의 사건들을 추가했다.

# ❁ 참고문헌


유럽 사료 번역을 위한 참고문헌

이정민, 「11·12세기 그리스도의 기사에 관한 고찰」, 『서양중세사연구』, 제30호, 2012, 67-92쪽.

타트, 조르주, 『십자군 전쟁: 성전탈환의 시나리오』, 안정미 옮김, 시공사, 1998.

Allen, S. J., *The Crusades: A Reader*, University of Toronto Press, 2003.

Barber, Malcolm, *Letters from the East: crusaders, pilgrims and settlers in the 12th-13th centuries*, Ashgate, 2010.

Brundage, James A., *The Crusades: A Documentary Survey*, Literary Licensing, 2011.

*De Expugnatione Terrae Sanctae Saladinum*, ed., Miles Christi, Creat Space Independent Publishing, 2009.

Curzon, Henri de, *La règle du temple*, Ulan Press, 2012.

Edbury, Peter W., *The Conquest of Jerusalem and the Third Crusade: Sources in Translation*, Ashgate, 1999.

Hill, Rosalind, *Gesta Francorum: The Deeds of the Franks and the other Pilgrims to Jerusalem*, Oxford Medieval Text Series, Clarendon Press, 2002.

Larissa J. Taylor et al., *Encyclopedia of Medieval Pilgrimage*, Brill, 2009.

Nicholson, Helen J., *Chronicle of the Third Crusade: The Itinerarium Peregrinorum Et Gesta Regis*, Ashgate, 2001.

Régnier-Bohler, Danielle, *Croisades et pèlerinages: Recit Chroniques et voyages en Terre Sainte XII$^{e}$-XVI$^{e}$ siecle*, Robert Laffont, 1999.

Robert, of Reims, *Robert the Monk's History of the First Crusade*, translated from Latin Historia Iherosolimitana by Carol Sweetenham, Ashgate, 2005.

Runciman, S., *The First Crusade*, Cambridge University Press, 2005.

Upton-Ward, Judith, *The Rule of Templars*, Boydell Press, 2002.

## 아랍 사료 번역을 위한 참고문헌

김능우, 「중세 아랍 시에 나타난 '십자군과 이슬람세계와의 충돌'」, 『아랍 시의 세계』, 명지출판사, 2004.

_____, 「십자군 전쟁 당시 아랍 시인들의 이슬람 진영에 대한 비판: 아랍 시 텍스트를 통한 문학사회학적 고찰」, 『중동연구』, 제33권 1호, 2014, 219-254 쪽.

김용선 역주, 『성(聖) 꾸란-이슬람 경전』(上, 中, 下), 박영사, 1983.

김정위 편, 『이슬람 사전(事典)』, 학문사, 2002.

바틀릿, W. B.(Bartlett, W. B.), 『십자군 전쟁: 그것은 신의 뜻이었다!』, 서미석 옮김, 한길사, 2007.

풀, 스탠리 레인(Poole, Stanley Lane), 『살라딘』, 이순호 옮김, 갈라파고스,3 쇄, 2005.

Bahā'al-Dīn Ibn Shaddād, translated by D. S. Richards, *The Rare and Excellent History of Saladin (or al-Nawādir al-Sulṭāniyya wa'l-Maḥāsin al-Yūsufiyya)*, Routledge, 2016.

Cobb, Paul M., *Usamah ibn Munqidh-The Book of Contemplation-Islam and the Crusades*, translated with an Introduction and Notes by Paul M. Cobb, Penguin Books, 2008.

Gabrieli, Francesco, *Arab Historians of the Crusades*, University of California Press, 1984.

(EIS-1) *The Encyclopedia of Islam*, vol. 1 (A-B), new edition, edited by an editorial committee consisting of H. A. R. Gibb & others, E. J. Brill, Leiden, Netherlands, 1986.

(EIS-2)_____, vol. 2 (C-G), new edition, edited by B. Lewis & others, E. J. Brill, Leiden, Netherlands, 1991.

(EIS-6)_____, vol. 6 (Mahk-Mid), new edition, edited by C. E. Bosworth & others, E. J. Brill, Leiden, Netherlands, 1991.

(EIS-7)_____, vol. 7 (Mif-Naz), new edition, edited by C. E. Bosworth & others, E. J. Brill, Leiden, Netherlands, 1993.

(EIS-8)_____, vol. 8 (Ned-Sam), new edition, edited by C. E. Bosworth & others, E. J. Brill, Leiden, Netherlands, 1995.

(EIS-11)_____, vol. 11 (W-Z), new edition, edited by P. J. Bearman & others, Brill, Leiden, Netherlands, 2002.

Hitti, Philip K., *An Arab-Syrian Gentleman and Warrior in the Period of the Crusades: Memoirs of Usamah ibn Munqidh (Kitab al-I'tibar)*, translated from the original manuscript by Philip K. Hitti, with a new foreword by Richard W.

Bulliet, Columbia University Press, 2000.

Holt, P. M., *The Age of the Crusades: The Near East from the eleventh century to 1517*, Longman, 1986.

(Athīr-1) Ibn al-Athīr, translated by D. S. Richards, *The Chronicle of Ibn al-Athīr for the Crusading Period from al-Kāmil fi'l-ta'rīkh, Part 1, The Years 491-541/1097-1146, The Coming of the Franks and The Muslim Response*, ASHGATE, 2006.

(Athīr-2) ______________, translated by D. S. Richards, *The Chronicle of Ibn al-Athīr for the Crusading Period from al-Kāmil fi'l-ta'rīkh, Part 2, The Years 541-589/1146-1193, The Age of Nur al-Din and Saladin*, ASHGATE, 2007.

(Athīr-3) ______________, translated by D. S. Richards, *The Chronicle of Ibn al-Athīr for the Crusading Period from al-Kāmil fi'l-ta'rīkh, Part 3, The Years 589-629/1193-1231, The Ayyubids after Saladin and the Mongol Menace*, ASHGATE, 2008.

- أبو شامة (شهاب الدين عبد الرحمن بن إسماعيل بن إبراهيم بن عثمان المقدسي الدمشقي الشافعي)، كتاب الروضتين في أخبار الدولتين النورية والصلاحية، وضع حواشيه وعلّق عليه إبراهيم شمس الدين، دار الكتب العلمية، بيروت، لبنان، 2002م.

(아부 샤마, 『누르 알딘과 살라딘의 두 국가의 사실에 관한 두 정원의 서(書)』)

- ابن الأثير (عزّ الدين)، الكامل في التاريخ، دار صادر، بيروت، لبنان، 1979م.

(이븐 알아시르, 『역사완본』)

- ابن كثير الدمشقي (أبو الفداء)، البداية والنهاية، دار الكتب العلمية، بيروت، لبنان، 1994م.

(이븐 카시르, 『시작과 끝』)

- ابن واصل، مفرج الكروب في أخبار بني أيوب، (حققه ووضع حواشيه حسنين محمد ربيع).

(이븐 와씰, 『아이윱조의 연대기에 관한 궁금증 해소』)

- ابن القلانسي، ذيل تاريخ دمشق، مطبعة الآباء اليسوعيين، بيروت، 1908م.

(이븐 알깔라니시, 『다마스쿠스 역사 부록』)

- ابن منظور، لسان العرب، الطبعة الأولى، دار صادر، بيروت، لبنان.

(이븐 만두르, 『아랍인의 언어』)

- أسامة بن منقذ، كتاب الاعتبار، حرّره فيليب حتي، مكتبة الثقافة الدينية، القاهرة.

(우사마 이븐 문끼드, 『성찰의 서(書)』)

- بهاء الدين بن شداد، النوادر السلطانية والمحاسن اليوسفية، مكتبة الخانجي، القاهرة، 1994م.

(바하 알딘 이븐 샷다드, 『술탄에 관한 이야기와 유수프의 미덕』)

- حسين أحمد أمين، الحروب الصليبية في كتابات المؤرخين العرب المعاصرين لها، مكتبة

النهضة المصرية، القاهرة،مصر، 1983م.
(아흐마드 아민, 『동시대 아랍 역사가의 기록에 나타난 십자군 전쟁』)

- الزركلي (خير الدين)، الأعلام، دار العلم للملايين، بيروت، لبنان، 1984م.
(알지리클리, 『인명 사전』)

- سيد علي الحريري، الحروب الصليبية: أسبابها - حملاتها - نتائجها، (تحقيق وتقديم: د. عصام محمد شبارو، دار التضامن، مؤسسة دار الكتاب الحديث، بيروت، لبنان، الطبعة الأولى، 1988م.
(사이드 알리 알하리리, 『십자군 전쟁: 원인, 원정 과정, 결과』)

- عبد الجليل حسن عبد المهدي، بيت المقدس في شعر الحروب الصليبية، دار البشير، الأردن، 1989م.
(압둘 잘릴, 『십자군 전쟁 시(詩)에서의 예루살렘』)

- عبد الجليل حسن عبد المهدي، بيت المقدس في أدب الحروب الصليبية، دار البشير، الأردن، 1989م.
(압둘 잘릴, 『십자군 전쟁 문학에서의 예루살렘』)

- عماد الدين الكاتب الأصفهاني، الفتح القسي في الفتح القدسي: حروب صلاح الدين وفتح بيت المقدس، دار المنار، 2004م.
(이마드 알딘 알카팁 알아쓰파하니, 『예루살렘 정복에 관한 사즈으체 기록: 살라딘의 전쟁과 예루살렘 정복』)

- محمد الهرفي، شعر الجهاد في الحروب الصليبية في بلاد الشام، مؤسسة الرسالة.
(무함마드 알히르피, 『시리아 지역 십자군 전쟁에 관한 지하드 시(詩)』)

- محمود إبراهيم، حطين بين أخبار مؤرخيها وشعر معاصريها، دار البشير، عمان، الأردن، الطبعة الأولى، 1987م.
(마흐무드 이브라힘, 『힛띤 전투에 관한 역사가들의 기록과 동시대인들의 시(詩)』)

# ❁부록

## 1. 십자군 관련 지도

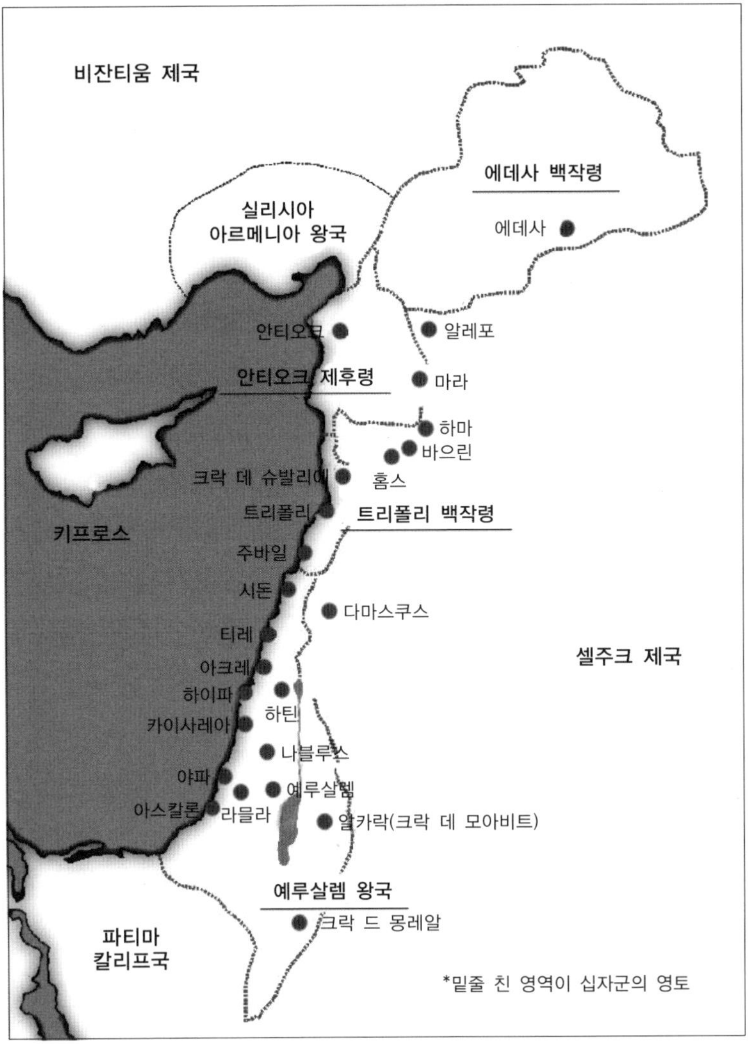


1143년경 우트르메르(동방 개척지)의 십자군 국가들

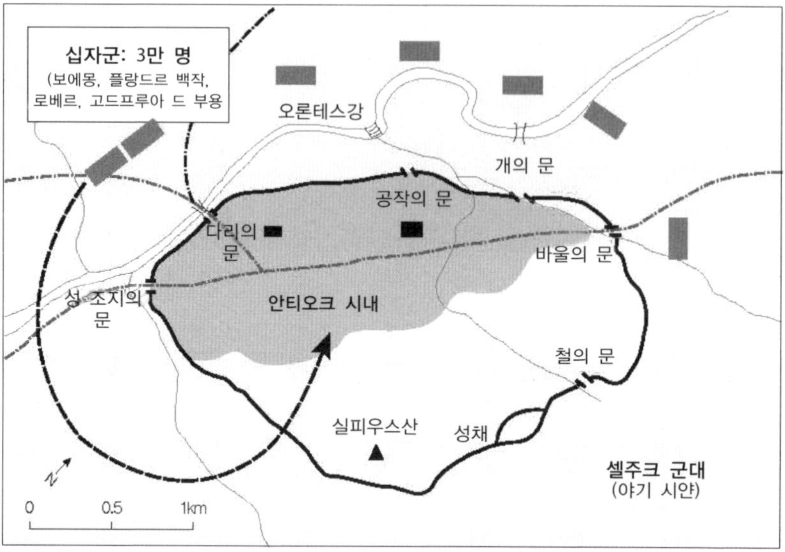


1097년 십자군의 안티오크 포위 공격 지도

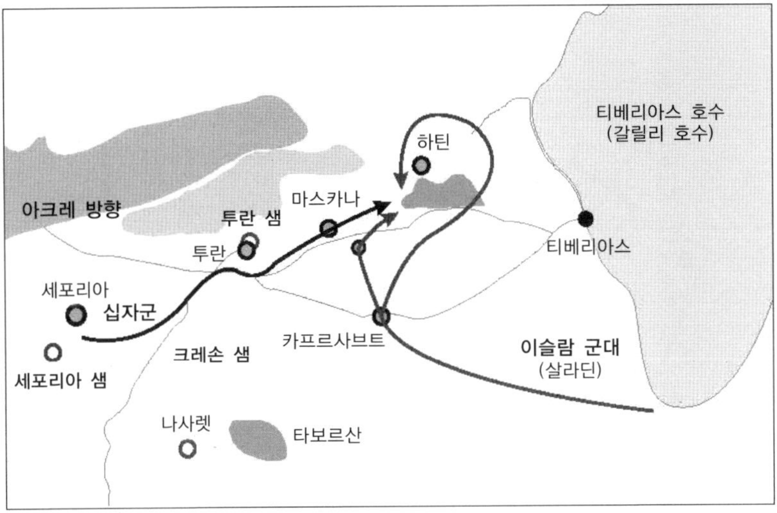


1187년 힛띤(하틴) 전투 상세도

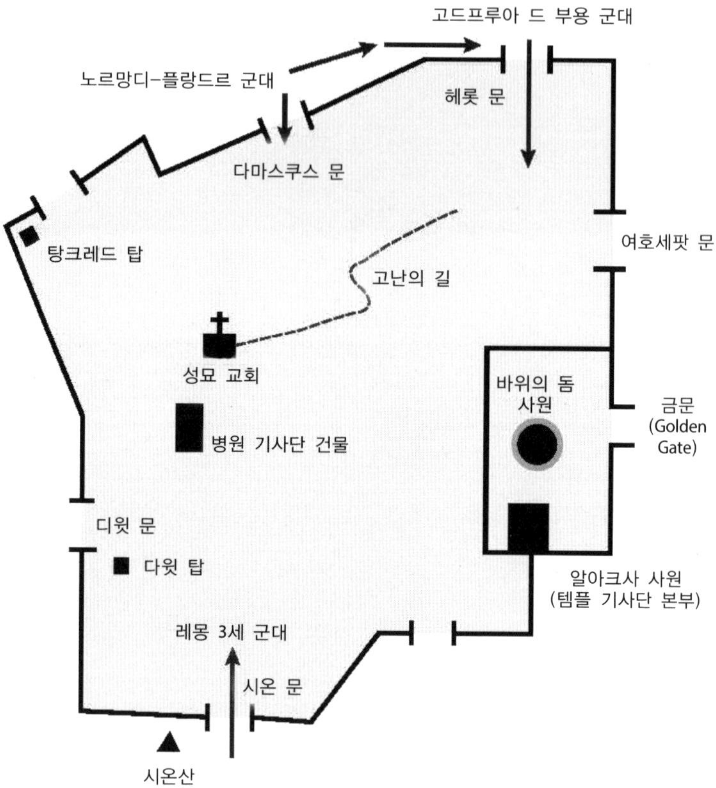


예루살렘 지도(1099년 1차 십자군의 예루살렘 공격)

## 2. 십자군 관련 연표

1076 셀주크, 예루살렘 정복.

**제1차 십자군(1096~1099)**

1095 클레르몽 공의회에서 교황 우르바누스의 십자군 제창 연설.

1096 은자 피에르의 십자군.

1099 7월 십자군, 예루살렘 점령. 예루살렘 왕국 성립, 고드프루아 드 부용이 왕으로 선출.

1100~1118 보두앵 1세 즉위.

1109 십자군, 트리폴리 점령, 트리폴리 백작령 성립.

1118~1131 보두앵 2세 즉위.

1128 장기, 알레포의 군주 즉위.

1131~1148 앙주의 푸크 1세, 예루살렘 왕 즉위.

**제2차 십자군(1147~1149)**

1144 장기, 에데사 백작령 정복.

1146 누르 알딘, 장기 계승. 성 베르나르 드 클레르보, 베즐레에서 2차 십자군 설파.

1148 십자군, 다마스쿠스 포위 공격 실패. 프랑스 국왕 루이 7세와 신성로마제국 황제 콘라트 3세 유럽으로 귀환.

1153 보두앵 3세, 아스칼론 점령.

1162 아모리 1세가 보두앵 3세의 뒤를 이음.

1169 살라딘 등장.

1174 보두앵 4세 즉위. 살라딘, 시리아의 실권 장악.

1180 살라딘과 보두앵의 휴전협정.

1183~1184 살라딘, 알레포 점령.

1185 보두앵 5세 즉위. 기 드 뤼지냥이 후계자로 지명됨.

1187 십자군, 하틴 전투에서 살라딘에게 패배. 살라딘, 예루살렘 점령.

**제3차 십자군(1189~1192)**

1188 살라딘이 트리폴리, 티르, 안티오크를 제외한 십자군 점령지 모두 장악.

1190 프리드리히 1세(바르바로사), 소아시아 콘야 점령, 그러나 진군 도중 익사.

1191 프랑스의 필리프 2세(존엄왕)와 잉글랜드의 리차드(사자심왕)의 연합군대가 키프로스 점령.

1192 기 드 뤼지냥, 키프로스의 왕이 됨. 상파뉴의 앙리 2세, 예루살렘 왕국의 왕이 됨. 리차드 왕, 예루살렘 탈환에 실패하고 귀환.

1193 살라딘 사망.

**제4차 십자군(1202~1204)**

1204 십자군, 콘스탄티노플 점령, 라틴 왕국 건설.

**제 5차 십자군(1217~1221)**

1217 예루살렘 왕 장 드 브리엔과 헝가리 왕 안드레 2세가 십자군 지휘.

1217 십자군, 타보르산에서 패배.

1218 십자군, 다미에타 점령.

1221 십자군, 다미에타에서 패배.

**제6차 십자군(1228~1229)**

1229 프리드리히 2세, 이집트 술탄 알말리크 알카밀과 맺은 야파 협정을 통해서 향후 10년간 예루살렘 반환받기로 함.

1232 아크레, 자유도시가 됨.

1244 투르크족이 예루살렘 점령.

**제7차 십자군(1248~1254)**

1248 프랑스 루이 9세(성왕), 키프로스섬에 상륙.

1249 성왕 루이, 다미에타 점령.

1250 성왕 루이가 포로가 되고, 석방의 대가로 다미에타 넘겨줌. 이집트에 맘룩 정권.

1268 이집트 출신의 바이바르스, 술탄이 되어 안티오크 점령.

**제8차 십자군(1270)**

1270 성왕 루이, 튀니스에서 사망.

1287 이집트 술탄 깔라운, 트리폴리 점령.

1291 술탄 칼릴, 아크레 점령.

## ❁ 찾아보기

## 김능우

한국외국어대학교 아랍어과를 졸업하고 동 대학교 대학원에서 석사학위를 받았다. 수단의 국제 카르툼 아랍어연구소를 거쳐 요르단 대학교에서 아랍문학 박사학위를 받았다. 서울대학교 인문학연구원에서 HK연구교수로 재직했으며 아랍의 고대·중세 시문학을 연구해왔다. 저서로 『아랍시(詩)의 세계』, 『한국어-아랍어 사전』(공저), 『무알라까트』(주해) 등이, 역서로 『야쿠비얀 빌딩』, 『중세 아랍시로 본 이슬람 진영의 대(對)십자군 전쟁』(역주), 『성찰(省察)의 서(書)』(역주) 등이 있다. 주요 논문으로 「십자군 전쟁 당시 아랍 시인들의 이슬람 진영에 대한 비판」, 「중세 아랍시에 나타난 '몽골과 이슬람 세계와의 충돌'에 관한 연구」, 「『무알라까트』에 나타난 '죽음의 운명' 모티프 연구」 등이 있다.

## 박용진

서울대학교 서양사학과를 졸업하고 동 대학교 대학원에서 석·박사 학위를 받았다. 중세 프랑스사 및 유럽 도시사를 주로 연구하고 있으며, 서울대학교 인문학연구원에서 HK연구교수로 재직했다. 저서로 『중세 유럽은 암흑시대였는가』, 『도시로 보는 유럽통합사』(공저), 『문명 밖으로』(공저) 등이 있으며, 역서로 『기적을 행하는 왕』, 『기베르 드 노장의 자서전』, 『기억의 장소』(공역) 등이 있다. 주요 논문으로 「중세 말 유럽인들의 아시아에 대한 이미지와 그 변화」, 「순례와 여행」, 「자서전과 중세사회의 변화」, 「중세 기독교와 이단」 등이 있다.

## ❁ 문명총서 발간사

서울대학교 인문학연구원은 2007년 11월 한국연구재단의 인문한국(HK) 사업을 수탁하여 HK문명연구사업단을 출범시켰다. 한국과 아시아, 세계를 향한 문명연구의 허브를 구축하기 위해 '한국 인문학'의 정립을 목표로 인문학 제 분야는 물론 인근 분야의 전공자들까지 한 지붕 아래 모였다.

인문학연구원이 한국 인문학의 도약을 위해 핵심 과제로 주목한 것은 문명에 대한 새로운 이해이다. 문명이란 장구한 세월 동안 인류가 일구어 낸 정신적·물질적 성과들의 종합이며, 타 문명들과 서로 영향을 주고받으며 진화해온 복합적 실체이다. 이에 대한 심층적인 이해가 선행되지 않는다면, 현재와 미래에 대한 유효적절한 준비와 대응은 불가능하다.

'문명텍스트총서'는 인문학 안팎의 다양한 전공을 가진 우리 연구원의 연구자들이 자신의 영역에서, 과거와 현재 문명의 정수와 그에 대한 인식을 담은 중요한 텍스트를 선정하여 번역하고 주해한 결과물이다. 이는 긴 시간의 노동을 요하면서도 성취가 단기간에 가시화되지 않는 우직한 작업이지만, 인류의 유산을 한국화하는 이 같은 작업이 주체적으로 세계문명을 사유하고 새로운 문명을 개척하는 데 발판이 되리라고 믿는다. 문명텍스트총서가 현재와 과거를 엮는 씨줄 놓기 작업이라면, 문명공동연구총서는 인간과 세계를 총체적으로 이해하려는 날줄 엮기라고 할 수 있다. 오랫동안 자신의 분야에서 전문화를 추구했기에 공동연구가 쉬운 일은 아니지만, 문명 이해의 융합적 시각뿐만 아니라 한국 인문학의 새로운 전망을 써 내려가는 방법론을 제시할 수 있기를 희망한 결과물이다. 또한 문명지평총서는 연구원 안팎의 연구자들이 참여한 연구서와 교양서를 아우르고 있다.

아무쪼록 문명총서 시리즈가 동서고금의 문명을 더 깊고 더 넓게 이해하는 창발의 효과를 가져오길 기대하며, 국내외의 학자들이 참여하고 교류하는 열린 연구공간이 되길 바란다.

2014년 4월

서울대학교 인문학연구원 원장